李汝资 著

中国区域经济
发展效率演变研究

基于"总量－要素－结构"视角

RESEARCH ON
THE EVOLUTION OF
CHINA'S
REGIONAL ECONOMIC
DEVELOPMENT EFFICIENCY

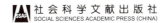

社会科学文献出版社
SOCIAL SCIENCES ACADEMIC PRESS (CHINA)

摘　要

　　改革开放以来，中国经济保持了 9.86% 的平均年增长率，连续超过德国和日本，成为世界第二大经济体。世界上还没有另外一个国家在如此长时间内保持如此之快的经济增长速度，中国创造了经济增长的"奇迹"。然而也出现了诸如投资过热、内需不足、粗放经营、区域差距扩大、经济结构失衡等问题，经济增长质量提升与数量扩张的非一致性矛盾越来越突出。特别是在当前"三期叠加"背景下如何转变经济发展方式来实现区域经济可持续发展成为新的挑战。

　　转变经济发展方式是一个长期复杂的过程，经济总量增长是基础，经济要素高效利用是保证，经济结构转换则是过程的本质，其核心是实现经济发展效率的提升。基于此，本书从"总量 - 要素 - 结构"视角提出区域经济发展效率的概念，构建区域经济发展效率理论体系。通过区域经济总量效率、区域经济要素效率、区域经济结构效率等方面，系统研究中国区域经济发展效率的时间演化、空间格局及存在的问题，来反思改革开放以来中国区域经济发展模式，并提出提升中国区域经济发展效率的路径。最后构建了基于"效率 - 结构 - 功能"的区域经济协调发展理论框架。全书共分六章，具体如下。

　　第一章是绪论部分。本章首先阐述本书的选题背景及依据，提出区域经济发展效率研究的必要性；其次系统阐述区域经济发展效率的概念与内涵，明确其研究意义；最后提出本书的研究目标及研究方法与技术路线。

　　第二章是概念辨析与文献述评。本章对经济效率有关概念进行辨析，梳理不同"效率"概念之间的区别与联系，以进一步明确区域经济发展效率的内涵，并对经济效率研究相关文献进行系统梳理，进一步明确本书的研究方向。

第三章是区域经济发展效率特征及其演变机制。从综合性、社会性、区域性、阶段性等方面系统阐述区域经济发展效率的基本特征；进而分别从微观和宏观视角探讨区域经济发展效率演变机制，其中微观作用机制包括技术、资本、劳动力，宏观作用机制主要包括资源禀赋、区位条件、产业结构、城市化、经济开放度、制度环境和产权安排等。

第四章是实证部分Ⅰ：中国区域经济发展效率时间演变。首先对 1978～2012 年中国省际资本存量及省际三次产业资本存量进行估算，建立效率指标面板数据集；在此基础上，运用区域经济总量效率模型、Malmquist 生产率指数模型等对中国区域经济总量效率、区域经济要素效率、区域经济结构效率进行测算，并分析其时间演变特征。

第五章是实证部分Ⅱ：中国区域经济发展效率空间差异与格局。首先，在运用 DEA 模型对时间截面效率测度的基础上，利用标准差、变异系数分析改革开放以来中国区域经济发展效率的地域差异演变。其次，运用空间关联模型的 Moran 指数、Moran'I 散点图，分析中国区域经济发展效率空间溢出效应及其空间关联格局。最后，运用系统聚类方法对目前中国的区域经济发展效率进行类型划分，并分析其特征及问题。

第六章是实证部分Ⅲ：中国区域经济发展模式反思及其路径选择。首先，结合对"中国模式"的反思，从要素投入模式、结构发展模式、空间发展模式及制度模式等方面分析中国区域经济发展效率演变的成因。其次，提出未来中国区域经济发展效率提升的基本路径。最后，从"效率 - 结构 - 功能"视角，提出未来中国区域经济协调发展的新模式。

关键词：总量 - 要素 - 结构；区域经济发展效率；演变机制；空间关联格局；区域经济协调发展

Abstract

Since the reform and opening up, China's economy has maintained an average annual growth rate of 9. 86% , and became the world's second largest economy beyond Germany and Japan. The world has never been another country to keep the economic growth so fast in such a long time; it has created the "Chinese miracle". However, there have been many problems such as overheated investment, insufficient domestic demand, extensive management, regional disparities, economic structural imbalances and other issues, the economic growth quality and quantity of the expansion of non-conformance contradictions become increasingly prominent. Especially in the current "three overlay" period, the economic slowdown will become the new normal macroeconomic background. How to change the mode of economic development to achieve regional economic sustainable development has become a new challenge.

Transformation of economic development is a long and complicated process. The total economic growth is the foundation, the efficient use of economic factors is the indemnification, the economic structure transformation is the essence, and the core of economic development is to achieve improved efficiency. On this condition, the book proposes the concept of regional economic development efficiency from the "Total-Elements-Structure" perspective, and constructes the theory system of the regional economic development efficiency. By total economic efficiency, the efficiency of regional economic factors, and the regional economic structure efficiency, the book studies the time evolution, spatial patterns and problems, to reflect China's regional economic development model since the reform and opening up. At last, the book proposes the path to enhance the efficiency of China's regional economic development and a new model for the regional e-conomic coordinated development. The full text includes six chapters as follows.

The first chapter is the introduction. Firstly this chapter describes the re-search background and basis, and proposes the necessary for regional economic development efficiency study; secondly expounds the concept and connotation of regional economic development efficiency; finally, proposes the research objec-tives and research methods and technology roadmap.

The second chapter is the conceptual analysis and the related literature re-view. This chapter analyzes the distinctions and contacts of different economic ef-ficiency theories, thus confirms the connotation of regional economic development efficiency, and systematically combs the related literature of the economic effi-ciency to clarify the research.

The third chapter is the regional economic development efficiency character-istics and evolutionary mechanisms. From comprehensive, social, regional, stage, the book elaborates the regional economic development efficiency charac-teristics; Thus discusses the regional economic efficiency mechanisms from the perspective of micro and macro, including technology, capital, labor, and nat-ural resources, locational conditions, industrial structure, urbanization, eco-nomic openness, institutional environment and property arrangements.

The fourth chapter is the fist empirical part. Firstly the book estimates the in-ter-provincial capital stock and inter-provincial capital stock of three industries, establishes the panel data set of efficiency indicators. On this basis, by the total regional economic efficiency model, Malmquist productivity index model, the book measures the regional economy total efficiency, the efficiency of regional e-conomic factors, the structure efficiency, and analyzes the temporal evolution characteristics.

The fifth chapter is the second empirical part. Firstly, based on the time-sectional efficiency measured by DEA model, the book uses the standard devia-tion and coefficient of variation to analyze the regional differences of the efficiency since the reform and opening up. Secondly, based on the spatial correlation mod-el Moran index, Moran'I map, the book analyzes the space and spatial spillover effects associated with the pattern of regional economic development efficiency in China. Finally, by the clustering method the book divides the current type of regional economic development efficiency, and analyzes the characteristics and problems.

The sixth chapter is the last part of the empirical. First of all, the book analyzes the causes of China's regional economic development efficiency evolution combined with the "Chinese model" from the factor input mode, the structure model, the spatial development patterns and insititutional mode. Secondly, the book raises the base path to enhance the efficiency of regional economic development in the future. Finally, from the "Efficiency-Structure-Function" perspective, the book puts forward a new model for the regional economic coordinated development in the future.

Keywords: Total-Elements-Structure; Regional Economic Development Efficiency; Evolution Mechanisms; Spatial Association Pattern; Regional Economic Coordinated Development

目　录

第一章　绪论 ………………………………………………… 001

第一节　研究背景与问题提出 …………………………… 001

第二节　研究目标与方法路线 …………………………… 008

第二章　概念辨析与文献述评 ……………………………… 013

第一节　相关概念辨析与界定 …………………………… 013

第二节　相关研究述评 …………………………………… 021

第三章　区域经济发展效率特征及其演变机制 …………… 030

第一节　区域经济发展效率特征 ………………………… 030

第二节　区域经济发展效率演变的作用机制 …………… 035

本章小结 …………………………………………………… 045

第四章　中国区域经济发展效率时间演变 ………………… 047

第一节　区域经济发展效率测度模型 …………………… 047

第二节　研究数据来源与处理方法 ……………………… 049

第三节　中国区域经济发展效率演变特征 ……………… 056

本章小结 …………………………………………………… 117

第五章　中国区域经济发展效率空间差异与格局 ………… 121

第一节　研究方法与变量选择 …………………………… 121

第二节　中国区域经济发展效率的空间差异 …………… 123

第三节　中国区域经济发展效率的空间格局 …………… 139

第四节　中国区域经济发展效率类型划分 ……………………… 164

本章小结 ……………………………………………………… 169

第六章　中国区域经济发展模式反思及其路径选择

　　　　——基于区域经济发展效率视角 ……………………… 171

第一节　中国区域经济发展效率演变成因

　　　　——传统"中国模式"反思 ……………………………… 171

第二节　未来中国区域经济发展效率的提升路径 ……………… 189

第三节　基于"效率 – 结构 – 功能"的区域经济协调发展 ……… 196

本章小结 ……………………………………………………… 200

结论与展望 ………………………………………………………… 201

参考文献 …………………………………………………………… 206

后　记 ……………………………………………………………… 223

第一章 绪论

第一节 研究背景与问题提出

一 研究背景

（一）区域经济宏观背景

1. 快速工业化、城市化背景下的区域经济发展

改革开放以来，中国的工业化、城市化快速推进。1978～2012 年，中国经济保持了 9.86% 的平均年增长率，而同期世界经济平均年增长率仅为 2.84%（见表 1-1），世界上从未有过另外一个国家在如此长的时间里保持如此快的经济增长速度，中国创造了经济增长的"奇迹"（林毅夫等，2006）。

表 1-1 世界国家和地区 GDP 增长率

单位：%

国家和地区	1990 年	2000 年	2005 年	2009 年	2010 年	2011 年	2012 年	平均
高收入国家	3.15	3.93	2.53	-3.75	3.28	1.54	—	—
中等收入国家	1.91	5.43	7.24	2.64	7.71	6.33	4.93	4.52
低收入国家	2.86	3.51	7.00	4.66	6.05	5.98	5.95	3.63
中国	3.80	8.40	11.3	9.20	10.4	9.30	7.80	9.86
美国	1.86	4.17	3.08	-3.53	3.02	1.70	2.21	2.71
日本	5.20	2.26	1.30	-5.53	4.43	-0.70	1.94	2.30
世界	2.95	4.20	3.46	-2.24	4.34	2.73	2.20	2.84

注：均值为 1978～2012 年增长率平均值。

资料来源：世界银行 WDI 数据库。

经济总量方面，1978 年，中国的国内生产总值为 3645 亿元，经济总量仅位居世界第十，占世界经济总量的 1.8%；到 2012 年，中国的国内生产总值已经达到 518942 亿元（见图 1-1），连续超过德国、日本，成为世界第二大经济体，占世界经济总量的 11.5%（见表 1-2）。自 2008 年国际金融危机爆发以来，中国已经逐渐演变为世界经济复苏的重要引擎，对世界经济增长的年均贡献率超过 20%（国家统计局，2013）。

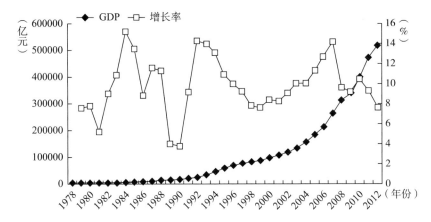

图 1-1 中国国内生产总值及增长率变化

资料来源：《中国统计年鉴 2013》。

表 1-2 中国主要经济指标占世界比重

单位：%

指标	1978 年	1980 年	1990 年	2000 年	2005 年	2010 年	2012 年
国内生产总值	1.76	1.72	1.62	3.71	4.94	9.39	11.5
进出口贸易总额	0.79	0.93	1.65	3.6	6.66	10.5	10.5
出口额	0.76	0.89	1.8	3.86	7.26	10.33	11.1
进口额	0.82	0.96	1.5	3.35	6.08	9.02	9.8
外商直接投资	—	0.11	1.68	2.91	7.38	8.77	9.1

资料来源：《国际统计年鉴 2013》。

经济结构方面，产业结构渐趋合理（见图 1-2），第一产业比重逐年下降，由 1978 年的 28.2% 下降到 2012 年的 10.1%；第三产业比重由 1978 年的 23.9% 上升到 2012 年的 44.6%。就业结构方面（见图 1-3），第一产业就业比重持续下降，由 1978 年的 70.5% 降低到 2012 年的 33.6%，第二产业、第三产业就业比重持续提高，且第三产业超过第二产业，到 2012 年，第三产业就业比重占到 36.1%，居三次产业之首。综合产业结构及就业结构变化来看，中国基本完成了从传统农业大国到工业大国的转变，并且开始向服务业大国转变。

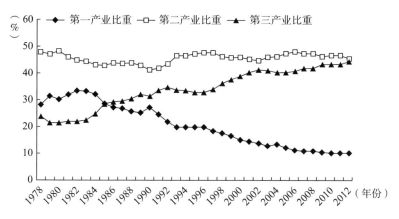

图 1 - 2 中国三次产业产值比重变化

资料来源：《中国统计年鉴 2013》。

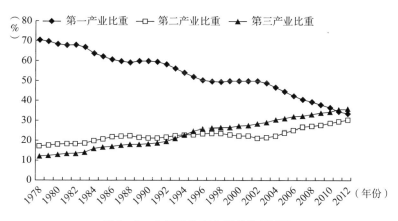

图 1 - 3 中国三次产业就业比重变化

资料来源：《中国统计年鉴 2013》。

　　经济发展推动劳动力从农村向城市转移，是一个城市化的过程；同时随着城市化进程的深入，投资增加，产业集聚发展，基础设施不断完善。改革开放以来，中国城市化一直处于高速发展状态。城市化水平由 1978 年的 17.9% 增长到 2002 年的 39.1%，年均增长 0.88 个百分点，同样过程比西方发达国家快了一倍左右。2012 年，中国城市化率已经高达 52.6%（见图 1 - 4），这意味着，中国的城镇人口（常住）开始超越农村人口，城市已经成为区域经济发展的核心。

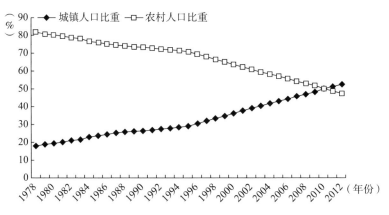

图 1 - 4　中国城市化率变化

资料来源：《中国统计年鉴 2013》。

2. 中国迈入中等收入国家行列

快速的经济增长带来了全国人民总体生活水平的提高。从中华人民共和国成立到 20 世纪 90 年代以前，中国基本处于低收入国家行列，到 1990年，人均国民总收入也仅为 330 美元，稍高于同期世界低收入国家 287 美元的标准。而到 2011 年，中国人均国民总收入已经达到 4940 美元（见表 1 - 3），实现从低收入国家向中等收入国家的跨越，意味着中国经济发展进入一个新阶段，区域经济发展面临新的挑战。

表 1 - 3　世界国家和地区人均国民总收入

单位：美元

国家和地区	1990 年	2000 年	2005 年	2009 年	2010 年	2011 年
高收入国家	18375	25324	34000	37800	38765	39783
中等收入国家	892	1252	1921	3349	3722	4125
低收入国家	287	267	343	496	534	567
世界	4080	5278	7104	8674	9067	9491
中国	330	930	1740	3620	4240	4940

资料来源：世界银行 WDI 数据库。

3. 经济增长向经济发展理念的转变

长期以来，中国经济增长主要靠投资、出口拉动，国民消费贡献较小，第二产业特别是资源消耗大的粗放型工业比重高，而依靠技术进步、管理制度创新、人力资本提升的创新型产业发展不足。实现区域产业结构优化调整，走资源节约型、环境友好型的经济发展道路势在必行。

2007 年党的十七大报告提出转变经济发展方式、实现国民经济又好又快发展的可持续发展目标，明确了未来中国经济发展的基本方向。中华人民共和国成立以来国民经济发展经历了由将数量与速度摆在首位的"多快好省"发展路线，到将发展速度与效益放在首位的"又快又好"发展思路，再到保证经济增长可持续、结构协调、发展速度稳定的"又好又快"发展战略（刘树成，2007）。在稳定经济发展速度的基础上，注重区域经济发展效率与质量，是对当前经济发展的新要求。

4. 区域发展战略调整及经济空间结构优化

区域发展战略是国家对一定阶段国内各（类型）区域发展方向和空间格局的概括。中华人民共和国成立以来，中国经历了区域均衡发展—区域非均衡发展—区域非均衡协调发展的区域经济发展战略演变过程，从"三线建设"，到改革开放的沿海城市开放开发，再到西部大开发、东北振兴、中部崛起等以及全国主体功能区规划，区域发展战略的演变对中国区域经济协调发展起到非常重要的作用（魏后凯等，2010）。

虽然区域发展战略主导下东、中、西三大地带的宏观经济格局并未发生根本转变（以胡焕庸线为分界线的人口分布与经济发展格局始终没有大变化），但是通过资源、要素等的有机整合，不同区域的经济空间结构在发生变化。东部地区呈现高级化的网络化发展模式，经济扩散效应开始显现；中部地区、东北地区也逐步由点轴发展向面状扩展，西部地区呈极核式发展（李国平等，2013），集聚效应在不断增强。总体来看，区域间经济联系越来越紧密，以点（中心城市）、线（交通沿线）、面（城市群、都市圈）为区域依托的高效率经济发展模式逐步形成。

（二）区域发展面临的问题

1. 经济发展模式面临挑战

改革开放以来，中国经历了由传统农业国向工业国的转变，20 世纪 90

年代中期开始进入快速工业化时期。根据钱纳里对区域经济发展阶段的划分标准，目前中国正处于工业化中期阶段向高级阶段的过渡时期（梁炜等，2009）。

工业化进程离不开原材料、劳动力、资本等要素的密集投入。特别是在工业化初级阶段，以原材料及劳动力的比较优势进行大规模区域开发活动，符合区域经济发展的规律。但是，随着工业化进程的深入，重化工业领先于其他产业增长，自然资源的需求量一路攀升（杨璟，2012），资源短缺、环境恶化、成本压力（各种要素成本）等问题集中显现，对中国区域经济发展的约束特征逐渐突出（钞小静等，2009）。

此外，2008 年国际金融危机对中国进出口贸易及地区经济冲击下的投资拉动、内需不足、劳动力成本上升等结构性问题集中爆发，以及哥本哈根世界气候大会期间发达国家迫使发展中国家节能减排和发展中国家环境问题凸显带来的自身节能减排的"诉求"，都迫使我国进行经济结构转型与调整。由此带来经济下行压力逐渐增大，经济增长率降低，中国传统经济发展模式面临极大挑战。

2. 经济效率缺失问题

由于长期对"两高、两低"（高投入、高能耗、低成本、低效率）经济发展模式的高度依赖，只注重经济增长速度的提升，而忽视了经济增长中付出的高昂的资源和环境成本，中国现阶段经济增长质量提升与数量扩张的非一致性问题突出（刘伟，2006；任保平，2012）。

效率是经济学所要研究的中心问题（也许是唯一的中心问题）（Samuelson and Nordhaus，1992）。美国著名经济学家、诺贝尔经济学奖获得者保罗·克鲁格曼（Paul Krugman）在预言东亚（包括中国）经济危机时指出，亚洲（中国）取得了卓越的经济增长率，却没有与之相匹配的卓越的生产率提高；中国经济增长是资源投入的结果，而不是效率提升的结果（世界银行，1997；Krugman，1994）。虽然他对中国经济的预言并没有实现，但其指出的中国经济发展的"效率缺失"问题的确值得深思。

3. 区域不平衡发展问题

自"西部大开发""东北地区等老工业基地振兴""中部崛起"等区域发展总体战略实施以来，全国及各个地区经济均呈现高速增长态势，其至中西部地区经济增长率已经开始超越东部地区（如内蒙古自治区等）。但不可否认的事实是，三大地带间、不同省份间经济实力的差距继续扩大，全国范围内形成了明显的技术经济梯度（陆大道，2009），区域不均衡发展的空间格局并未改变。

这种现象在一定程度上可被归结于历史上经济布局所带来的"路径依赖"效应，总体看来符合中国经济空间发展规律。但更重要的是，要将其归结于以往所实施区域发展总体战略的"输血功能"有余，而"造血功能"不足，也就是只有外部推动，而缺乏实现内生增长的动力来源。而内生增长的动力应该来源于人力资本、技术等要素提升，归根结底来源于区域经济发展效率的提高。因此，如何提升区域人力资本，实现技术进步与创新驱动，提高区域经济发展效率，将是未来协调区域发展的重要内容。

4. 传统"效率与公平"论争的局限性

效率与公平的关系贯穿于整个人类经济、社会发展过程中。经济学对"理性人"的假设使其更加注重经济效率问题，认为如果经济活动没有效率，公平也就成为空谈；而社会学更关注人与人之间的平等问题，认为经济发展是为人类服务的，如果没有人与人之间的平等，经济效率也就没有存在的价值。由此，政府在宏观经济发展决策中想方设法达到效率与公平的平衡与统一，认为在经济发展初级阶段，"效率优先，兼顾公平"，当经济发展到一定阶段后，"更加注重公平"。但事实证明，现实中效率与公平谁先谁后的问题仍然很难把握，值得反思。

区域是地理学、区域经济学的研究视角。经济学、社会学等在研究效率与公平时忽视"区域"的重要性，是导致效率与公平得不到有效统一的症结所在。效率是相对的（即区域之间的效率是有差异的），但对某一区域的经济活动而言，效率又是绝对的。也就是说，如果更加注重区域经济效率的提升，必然会促进区域经济发展水平、居民收入等的提高，进而会促进基础设施、教育、医疗等的发展，而这正是公平本质的体现。由此看来，从区域视角来认识效率问题，将更有价值。

二　问题提出

基于对中国区域经济发展背景及区域发展中面临问题的思考与认识，

本书认为，改革开放 30 多年的高速经济增长，已经足以证明中国改革政策的有效性，但同时也出现了诸如结构失衡、投资过热、内需不足、资源约束、环境恶化、区域差距不断拉大等问题。

这不得不让我们思考，如何认识中国区域经济发展才能有助于解决当前面临的众多问题。这也是本书需要解答的根本问题。本书认为，区域经济发展是一个复杂的过程，经济总量增长是基础，经济要素高效利用是保证，而经济结构转换则是过程的实质。

为此，本书引入区域经济发展效率的概念，从区域经济发展效率视角思考中国经济发展问题，即中国区域经济发展问题的本质为何？如何正确认识中国区域经济发展中的效率问题？中国区域经济发展效率是否伴随工业化、城市化进程的深入而提高，到底提高了多少？区域间经济发展效率的差异如何，呈现什么样的空间格局，未来的提升路径在何方？这是本书即将研究和解决的问题。

第二节　研究目标与方法路线

一　研究目标

本书从区域经济发展问题出发，提出中国区域经济发展中效率缺失、结构失衡等问题；继而以地理学的区域视角，科学认识区域经济发展效率。具体研究目标如下。

（一）从"区域"视角认识经济效率问题

传统经济学对经济效率问题的研究，缺乏对区域问题的关注，虽然也得出了具有政策借鉴意义的研究结论，但并未真正解决区域发展问题。因此，本书从"区域"视角认识经济效率问题，具有一定的科学价值。

（二）构建区域经济发展效率的基础理论框架

首先，基于总量效率、要素效率、结构效率等方面科学界定区域经济发展效率的内涵，明确区域经济发展效率的目标。其次，从综合性、社会性、区域性、阶段性等方面分析区域经济发展效率的特征，并从微观视角的技术、资本、劳动力及宏观视角的资源禀赋、产业结构、区位条件、城市化、经济开放度、制度环境、产权安排等方面阐述区域经济发展效率的演化机制。

（三）中国区域经济发展效率演变实证研究

基于地理学"过程－格局－机理"的研究范式，对改革开放以来中国区域经济发展效率进行测度，并分析其时间演变特征，进而从时间截面分析中国区域经济发展效率的地域差异、空间溢出效应及空间关联格局变化。

（四）构建基于"效率－结构－功能"视角的区域经济协调发展模式

首先，反思改革开放以来中国区域经济发展过程中的要素投入模式、结构发展模式、空间结构模式及制度模式；其次，分别从要素效率和结构效率提升、发挥城市群带动作用、调整空间政策方向、转变政府职能等方面分析未来中国区域经济发展效率的提升路径；最后，基于"效率－结构－功能"视角构建中国区域经济协调发展的新模式。

二　研究意义

（一）理论意义

不论是经济效率的投入－产出视角，还是全要素生产率的技术进步视角，所考察的都是经济增长内容，也即探讨经济增长的源泉。区域经济增长固然重要，但它仅仅反映区域经济总量的增加，显然不够全面。对于现阶段中国区域经济而言，区域经济发展更为重要，而区域经济发展具有丰富的内涵，包括总量提升、结构升级、效率提高等。因此，本书提出区域经济发展效率的基本概念，界定区域经济发展效率的内涵，从区域经济发展效率角度识别区域经济发展问题，具有一定的理论意义。

传统经济效率研究侧重于宏观区域层面，而对中、微观层面的区域问题——空间异质性的认识不足。本书从地理学的"区域"视角来认识区域经济效率问题，也具备一定的理论价值；同时可以丰富劳动地域分工理论和法则阶段理论，揭示其内涵实质和动力机制。

以往文献主要分析了传统区域经济的差异，主要侧重于经济总量分析，而对区域经济结构问题关注不足，因此，从区域经济发展效率视角来认识区域经济差异问题，也是值得关注的。

（二） 现实意义

改革开放 30 多年的高速经济增长，证明了中国改革政策的有效性，但同时也出现了诸如结构失衡、投资过热、内需不足、资源约束、环境恶化、区域差距不断拉大等问题，因此注重区域经济发展质量、提升区域经济发展效率尤为必要。

通过对中国区域经济发展效率的研究，探讨中国区域经济发展效率的变化规律，包括区域经济发展效率的时间演变特征、地域差异、空间格局及其影响因素，揭示中国区域经济发展中面临的实质问题。通过反思中国区域经济发展方式与战略，构建基于"效率 - 结构 - 功能"视角的中国区域经济协调发展模式，为促进中国区域经济协调、可持续发展提供科学依据。

三 研究方法与技术路线

（一） 基本方法

通过对中国区域经济发展中效率缺失、不均衡发展以及实证研究中对区域问题关注不足等的剖析，提出区域经济发展效率研究的现实与理论依据。准确界定区域经济发展效率的概念、内涵，从总量、结构、要素三方面分析中国区域经济发展效率的演变规律及其影响因素，进而提出中国区域经济协调发展模式。

本书采用理论研究与实证研究相结合、定性研究与定量研究相结合的方法，具体如下。

1. 文献综述法

通过对以往相关文献的梳理研究，提出区域经济发展效率研究的必要性及理论基础，进而构建区域经济发展效率的理论研究框架。

2. 定量分析方法

建立区域经济发展效率测度的面板数据集。首先通过 Malmquist 生产率指数模型分析中国区域总效率及不同产业结构效率的时间演变趋势。其次通过 DEA 的 C^2R 模型对中国区域经济发展效率进行静态测度，应用标准差、变异系数分析中国区域经济发展效率的地域差异。再次通过全局空间自相关的 Moran'I 指数及局部空间自相关的 Moran 散点图和 LISA 集聚图，分析中国区域经济发展效率的空间关联格局。最后运用系统聚类分析方法划分中国区域经济发展效率类型。

3. 空间分析方法

通过 Arcgis10.0 软件对区域经济发展效率的空间分布进行空间表达。运用空间数据探索方法，通过 Geoda 软件对中国区域经济发展效率进行空间关联分析。

（二）技术路线

本书技术路线如图 1-5 所示。

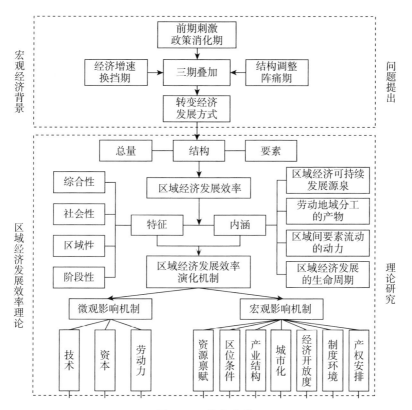

图 1-5 技术路线

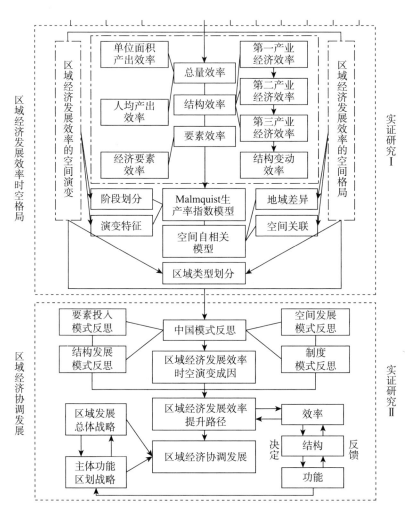

图 1-5 技术路线（续）

第二章　概念辨析与文献述评

第一节　相关概念辨析与界定

一　效率

"效率"一词被广泛应用于现实工作生活中，比如，不同家用电器的功率有差别，不同工人的劳动生产率有差别等，这些都属于"效率"范畴。《现代汉语辞海》中将效率定义为：（1）机械、电器等工作时，有用功在总功中所占的百分比，属于物理学概念；（2）单位时间内完成的工作量，属于管理学概念（张涌等，2011）。此外，路丽梅（2003）主编的《汉语辞海》中指出，效率是消耗的劳动量与所获得劳动效果的比率，将效率与要素联系到一起，如果将消耗的劳动量替换为资本、技术等要素，也是可以的。

在经济学领域，"效率"几乎是应用最广泛的概念，通常指不浪费，或者现有的资源用得最好（毕泗锋，2008）。政治经济学鼻祖亚当·斯密（Adam Smith，1776）在其著作《国民财富的性质和原因的研究》（简称《国富论》）第一章"论劳动分工"中，就从劳动生产率视角提出了以效率为基础的分工理论。

然而"效率"一词并没有严格的界定，西方经济学家大多以帕累托对效率的定义为标准。意大利经济学家维尔弗雷多·帕累托（Vilfredo Pareto，1971）提出"帕累托最优"（Pareto Optimality）概念，认为在不使其他人境况变坏的前提下，如果一项经济活动不再有可能增进任何人的经济福利，则该项经济活动就是有效率的，意味着经济活动必须同时满足产品在消费者之间实现最优分配、资源要素最优配置、产出数量最大化；反之，则被称为"无效率"。由此可以看出，西方经济学对效率的定义，主要是基于"最优分配"的角度。

二 经济效率

经济效率有微观概念与宏观内涵之分。微观经济理论方面，美国匹兹堡大学经济系教授托马斯·G. 罗斯基在针对中国经济统计指标相关问题分析时指出，经济效率应该是配置效率、技术效率（X – 效率）和动态效率的综合（见图2 – 1），其中，配置效率是指通过调整要素投入在不同产品或者企业的比例来提高经济效率（由图中 G 点移动到 E 点），技术效率是指通过改进生产技术和组织管理方式提高效率（由图中 F 点移动到 E 点），动态效率指通过技术革新、技术进步来提高效率（由图中生产可能线 K_1L_1 迁移到 K_2L_2）（Rawski，1992）。

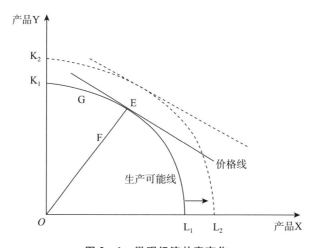

图 2 – 1 微观经济效率变化

而在宏观经济理论中，经济效率指的应该是一种"投入 – 产出"关系。准确地说，经济效率是指用货币单位计量的投入与产出之间的比率（张先治，1994）。此外，经济效率还同成本最小化相联系，即它要求以最低的可能生产成本达到产量最大化（胡代光等，2000）。如图 2 – 2 所示，横轴、纵轴分别表示投入 X 和产出 Y，那么 OO_1 和 OO_2 就分别表示不同的投入 – 产出水平，也就是说，投入 x_1 产出 y_1 水平下的效率 $E_1 = x_1/y_1$，投

入 x_2 产出 y_2 水平下的效率 $E_2 = x_2/y_2$。

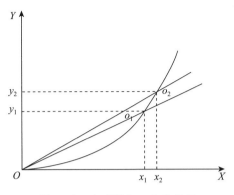

图 2 - 2　宏观投入 - 产出效率

与经济活动的微观机理相比，区域经济学更加关注宏观经济运行状态。因此，在评价宏观经济活动运行状况时，不能仅仅以产出规模来判断经济活动运行质量，而是要结合经济活动的要素投入规模与产品产出规模，综合判断经济运行质量。这也是本书研究经济效率问题的意义所在。

此外，早期国内学者一般主要关注经济效益，且往往用经济效益来替代经济效率。而本书认为，经济效率与经济效益之间是没有直接联系的，经济效益更多与利润相关。以竞争与垄断关系分析，处于垄断环境时，产出降低企业利润是提高的，也即经济效益提高，然而由于垄断环境中资源配置效率降低，经济效率却是降低的。在竞争环境中，产出增加企业利润是降低的，也即经济效益降低，然而由于竞争环境促进了资源配置效率提高，经济效率是提高的。此外，短期经济增长与经济效益有较大关联，而与经济效率没有直接关系；但长期经济增长，则需要伴随经济效率的提高。

三　全要素生产率

近年来，全要素生产率（Total Factor Productivity，TFP）成为经济增长中效率研究的热点。索洛（Solow，1957）在《技术变化和总量生产函数》一文中首次提出了全要素生产率的概念。全要素生产率是指除资本和劳动力等要素投入之外的技术进步（变化）对经济增长的贡献（易纲等，2003），采用总产出增长率扣除各要素投入增长率的余值（索洛剩余）来测算。通过对全要素生产率的计算及分解,可以确定经济增长过程中各种要素投入及技术进步对经济增长的贡献率,用以识别一个国家或地区经济增长方式的有效性。

不论是经济效率的投入－产出视角,还是全要素生产率的技术进步视角,所考察的都是经济增长内容,也即探讨经济增长的来源。区域经济增长固然重要,但它仅仅反映区域经济总量的增加,显然不够全面,对于现阶段中国区域经济而言,中国已经实现了经济总量的突破,如何实现区域经济的可持续发展、区域经济协调发展,以及区域经济质量的提升,将更为重要。因此,从经济效率、全要素生产率视角寻求经济增长源泉已经不能满足当今中国区域经济发展研究的要求。基于此,本书提出区域经济发展效率概念,希望由此可以更为深入地考察中国区域经济发展的过程、格局,进而提出促进中国区域经济协调发展的路径。

四 区域经济发展效率

(一) 区域

区域是地理学的研究对象。陈传康先生认为,"区域"是一个连续空间。这个空间是指地球表层的某一具体范围,它的界线由一些具体指标来划定,可以是气候区、植被地带等均质共性区域;也可以是交通运输枢纽、流域、贸易区等辐射吸引区域;也可以是一定的行政区、教区等管理权区域;还可以是起着一定职能作用的功能分区 (陈传康,1986)。魏后凯 (2011) 总结了区域的主要特征。

第一,区域的内聚力、结构、功能、规模和边界是构成一个区域的五个基本要素。其中,内聚力是区域形成和演变的基础,它决定了区域内部的结构和功能,进而决定了区域的规模和边界。正是这种内聚力使得区域各组成部分之间形成了一种相互依存的关系,并产生一种共同的区域利益和区域意识,而这种区域意识是区域主体采取措施提高自身发展水平的前提。

第二,区域具有客观性和动态性两个基本特征。一方面,区域是客观存在的现实现象,任何事物的发展都离不开特定的区域,区域是事物发生、发展的空间载体,并由此体现事物发展的一般规律。另一方面,区域又是处在不断演进变化之中的。随着自然、社会、经济的演变,区域内聚力将发生变化，进而导致区域特别是经济区域的结构、功能和规模发生改变。

第三，区域具有一定的等级体系，不同等级体系的区域决定了其结构、功能和规模都有很大差异。一个城市、一个经济地带甚至一个国家都可以被看成一个区域，虽然从某种程度上讲它们的发展目标都是实现自身水平的提高，但由于属性差异，城市关注自身发展，城市与城市之间形成竞争关系，经济带关注一体化发展，而国家关注区域分工和整体利益最大化。

本书认为，所谓区域是指按照一定的目标和准则来划分的，并且因自然、经济、社会等方面的内聚力而强化的，具有相对完整的结构、功能，并且具有较为明确规模、边界及等级的空间有机体，也即区域是一个具有区内一致性、区际差异性及动态性特征的有机实体。而长期以来中国由行政力量主导形成的行政区域，具有区域的一般特征，如此，本书将在行政区域范畴内研究区域经济发展效率。

（二）区域经济发展

陆大道（1998）在其著作《区域发展与空间结构》中指出，在内涵上，区域发展不仅包括经济发展，还包括社会发展及环境治理的改善等；在空间上，区域发展是一个三维概念，既包括横向发展界面的扩展，也包括纵向发展质量的提高；在时间上，区域发展还具有历史的、渐进的特征（见图 2 - 3）。此外，区域发展不仅关注区域内部，更关注区域之间的相互作用。

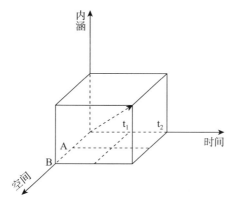

图 2 - 3 区域发展三维概念

　　具体来说，区域发展是指"在宏观国民经济增长的背景下，区域经济总量获得增长，人口增加及人均收入水平提高，物质性和社会性基础设施不断改善，地区之间建立合理的经济关系，逐步缩小地区间社会经济发展水平的差距，以及为实现此目标而制定的区域政策"（陆大道，1998）。

　　从区域发展内涵来看，区域经济发展是区域发展的一个方面，但同时也兼顾区域发展的时空内涵，即区域经济发展是区域经济活动区内一致性、区际差异性的整体体现，具有历史的、渐进的时间过程特征，要求经济活动在横向发展界面扩展的同时，也伴随着纵向发展质量的提高（见图2-4）。

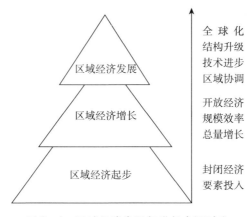

图 2 - 4　区域经济发展与增长内涵对比

　　区域经济发展不仅包括区域经济总量的增长，而且伴随产业结构的升级，以及技术进步等，是一个包括经济增长、结构升级、技术创新、社会进步、人们福利提高等要素在内的更为深刻的经济运行过程（孙久文等，2009）。

（三）区域经济发展效率

　　本书认为，区域经济发展效率是对区域经济发展过程中某个时段发展水平的度量，是区域经济总量扩张、要素生产率提高、结构升级等对区域经济发展质量提升的贡献，是区域经济总量效率、区域经济要素效率以及区域经济结构效率①等在区域空间上的叠加，具有动态的阶段性特征。区

---

　　① 结构效率包括经济结构效率和空间结构效率，本书主要研究经济结构效率中的产业结构及其变动效率。而对空间结构效率，主要通过经济结构效率的空间结构来进行判断。

域经济发展效率之所以包含以上三个方面，主要原因如下。

首先，区域经济发展是建立在区域经济总量提升基础之上的（既包括存量，又包括增量），只有当经济总量达到一定程度，区域社会、福利等才有物质保障，区域经济才能进入高水平的发展阶段。因此区域经济总量效率应该是区域经济发展效率的基础。本书定义区域经济总量效率为区域平均效率，包括区域经济的单位面积产出、人均产出（存量）及其增长率（增量）。

其次，转变经济发展方式，实现从总量扩展的粗放型生产方式向高效率的集约型生产方式的转变，是实现区域经济可持续发展的必经之路。区域经济要素效率是指区域要素投入与产出间的比例关系，包括资本、劳动力等要素的投入及全要素生产率的提高，用来测度要素规模效率、技术变化等方面。

最后，区域经济发展效率的提高不仅依靠资本、劳动力、知识等累积性要素，还需要结构变迁等非累积性要素。区域经济结构效率是指不同产业经济运行效率，以及产业结构变动的效率对经济增长的贡献，通过结构效率来识别区域经济的产业增长点，进而对区域进行功能定位，因此区域经济结构效率包含了三次产业经济效率及产业结构变动效率。

综上所述，区域经济发展效率是一个总量、要素、结构相统一的概念，本书从区域经济总量效率、区域经济要素效率、区域经济结构效率三个层面来综合定量分析区域经济发展效率的演变。

（四）区域经济发展效率的经济意义

1. 区域经济发展效率是区域经济持续增长的源泉

世界各国的经济发展规律表明，资本、技术与劳动力等要素积累能够保证短期内区域经济增长目标的实现（Romer，2000）。而长期的区域经济增长目标则是依靠结构转换、要素配置、技术等变化来实现。结构转换、要素配置与技术进步带来了区域经济发展效率的提升，反过来又促进了产业结构转换、要素配置效率、技术等的提升。因此，区域经济发展效率是区域经济持续增长的源泉。

2. 区域经济发展效率是劳动地域分工的产物

劳动地域分工是指人类经济活动按地区进行的分工，即各地区根据自身禀赋进行专业化生产,以达到区域间产品相互贸易的目的。由于分工,劳动力专注于某种操作,在"干中学"中提高了劳动熟练度和要素投入的利用效率,同时分工节省了重复学习成本,促使劳动者从事技术创新,提高了产品的劳动生产率。

3. 区域经济发展效率是区域间要素流动的动力

区域发展要素包括资本、劳动力、技术等。随着区域经济发展效率的提高,区域要素的利用效率也不断提升,继而要素不断向高效率产业和地区流动。由于区域间要素禀赋、发展阶段不同,区域间经济发展效率存在差异,由这种差异产生的"梯度效应",必然引起区域发展要素由低效率区域向高效率区域转移,进而促使区域整体效率的提升。值得注意的是,区域经济发展效率的"梯度效应"促使区域间要素流动,但是区域间梯度效应并非一成不变,而是处于"动态均衡"的过程之中。

图 2-5 为分工、效率与区域协调的互动关系。

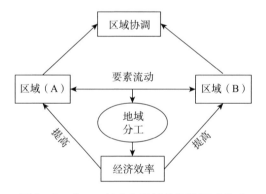

图 2-5 分工、效率与区域协调的互动关系

4. 区域经济发展效率影响区域经济发展的生命周期

区域经济发展的生命周期现象,即繁荣—衰退—萧条—复苏,在经济学领域是不争的事实。而区域经济学家普遍将此与技术、创新等区域发展要素联系到一起。区域经济发展效率的"梯度效应"处于"动态均衡"的过程之中,若区域经济发展效率的"梯度"逐渐缩小,甚至发生逆转,要素的流动方向也会发生变化,导致区域发展比较优势的转变,进而会影响区域经济发展的生命周期。

第二节　相关研究述评

一　区域经济增长理论的效率研究

经济效率的研究源于经济增长理论的发展，因此有必要认识经济增长理论的发展过程。区域经济增长研究经历了古典、新古典及内生经济增长理论等阶段。

（一）古典经济增长

古典经济学家亚当·斯密在其著作《国富论》中从劳动分工角度分析了一个国家经济增长的动力，指出劳动分工带来劳动生产率的提高，进而促进经济增长及国民财富的增加。同期的马尔萨斯（Thomas R. Malthus, 1798）则对经济增长持悲观态度，指出人均收入会保持在一定均衡水平，形成"马尔萨斯陷阱"，经济增长将终止。

（二）哈罗德 – 多马模型

在此后的一个多世纪里，经济增长理论仿佛被遗忘。经马歇尔（Marshall, 1920）的外部性理论和熊彼特（Schumpeter, 1934）的"创造性毁灭理论"，直到20世纪30年代经济大萧条时期，凯恩斯（John Maynard Keynes, 1936）的《就业、利息与货币通论》出版，经济增长理论重新回到经济学家的视野。哈罗德（Harrod, 1939）和多马（Domar, 1946）的哈罗德 – 多马（Harrod-Domar）模型在此背景下产生，Harrod-Domar模型认为，反映固定资产投资水平的储蓄率和反映生产效率的资本投入 – 产出比，是决定经济增长的两大要素。虽然该模型突出了资本投入 – 产出效率，但是由于假设劳动与资本不可替代，其并不符合长期经济增长的现实。

（三）新古典经济增长

索洛（Solow, 1956）和斯旺（Swan, 1956）对 Harrod-Domar 模型进行了修正，采用要素可替代的新古典生产函数，其特点是要素投入的边际收益递减，长期的人均经济增长率趋于零，需要借助外生的技术进步以保证经济持续增长。

因此，索洛（1957）在《技术变化和总量生产函数》一文中提出了全要素生产率的概念，将总产出的增长分解为来自要素投入的贡献和来自技术进步的贡献。

（四）内生经济增长

新古典经济增长模型由于技术进步外生的限制，对如何实现经济长期增长的解释缺少说服力，为解决此问题，20世纪80年代，内生经济增长理论应运而生。罗默（Romer，1986）发表了《报酬递增与长期增长》，提出了知识生产报酬递增对产品生产的外部性作用，促进产品产出的增加，将技术进步内生化。卢卡斯（Lucas，1988）则通过《经济发展的机制》拓展了资本概念，讨论了人力资本对经济长期增长的影响。Young（1991）则提出了"干中学"溢出效应对经济增长的积极影响。

综上，从古典、新古典到内生经济增长理论，人们对经济增长动力的认识逐渐深刻。但是从全要素生产率、知识生产、人力资本等来寻求经济增长的源泉，仍然相对狭隘。此外，以上经济增长理论大多基于发达国家经验获得，对发展中国家是否适用仍有待考察。特别是自1997年亚洲经济危机发生以来，以全要素生产率为主要依据对中国经济增长可持续性的否定，更能说明这一点。

二 关于中国区域经济发展效率的总体评价

（一）东亚经济增长效率——全要素生产率争论

一直以来，中国经济增长有效性都受到国内外学者的普遍关注，特别是自1997年亚洲经济危机以来，其关注尤为密切。1993年世界银行发布的《东亚奇迹：经济增长与公共政策》肯定了东亚国家过去几十年的经济增长（World bank，1993）。但是，以美国经济学家保罗·克鲁格曼（Paul Krugman，1994）为代表的经济学家认为"东亚无奇迹"（TFP低效）。他们认为，改革开放以来，中国的经济增长取得了举世瞩目的成就，拥有很高的经济增长率，但是经济增长是低效率甚至无效率的。

Lau等（1990）、Young（1994，1995，2000）以索洛和斯旺的新古典经济增长模型为依据，认为全要素生产率是经济持久增长的根本原因，据此测算结果表明，东亚国家的经济增长主要来自资本和劳动力的投入增长，而生产率没有提高。

但是，Krugman 等的观点也受到国外学者的批评。Bhagwati（1996）全面批评了 Krugman 的观点，他认为东亚国家基于出口导向的奇迹是存在的，而且通过国际贸易带来了技术的进步，同时较高程度的识字率和教育水平强化了进口技术进步所带来的收益。Chen（1997）认为 Krugman、Lau、Young 等学者犯了概念性错误，并没有了解全要素生产率理论与实践的发展，并且他认为技术进步包括"与资本融合的"和"不包括资本投入的"两类，Krugman、Lau、Young 等指的全要素生产率增长仅代表"不包括资本投入的"技术进步，忽略了投资的作用，而资本投入和技术进步恰恰应该是紧密联系的。

针对"东亚无奇迹"的观点，中国学者也提出了自己的认识。陈岩（1997）针对 Krugman"虚幻的亚洲经济"的观点分别从投资驱动的阶段性、经济增长的收益递减的质疑、从苏联看东亚经济等方面提出了反驳意见，但是他承认 Krugman 的文章对中国市场经济、转变经济驱动力等有启发意义。宋铮、陈凯迹（1999）认为，Lau 等（1990）、Young（1994）以索洛和斯旺的新古典经济增长模型为依据分析"东亚奇迹"充满争议，从知识、人力资本等要素收益递减角度分析更不符合现实，而内生经济增长理论不仅关注技术内生化问题，也为政府干预提供了很好的理论基础，因此以内生经济增长理论分析"东亚奇迹"更加合理。林毅夫、蔡昉等（1999）从资源禀赋的比较优势发展战略对东亚经济发展进行了解释，认为这是一种成功的发展战略。郑玉歆（1998）指出，以索洛余值为基础的全要素生产率包括不能观察到的所有因素带来的增长，可识别因素越多，余值越小，生产函数、要素度量都会对全要素生产率产生影响，而这些都是被以往研究忽视的。同时他认为应该正视投资在不同经济发展阶段的重要作用，技术进步是建立在资本积累之上的，这也得到了林毅夫等的认可（林毅夫等，2007）。陈宗胜等（2004）认为，"东亚奇迹"是农业劳动力向非农部门转移、加速产业结构转换的结果，但非农部门的全要素生产率并不显著。

总体来看，由于不同学者对全要素生产率概念的认识存在差别，所得出的结论也是有差异的。由此我们也可以认识到，影响经济增长效率的因素很广泛，既包括资本、劳动力、技术进步，也包括政策、制度等，仅从代表技术进步的全要素生产率角度来考虑显然是不全面的。

（二）中国经济增长效率

不管对东亚经济增长效率持否定态度还是肯定态度，关于"东亚奇迹"的讨论对于中国经济的发展都是有积极作用的，都有利于学者对中国经济发展状况进行反思。基于此，国内外学者对中国经济增长效率也进行了研究。

1. 总体经济增长效率

郭克莎（1990）对 1979～1988 年中国经济增长效应进行了研究，他指出现代经济增长是以全要素生产率的不断增长为核心的，1979～1988 年中国经济增长显著依赖资本与劳动力的投入，经济过热，全要素生产率下降。张军扩（1991）以柯布－道格拉斯生产函数为基础对中国"七五"计划期间（1986～1990 年）的综合要素效率进行了测算，结果表明，改革开放后综合要素生产率增长率比改革开放前明显加快，但与其他国家相比，综合要素生产率的贡献低得多。

1992 年香港中文大学主办的"中国经济生产率、效率和改革学术研讨会"围绕改革与生产率、生产率质量等问题进行了探讨，指出改革开放以来，中国生产率有了明显提高，1952～1979 年生产率对经济增长的贡献基本为 0，而 1979～1990 年为 30.3%，但与发达国家相比仍有很大差距，全要素生产率虽有提高，但对经济增长的贡献比发达国家经济衰退期全要素生产率对经济增长的贡献还要低（李京文、郑玉歆，1992）。

蔡昉、王德文（1999）从劳动力数量增长、人力资本积累和就业结构转变等方面对中国经济增长的可持续性进行了研究。王小鲁（2000）对改革前后的中国经济增长率进行了研究，认为改革后的资本与劳动力投入对经济增长贡献高于改革前，但生产率提高主要源自改革导致的资源优化配置，而非技术进步。而颜鹏飞、王兵（2004）认为 1978～2001 年总体全要素生产率是增长的，但 1997 年后出现了递减趋势，胡鞍钢、郑京海（2004），孙琳琳、任若恩（2005）也得出了类似结论。郭庆旺等（2005）认为 1979～2004 年全要素生产率对经济增长贡献较低，1993 年以前中国全要素生产率涨跌互现，波动较大，1993 年后则逐渐下降，2000～2004 年才呈上升趋势。徐家杰（2007），章祥荪、贵斌威（2008）也认为 20 世纪

90 年代中后期以来中国全要素生产率呈低位徘徊趋势。赖明勇、王文妮（2009）得出结论，1952～2006 年中国全要素生产率不断下滑，东部最低，但人均资本存量增长率最高。李宾、曾志雄（2009）则认为以往研究高估了资本增长率而低估了全要素生产率增长率，原因在于采用了不合理的投资指标。

2. 部门经济增长效率

Lau 等（1990）、Wu（1993）研究了 20 世纪 80 年代中国工业企业效率问题，认为改革开放后的一段时间内中国工业效率是提升的。李京文、李军（1993）对 1952～1990 年中国与美国全要素生产率变化进行了分析，指出改革后的中国经济比改革前高质、高速增长毋庸置疑，无论是经济增长率还是全要素生产率，都有质的飞跃，技术进步对经济增长的促进作用显著提高，但并不稳定。沈坤荣（1994）应用全要素生产率对中国经济增长进行测算，认为中国经济增长速度并不慢，但高速增长的背后是高投入和低效率。

郑玉歆（1996）首先对以往研究的数据可靠性与方法科学性进行了质疑，然后在 Jefferson，Rawski 等（1992，1996）研究的基础上，对 1980～1992 年中国工业全要素生产率变动趋势进行了分析，结果表明，1980～1992 年国有工业全要素生产率年均增长率为 2.5%，1984～1988 年对经济增长贡献率为 43%，1988～1992 年的贡献率下降为 31%，中国工业全要素生产率仍有很大提高余地。

Liu（1996）等对中国国有企业的效率进行了研究，认为改革对企业技术效率的影响是明显的，但也有学者认为，改革开放以来中国国有企业的全要素生产率并没有取得实质性的增长，产出的增长主要是靠大量的投入（Huang et al.，1998）。孔翔、Rorbert 等（1999）和郑京海等（2003）研究了中国国有企业全要素生产率的变化，发现经历了十年的国有企业改革，其效率仍然非常低。李小平（2005）认为 1986～2002 年中国制造业 34 个分行业的经济增长与全要素生产率关系密切，但全要素生产率并不是经济增长的主要来源。

胡永泰（1998）从农业部门劳动力的重新配置及资本积累等方面研究了中国全要素生产率，认为资本积累对中国经济增长贡献巨大，其基础来源于劳动力剩余的自由化。此外，陈卫平（2006）、全炯振（2009）、李谷

成 (2009)、周端明 (2009)、车维汉和杨荣 (2010)、王珏等 (2010)、方福前和张艳丽 (2010)、朱喜等 (2011) 研究了农业全要素生产率的变化情况。杨向阳和徐翔 (2006)、左冰和保继刚 (2008)、原毅军等 (2009)、杨勇 (2009)、胡朝霞 (2010) 对服务业的全要素生产率进行了研究。

3. 经济增长效率的地区差异与格局

王志刚等 (2006)、宫俊涛等 (2008) 的研究表明中国东部全要素生产率最高，中西部较低，虽然有所波动，但地区间差异变化不大，刘秉镰、李清彬 (2009) 通过对中国地级城市的研究也得出了类似结论。傅勇、白龙 (2009) 认为除东、中、西分异特征外，资源富集区的全要素生产率增长速度也较快。叶德磊、邓金鹏 (2010) 的研究表明 2000 年以来中国东、中、西三大地带的全要素生产率差距日益扩大，在平衡区域发展方面应该提高西部地区教育和人力资本水平而不是依靠投资。王大鹏、朱迎春 (2010) 的研究认为 1998～2006 年全国及中西部地区的全要素生产率变化率较低，但 2007～2009 年相对东部而言，中西部地区的技术进步增长幅度更为显著。

郭庆旺等 (2005) 利用非参数 DEA-Malmquist 生产率指数模型对中国不同省份经济的全要素生产率进行了测算，认为中国省份经济增长差异较大主要由全要素生产率增长尤其是技术进步率差异较大所致，石风光、李宗植 (2009) 的研究结论较为一致。许和连等 (2006) 认为贸易开放度和人力资本对全要素生产率的影响在东、中、西部存在差异。吴玉鸣等 (2006) 认为工业资本投入对中国区域工业全要素生产率差异的影响很大。傅晓霞、吴利学 (2006) 则认为中国区域经济差异主要来源于要素积累而不是全要素生产率，但 1990 年以后全要素生产率的影响作用逐渐增大，这一点与李国璋等 (2010) 的研究较为一致。傅东平 (2009) 认为中国省际全要素生产率显著提高。刘建国等 (2012) 对 1990～2009 年中国全要素生产率的区域差异做了比较全面的研究，认为总体全要素生产率平均下降 1.35%，但东部全要素生产率总体提高，另外他还从经济集聚、人力资本、信息化等方面对中国全要素生产率变化进行了系统分析。

此外，李亚平等 (2007)、刘建国 (2010)、孙威等 (2010)、方创琳等 (2011)、宋亚君等 (2012)、牛品一等 (2012) 分别对中国省份、资源型城市以及城市群效率进行了相关研究。

综上，通过对以往文献梳理可知，国内外学者对 Krugman "东亚无奇迹" 的说法大多持否定态度，特别是国内学者，主要质疑其所采用的研究方法。但毋庸置疑的是，通过对 "东亚无奇迹" 的讨论，学者加深了对全要素生产率的认识，这对认识中国经济增长十分重要。

由中国经济增长效率的相关研究可以看出，不同学者由于所研究的经济发展阶段有差别，得出的结论也就不同。同样，即使学者的研究时段一致，由于所选择的指标和方法有差异，得出的结论也不一致，甚至截然相反。

更重要的是，在研究区域经济效率问题时，大多数文献以全要素生产率、投入－产出效率等单一效率指标来识别区域经济效率，对区域经济效率的理解存在偏差。另外，在研究范围上，大多数研究仅仅关注了全国层面的经济效率，而对省域及以下范围的关注较少，对区域经济效率之间的差异及空间格局关注不足。

综上所述，不同学者对区域经济效率的认识仍有差别。因此，在对经济发展阶段的理解、方法的选择以及指标的甄别基础之上，建立科学的区域经济效率识别体系，将更有利于对中国区域经济发展效率问题进行剖析。这也是本书研究的切入点之一。

三 中国区域经济发展效率的影响因素研究

张宇（2007）研究了外商直接投资（FDI）对中国全要素生产率变化的影响，认为外商直接投资对全要素生产率提升的影响不会在短期内得到体现，而是一个长期过程。刘舜佳（2008）以 1979～2006 年省份面板为样本数据的协整检验结果表明，短期内外商直接投资有助于全要素生产率的提高，长期来看却弱化了中国全要素生产率。

金相郁（2007）认为 1996～2003 年中国全要素生产率改善来自技术变化而不是效率变化，同时工业总产值、专业技术人员比重和财政收入等的不同是中国区域全要素生产率存在差异的主要原因。涂正革（2007）的研究认为竞争、学习和模仿、经济全球化和外商直接投资、民营化改革和经济扩张等是中国工业全要素生产率提升的原因。

彭国华（2007）、魏下海（2009）、赵奉军（2009）等研究了人力资本对全要素生产率的影响。张先锋等（2010）基于地理溢出效应视角对中国区域全要素生产率的影响因素进行了分析，认为 R&D、人力资本与公共基础设施资本投入对区域全要素生产率具有积极的影响。刘秉镰（2010）、张浩然等（2012）都认为交通基础设施对区域全要素生产率有积极的影响，但对于是否存在空间溢出效应结论不一致。

郑云（2009）认为对外开放虽然提升了长三角地区的技术效率，但对技术进步是有挤出效应的。毛其淋、盛斌（2012）认为对外开放对中国全要素生产率变动起到积极作用。陶长琪、齐亚伟（2010）从技术引进、R&D 投入等方面进行了分析，认为中国全要素生产率下降的主要原因是技术效率的恶化。赵志耘、杨朝峰（2011）认为改革开放以来技术引进对全要素生产率的提高有很大作用，R&D 投入虽然增加，但没有转化为全要素生产率的提高，1994 年以来制度变迁的影响增强，马丹丹（2012）的研究也得出了类似结论。魏学辉、白仲林（2012）认为科技发展战略对全要素生产率的提高具有显著正效应，而产业结构调整与资本投入弹性则与全要素生产率呈负相关关系。

综合来看，不同学者大致从人力资本、技术进步、外商直接投资、基础设施、R&D 投入等角度对中国经济效率变化的原因进行分析。不足之处在于，其所构建的回归模型大多只涵盖其中某个或者几个因素，对影响因素的整体性把握不足。

四　中国区域经济差异研究

区域经济差异问题是区域经济学关注的主要内容之一。区域经济状况存在差异是一种普遍的社会经济现象，经济发达国家都经历过，区域经济差异是制定区域经济发展政策的重要依据。改革开放以来，中国市场经济得到快速深入发展，区域经济差异问题已逐渐成为社会经济发展中的一个热点，引起学术界的广泛关注（李汝资等，2013）。

大部分研究集中于全国层面，但侧重点有所不同。李小建等（2001）对中国县级区域经济差异进行了分析，指出中国县域经济发展相对差异明显变小，但沿海与内陆差距明显扩大，并将县域经济划分为四种增长类型；周玉翠等（2002）研究中国省际经济差异的动态变化特征，并且确立省际差异警戒水平；吴殿廷（2001）则对中国经济增长的南北差异进行研究，指出南高北低的不平衡现状，提出了扭转北部落后局面的对策；彭文斌等（2010）对中国东、中、西三大地带进行研究，发现各省份相对发展率差距很大，但三大地带内部差距存在"俱乐部收敛"现象；刘清春等（2009）从宏观层面指出区域经济差异形成的三次地理要素；许月卿等（2005）对中国区域经济发展差异进行动态时序测定，并且分析了中国经济发展空间格局的动态演化；管卫华等（2006）则在全国经济背景下对中国经济发展差异进行不同时间阶段的分析，指出不同阶段要素投入与区域差异的相互关系；王小鲁、樊纲（2004）以东、中、西区域视角考察了20世纪八九十年代经济差距的变化趋势，分析了资本、劳动力等要素的流动与配置；徐建华等（2005）、欧向军等（2007）、贺灿飞等（2004）、覃成林（1998）也分别对中国区域经济差异变动进行了研究。

　　然而上述研究主要基于产出（经济总量）视角，也就是主要侧重于以GDP及其增长为基础，基于投入－产出效率视角的关注较少。随着中国经济发展水平的提高，经济总量的差异已经不能全面反映地区差异，这是因为虽然有些地区经济总量较高，但这可能主要来自投入增加带来的总量提升，并不意味着经济发展水平的提高。因此，有必要将投入和产出同时纳入区域经济差异的考察范围。

第三章 区域经济发展效率特征
及其演变机制

第一节 区域经济发展效率特征

区域经济发展效率是经济效率与社会效率的统一，微观效率与宏观效率的统一，总量效率与结构效率的统一。区域经济发展效率与传统经济效率相比，既有相同点，又存在较大差异。区域经济发展效率注重整体效率的最优化［对于部分区域效率的损失，通过结构（功能）进行调节］，具有综合性、社会性、区域性、阶段性等特征。

一 综合性

综合性是区域经济发展效率区别于传统经济效率的首要特征。

从"内涵"角度来看，区域经济发展效率是区域发展空间、区域发展要素、区域经济结构的三维叠加，是三者的有机统一。如果区域发展空间、发展要素、经济结构中任何方面偏离了区域发展的总体要求，就被认为是"低效率"，甚至是"无效率"的。

从"结构"角度来看，区域经济发展效率除关注区域经济效率随时间的演化情况外，还关注区域经济效率在不同产业结构之间的传递状态。随着要素投入、科学技术应用、管理方式转变等，不同产业经济效率均会有所提升。但伴随产业结构高级化，不同产业间的经济效率会出现显著差异，这种差异又会反过来引导要素在不同产业间流动，进而强化了区域产业结构的高级化或者专业化过程，由此实现区域的"专业化"功能定位。

从"功能"角度来看，区域经济发展效率注重的是区域整体效率的最优化，不同区域根据自身发展条件需要承担的"功能"有所区别，即注重"区域分工与协作"。部分地区以提供经济产品为主要功能，注重"经济效率"；部分地区以提供公共服务为主要功能，注重"社会效率"；部分地区以提供生态产品为主要功能，注重"生态效率"。而以提供经济产品为主要功能的区域，根据产业侧重不同，又可以提供农产品、工业产品、服务业产品等。

由此可以看出，区域经济发展效率不是单一的"效率"概念，而是从内涵、结构、功能等角度出发，具有丰富的综合性内涵特征，这是本书认识区域经济发展效率的出发点。

二 社会性

"区域发展"是一个全面的概念，不仅包括经济发展，更加关注社会进步、生态环境改善等。区域经济发展效率之所以区别于传统经济效率，主要就是其兼顾了区域发展的"经济属性"和"社会属性"两方面内涵。

区域经济发展横向上注重经济总量的提升，纵向上则注重经济发展质量的提高，而经济发展质量提高最重要的外在表征之一就是既可以向社会提供一般商品，又可以向社会提供充足的公共服务产品。因此，区域经济发展效率的提高不仅要求经济总量提升，又要求经济结构逐渐合理化，经济成果实现共享，基础设施、社会保障等公共物品实现机会均等。

三 区域性

区域性是地理学家认识事物发展规律的出发点。本书认为，区域是指按照一定的目标和准则来划分的，并且由自然、经济、社会等方面要素组合在一起，具有相对完整的结构、功能，同时具有较为明确的规模、边界及等级的空间有机体。区域经济发展效率的区域性特征主要体现在两方面，首先，强调"经济效率"区域载体的基础地位，这有别于传统经济效率研究；其次，由地理事物区域分异形成的区域经济发展效率的空间格局、演变过程特征。

首先，区域经济发展效率的区域性特征体现在区域是区域经济发展效率演变的空间载体。也就是说，谈区域经济发展效率离不开区域问题，传统经济学、社会学等在研究效率与公平时忽略"区域"，抛开区域来谈效率，属于理论思辨，并不能与区域经济发展的实际密切结合。效率是相对的（即区域之间的效率是有差异的），但对于某一区域的经济活动而言，效率又是绝对的。也就是说，如果更加注重区域经济发展效率的提升，必然会促进区域经济发展水平、居民收入等的提高，进而会促进基础设施、教育、医疗等的发展。

其次，区域经济发展效率的区域性特征还体现在由区域分异导致的空间格局、演变过程等方面。自然环境和人类活动特征均表现为空间异质性（傅伯杰，2014），也即区域分异，而区域性最直观的表现就是区域分异或区域差异，通过区域分异以"空间格局"来体现，进而形成地理事物"过程"的时空演变。由于地理要素的数量、类型、结构（空间组合）等的差异，区域经济发展效率也表现出空间分异特征，形成了独特的空间格局，反映了区域经济发展效率的地理规律。同时，由于地理要素在区域之间的流动，要素的空间组合发生变化，进而对区域经济发展效率空间格局产生影响，区域之间经济发展效率的空间格局将发生动态演变，形成格局、过程互相作用的耦合特征。

四　阶段性

区域经济发展效率的阶段性特征主要体现为区域自身效率提高带来的时间维度纵向演化，以及区域经济发展效率的空间分异与空间溢出带来的空间维度横向演化。

从时间维度来看，区域经济发展效率随着经济发展水平的提升，呈现阶段性演化规律（见图3-1）。一方面，随着生产力水平不断提升，经济总量、要素投入及经济结构逐渐发生变化，区域经济发展效率也随之呈现阶段性变化；另一方面，区域经济发展效率的阶段性还体现在其影响因素的变化上面，即随着区域经济发展阶段的演变，区域经济发展效率的主要影响因素也会发生变化，在此主要阐述前者。

首先是经济总量提高的阶段性，这主要是指经济增长速度。从农业社会到工业社会，再到现代社会，经济增长速度突飞猛进，特别是到了工业社会，几乎达到指数增长态势（见图3-2），而这种爆发式的增长与经济效率的提升是密切相关的。这是因为，每一次经济快速增长都离不开技术

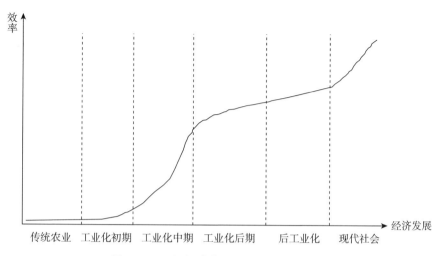

图 3 - 1 不同经济发展阶段中的效率演进

革新，如第一次工业革命即蒸汽时代，机器工业取代了手工业，大大提高了生产效率；第二次工业革命即电气时代，电力和内燃机的应用直接带来了经济的爆发式增长；第三次工业革命即信息技术革命，促使经济结构发生重大变化，而且带来了世界经济全球化、一体化发展。

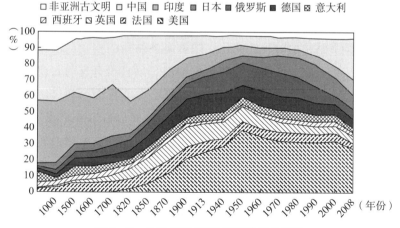

图 3 - 2 世界各国 GDP 份额阶段性变化

资料来源：《全球人口统计、GDP 与人均 GDP，1 - 2008》，Angus Maddison，格罗宁根大学。

其次是要素投入的阶段性变化（见图 3 - 3）。随着经济发展水平的提高，区域经济要素投入遵循劳动力—资本—技术投入的演化规律。在农业社会，经济以自给自足为主，要素投入较少，效率较低①；而进入工业化初始阶段，主要以劳动力、原材料等要素投入为主，产出水平较低；随着工业化进程的加快，劳动力投入的边际效益降低，资本逐渐替代劳动力成为主要投入要素；最终，技术创新逐渐成为区域经济发展效率提高的首要因素。

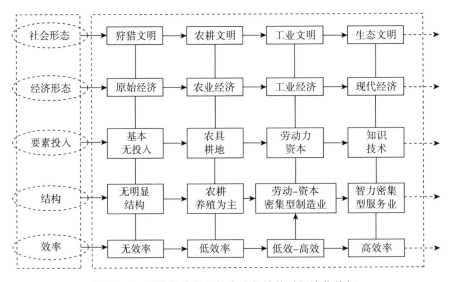

图 3 - 3　区域经济发展效率阶段性的时间演化特征

最后是经济结构的阶段性变化。随着经济结构的变化，区域经济发展效率也发生变化。农业社会，长期重农抑商，以自给自足的农耕、养殖业为主，商品经济的规模较小，经济效率较低；工业社会的初级阶段以劳动密集型产业为主，伴随工业化程度的加深，转而以资本密集型产业为主，制造业占据主导地位，经济效率也实现了由低效率向高效率的转变；而到了现代社会，则以知识产品为主，智力密集型的服务业占据主要地位，区域经济发展效率也随之达到极致。

从空间维度来看，不同地区资源禀赋、发展路径及制度环境的差异，导致区域之间区域经济发展效率水平的差异，进而形成一定的"效率梯

---

① 这里需要指出的是，农业社会的低效率主要是与其他发展阶段相对比而言的。如果仅就农业社会对整个历史发展的基础贡献来看，其实现了效率由无到有的转变，农业社会的效率是极高的。二者并不矛盾。

度"。在区域经济发展的早期阶段，这种"效率梯度"促使人力资源、资本、技术等要素向高效率地区流动，使得高效率地区形成区域经济发展效率的增长极（核心）。而随着时间的推移，区域经济发展效率的增长极会给周边地区带来一定的效率溢出，主要表现在一些创新活动的组织、带动、示范作用，包括产品、技术、产业、组织管理等方面，通过区域经济发展效率的空间溢出，促进周边地区经济发展效率的提升。

需要注意的是，无论是区域经济发展效率的时间维度变化还是其空间溢出，都不是单独存在的，也就是说，伴随着区域经济发展效率的纵向时间演化，区域经济发展效率的横向空间溢出也在发生变化，反之亦然。

第二节　区域经济发展效率演变的作用机制

影响区域经济发展效率的因素有很多，本节主要从微观和宏观两个层面对区域经济发展效率演变机制进行分析。区域经济发展效率演变的微观作用机制包括技术、资本、劳动力等，宏观作用机制包括资源禀赋、区位条件、产业结构、城市化、经济开放度、制度环境、产权安排等。其中，技术是影响区域经济发展效率的核心，而其他影响因素在一定程度上均作为技术的一种载体给区域经济发展效率的演变带来直接或间接的影响。

一　微观作用机制

（一）技术

随着经济社会的进步，知识作为区域经济发展的原动力受到前所未有的重视，知识经济成为现在和未来经济发展的重要形式。技术作为知识转化的一种特殊形态，对经济发展和生产率提高均起着非常重要的推动作用（潘文卿，2011）。这是因为，历次生产效率的重大提升都是由技术的重大变革引发的，由技术进步带来的经济效率的提高对经济增长的贡献越来越突出，技术成为区域经济持续增长的源泉。因此，可以认为，技术进步是区域经济发展效率不断演进提升的核心动力。

首先，技术进步直接促进了现代经济的持续增长，这是新古典经济增长理论的核心命题。西方国家的工业生产年平均增长率在两次世界大战期间是 1.7%，而在 1950～1972 年高达 6.1%。1953～1973 年的世界工业总产量相当于 1800 年以来一个半世纪工业总产量的总和。其中，技术进步因素对西方发达国家的国民生产总值的贡献起初仅为 5%～10%，20 世纪 70 年代增长至 60%，现在已达到 80%。[①] 随着发展中国家经济发展水平的提高，区域经济发展对要素投入的依赖也在逐渐降低，技术进步对区域经济发展的作用越来越显著。

其次，技术的溢出效应促进了区域经济发展效率的提升。技术溢出包括知识性溢出（knowledge spillover）、产业关联性溢出（network spillover）、市场性溢出（market spillover）（Jaffe，1998）。其中，知识性溢出主要是指新思想的传播、专利技术的公开、技术人才的流动等；产业关联性溢出主要是指具有相似投入和产出的企业或者处于产业链中不同位置的企业间相互学习、模仿及创新活动等；市场性溢出则主要是指融入产品的物化型技术知识（embodied technology）在不同企业或地区间基于市场交易的流动。无论是知识性溢出、产业关联性溢出还是市场性溢出，都是通过技术的某种形式载体，将技术由孵化区转移至使用区，进而达到互相学习、共同提高的目的。通过技术溢出方式，不仅可以提高本区域经济发展效率，而且可以促进所有邻近区域或者下游技术区域经济发展效率的提高，进而形成以技术为核心的区域经济发展效率格局。

（二）资本

资本包括物质资本和人力资本两种主要类型，这里我们主要讨论物质资本对区域经济发展效率的影响，而对于人力资本，我们将其归为劳动力的结构问题。资本是区域经济发展效率提升的物质基础，只有通过资本投入，才能进行经济活动，进而才有可能出现经济总量的增长、经济结构的变化等经济发展现象。

物质资本主要是指在生产过程中能够持续存在，并用来生产产品、创造收入的物资，如厂房、机器设备等。以亚当·斯密、大卫·李嘉图等的观点为代表的古典经济增长理论认为，资本积累、社会分工及生产率提高等均对经济增长起到重要作用，这里的资本积累主要就是指物质资本的积

---

① 《第三次科技革命对世界经济产生的影响》，http://civ.ce.cn/zt/sjgc/yaowen1/200705/11/t20070511_11323670.shtml，2007 年 5 月 11 日。

累。而在柯布－道格拉斯生产函数中，物质资本作为重要的生产投入要素，对经济增长产生直接的影响。

但是，对于资本是否可以促进经济效率的提高，不同的研究得出的结论并不一致。本书认为，单纯的资本投入并不一定能够带来经济效率的提升，然而，如果说资本的投入附带着技术进步因素，则经济效率的提升有可能出现。同时，资本的结构对区域经济发展效率也会产生影响，这主要是因为不同经济结构对资本量的需求不一样会导致要素投入的差异（从某种程度上讲这也是技术的体现），进而可能会对经济效率产生影响。由此，我们可以认为，资本是一种促进经济增长的投入要素，其对经济效率的作用需要在技术进步基础之上来实现。

（三）劳动力

劳动力对区域经济发展效率的影响体现在劳动力价格方面，也即劳动力比较优势。劳动力的价格对区域生产方式的选择起到很大的作用，如果区域劳动力价格较低，那么区域倾向于发展劳动密集型产业；若区域劳动力价格较高，那么区域倾向于发展资本密集型产业。然而，无论是高价劳动力还是低价劳动力，区域在进行产业选择时都是遵循劳动力结构的最优化配置规则来实现区域经济发展效率的最大化。因此，区域产业和企业在进行生产方式和技术选择时除了考虑劳动力的价格外，还应该考虑劳动力的结构问题。

劳动力结构问题的本质是人力资本问题，主要表现为低质量劳动力（一般劳动力）与高质量劳动力（人力资本）之间的差别。但必须注意的是，劳动力价格低不等于劳动力质量低（即人力资本缺乏），而劳动力质量低（人力资本缺乏）也不一定意味着劳动力的价格低，特别是在中国这样一个劳动力不能完全自由流动的国家更加明显。低质量劳动力比例高的区域，仅能将劳动密集型产业作为主要产业；而高质量劳动力比重高的区域，既可以选择劳动密集型产业又可以选择资本或技术密集型产业。也即如果区域劳动力结构中人力资本越丰富，那么就越有利于区域产业或企业选择资本密集型的生产方式和技术（姚伟峰，2007）。而毋庸置疑的是，资本或技术密集型产业的经济效率要远远高于劳动密集型产业的经济效率。

二 宏观作用机制

(一) 资源禀赋

资源禀赋是指与一个国家或地区经济发展关系密切的自然资源素质状况 (张力小等, 2010)。本书所指资源主要是与区域经济发展密切相关的自然资源, 如煤炭、石油等能源资源, 以及土地等资源。一方面, 区域发展需要煤炭、石油等能源资源以及土地资源, 以确保本地区生产建设; 另一方面, 丰富的资源输出给本地区带来丰厚的收益回报, 可以作为区域收入的来源。

资源是区域经济发展的物质基础, 其对区域经济发展效率的影响是否一定是正面的却饱受争议, 也就是关于"资源诅咒"效应是否存在的争论。就短期来讲, 丰富的自然资源会给区域带来快速的经济增长, 但这种增长是否可以持续, 要看其是否实现集约化生产, 提高生产效率和利用效率, 进而提高经济效率。而就长期来看, 资源禀赋往往会使区域经济发展陷入资源依赖的路径锁定, 也就是区域经济发展主要依靠一种或者多种资源, 而随着这种资源的枯竭, 区域经济结构面临困境, 带来经济停滞、环境恶化等负面问题。

(二) 区位条件

区位主要是指人类经济活动的位置、布局、分布、关系等, 分为宏观区位、中观区位和微观区位三种尺度形式 (白光润, 2009), 不同尺度区位对区域经济发展效率的影响程度、作用机制均有差异。本书主要考察宏观区位对区域经济发展效率的影响, 具体表现为区域经济发展需要克服的地理成本。

宏观区位是指区域经济所在地的海陆位置、地形地貌、水热条件、交通条件等, 主要是影响宏观区域位置的分布。从全球来看, 一般来说, 人口分布与经济活动分布是相对一致的, 这与人们对自身活动区位的选择关系密切。从世界宏观格局来看, 世界人口主要分布在各大洲的沿海位置, 而经济活动在沿海地区的分布情况更加显著。这可以认为, 一方面, 由于人类真正开始认识世界是从认识海洋开始的 [近代工业文明在海洋上的传播及海洋运输业的发展 (杨青山等, 2004)], 所以"路径依赖"效应使得人口、经济活动分布均趋于沿海；另一方面，沿海地区为各国之间的贸易提供了便利条件，同时也便于一国吸引和接收其他先进国家的技术、投资等，进而促进了沿海地区区域经济的高水平发展。而对于深居内陆、远离沿海需求市场的区域，资本在这里投资必然发生高昂的运输成本（李雨停等，2009）。

而从地形地貌这一区位条件来看，其对区域经济发展的影响更加显著，这主要是从地理成本角度出发的。地理成本，即为了保障区域人口、社会、经济发展所必须支付的用于克服地理环境障碍和地理距离障碍的资本（丁四保，2007）。

地形地貌对区域经济发展效率的影响首先体现为对城市分布的影响。城市是区域经济发展的重要载体，也是区域经济发展效率最高的区域。而城市分布对地形地貌的选择性非常显著，以中国为例，从表 3-1 中可以看出，大多数城市分布在平原地带，包括滨海平原、三角洲平原、冲积扇平原、河谷平原等。

表 3-1　中国城市在不同区域地形类型的分布（1983 年）

地形类型	城市数量（个）	所占比例（%）
滨海平原/丘陵	21	7.3
三角洲平原	17	5.9
平原中腹	29	10.0
山前洪积、冲积扇平原	63	21.8
平原与低山丘陵邻接带	20	6.9
低山丘陵区的河谷	76	26.3
高平原	6	2.1
高原山间盆地或谷地	41	14.2
中山谷地	15	5.2
高山谷地	1	0.3
全国城市	289	100.0

资料来源：许学强、周一星、宁越敏：《城市地理学》，高等教育出版社，2009，第 41 页。

上述城市分布地带也是区域经济发展最为活跃、区域经济发展效率最高的地区。封志明等（2011）研究了中国地形与经济发展水平的联系，指出地形起伏度对县域经济发展水平影响显著。平原地区（地形起伏度为 0.2 以下地区）县域 GDP 占国内生产总值的 49.40%（2005 年）；平原丘陵地区（地形起伏度为 0.5 以下地区）县域在全国的累积 GDP 频率占总值的 70.74%，高原山地地区县域 GDP 占全国经济总量的比例极低（见图 3 - 4）。

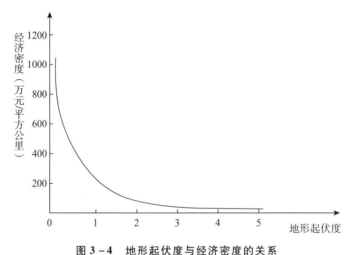

图 3 - 4　地形起伏度与经济密度的关系

资料来源：封志明、张丹、杨艳昭：《中国分县地形起伏度及其与人口分布和经济发展的相关性》，《吉林大学社会科学学报》2011 年第 1 期，第 146～151 页。

这一方面是由于地形地貌条件恶劣地区远离市场、吸引投资难度大，另一方面是由于对地形地貌条件恶劣地区进行投资，需要克服高昂的地理成本。这样一来成本上升，经济利润下降，因此从投入 - 产出角度来看，地形地貌条件相对恶劣地区的区域经济发展效率相对较低。

（三）产业结构

不同产业技术、资本、劳动力等要素配置不同，导致不同产业经济效率存在很大差异。理论上，随着产业结构的演进，区域经济发展效率是不断提高的。本书认为，产业结构演进主要包括两个方面，一个是不同产业之间的结构变化，也就是从第一产业向第二、第三产业的变动，另一个是产业内部结构的优化，也就是产业内部产业链的延伸和产品附加值的提高。但是无论从上述哪个方面出发，产业结构演进都从两个主要方面影响区域经济发展效率，即要素配置优化、生产技术革新（见图 3 - 5）。

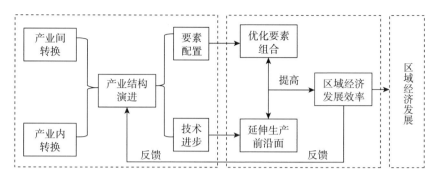

图 3 - 5　产业结构演进与区域经济发展效率的关系

首先是生产要素配置的优化，即通过调整要素投入在不同产品或者企业的比例，优化区域经济的产出组合方式——生产前沿面，提高经济效率。一般而言，以农业为主的第一产业的经济效率低于以制造业为主的第二产业的经济效率和以金融等高级服务业为主的第三产业的经济效率。伴随产业结构的演进，资源从低效率产业转移到高效率产业，特别是农村剩余劳动力向城市的转移更是如此。因此，通过产业结构的演进，可以调整要素投入在三次产业之间的配置，这样要素更加集中于第二、第三产业，进而提升区域经济发展效率。

其次是生产技术的革新，即通过提高生产技术，延伸区域经济生产前沿面，提高经济效率。产业结构演进伴随着技术进步，通过技术进步，产业内部结构得到优化，延长产业链、提升产品的附加值，同时，实行规模化生产带来一定的规模效率，提升产业结构效率，进而提升区域经济发展效率。也就是说，无论是第二产业、第三产业，还是第一产业，都可以通过提升技术效率水平和规模效率水平实现经济效率的提高，进而共同提升区域经济发展效率。

（四）城市化

城市化对经济增长的作用机制是经济学研究的热点问题，但关于城市化对区域经济发展效率影响的论述还很少。城市化是农村人口向城市集中的过程，具体来看包括人口结构转型、经济结构转型、地域空间转型、生活方式转型等（许学强等，2009）。如前文所述，区域经济发展效率提升的本质是总量（规模）效率提高、要素效率提升、结构效率改善，而城市化就是通过人口结构转型、经济结构转型、地域空间转型等过程对区域经济发展效率产生作用，一般来说，随着城市化水平的提高，区域经济发展效率逐渐提升。

城市化是要素集聚发展的过程，首先体现在人口结构转型，即人口城市化方面，是指人口由乡村向城市集中、农业人口转变为非农业人口。一方面，人口城市化解决了农村劳动人口过剩的问题，实现了农业的集约化生产，提高了农业产业效率；另一方面，也促进了劳动生产率的提高，进而促进了区域经济发展效率的提高。

其次体现在经济结构转型方面。理论上，城市化过程应该是伴随产业结构高级化的经济结构转型过程，这主要是因为城市化带动投资需求和消费需求，促进城市制造业、城市信息产业和服务业的发展，有助于产业结构的升级（陈淑清，2003）。一般来说，产业结构是按照第一产业到第二产业进而到第三产业的规律演化的，同时，第三产业的经济效率要大于第二产业的经济效率，同样第二产业的经济效率也要优于第一产业的经济效率。因此，城市化过程通过产业结构的转型升级，促进区域经济发展效率的提升。

再次体现在地域空间转型方面。城市化不是一个简单的城市空间不断扩张的过程，而是伴随着人力资源、资本、技术等经济要素不断向城市集聚的要素集聚与空间扩展过程。随着城市空间扩展，人力资源、资本、技术等经济要素向城市集聚，一方面经济要素在城市空间的集聚使得城市单位产出附加值提高，提升区域经济总量效率；另一方面经济要素集聚于城市空间内可以促进产业规模扩张，产生一定的规模效应，提高城市的经济效率。因此，无论从总量角度，还是从结构角度，城市化对区域经济发展效率的提升都会有一定的促进作用。

（五）经济开放度

全球化是当前区域经济发展不可回避的主题，而区域经济参与全球化程度的最重要体现之一就是一个国家或区域经济的开放程度，即本书所指的经济开放度。经济开放对区域经济发展效率的影响是多方面的，随着经济开放度的提高，区域经济融入全球化市场的进程不断深入，通过参与全球化的分工、合作与竞争，不断提升自身的产品质量、组织管理水平、高新技术等，进而提升本地区的经济发展效率。经济开放内容丰富，本书认为，国际贸易与外商直接投资对区域经济发展效率的影响最为直接和重要。

Coe 和 Helpman（1995）首次从国际贸易角度考察了贸易伙伴国的研发如何通过进口传导机制影响本国技术进步，进而影响本国的经济效率。实证检验结果表明，贸易伙伴国的研发投入有助于本国全要素生产率的提高，并且其影响程度随着本国贸易开放度的提高而提高。

外商直接投资在不同阶段对区域经济发展效率的影响机制不同，初始阶段，以提供资本为主，解决投资接收地的资本不足问题；第二阶段，以学习与模仿为主，包括学习先进的管理经验、工作技能，通过合资开拓国际分销渠道、获得研发支持、建立区域品牌等；第三阶段，以技术外溢为主，通过技术外溢带来的技术外部性，提升本地区技术水平；第四阶段，以区域产业结构转换升级为主，通过产业结构转换升级，促进区域经济发展效率的提升。

（六）制度环境

制度主要分为政治制度和经济制度两方面。诺斯认为，制度是一个社会的博弈规则，更规范地说，它们是人为设计的、决定人们的相互关系的约束（North，2008），具体包括非正式制度（风俗、地域文化）、正式制度和制度的实施，其基本功能是约束、激励、服务和维护公共秩序。当然，本书所关注的制度主要偏向经济制度，即计划经济和市场经济（正式制度），以及风俗和地域文化（非正式制度）。而对于产权制度，由于其特殊性，我们将其单独列为影响因素之一并在后文论述。

计划经济和市场经济最主要的区别在于，在资源配置过程中"看得见的手"（政府）和"看不见的手"（市场）二者谁发挥主要作用。计划经济主要通过政府作用将资源配置于经济效益和社会效益较高的部门，资源在部分部门之间流动，可以"集中力量办大事"。但这不可避免地造成垄断、寻租、无序竞争等问题，阻碍经济效率的提升。而在市场经济环境下，资源能够自由流动，资源配置能力高，在市场信号引导下充分释放经济潜力，理论上会促进经济效率的提升。但往往会出现在信息不对称情况下的扭曲竞争，同样会阻碍经济效率的提升。

因此，在凯恩斯主义后，"看得见的手"与"看不见的手"结合，同时发挥优势，在一定程度上会减轻上述影响。在市场化条件下，充分发挥市场的调节作用，减少政府干预，避免市场分割、地方保护主义。而政府主要进行监管（如采取专利保护等法治化措施）及公共资源配置。二者的有序结合理论上能够促进经济效率的提升。

而非正式制度主要表现为风俗和地域文化，地域文化通过对生产力主体的行为引导，推动社会经济的发展与进步。譬如中国岭南文化素以务实、进取、兼容为特质，以其为背景，广东省的经济呈现与山东、东北等地不同的经济特征，如经济开放程度高、民营经济更加活跃、创新型产业发展迅速、外商投资比重高等（殷晓峰等，2010），因此也极大地促进了本地区经济效率的提升。

（七）产权安排

产权学派认为私有经济效率必然优于国有经济效率（刘小玄，2003），私有产权是实现有效市场的基本条件。虽然这种说法具有绝对性和片面性，但不可否认的是，过度的国家所有制将阻碍技术进步和资本运行效率的提高（魏伯乐，2006）。

表 3 - 2 为所有制结构与经济效率对比。

表 3 - 2　所有制结构与经济效率对比

企业类型	所有权归属与筹资范围	筹资规模	产权监督激励	经营机制	政企关系
公有制经济					
国有大中型企业	中央、省、市	大	最弱	缺乏活力	政企不分
国有小型企业	县	一般	较弱	缺乏活力	政企不分
集体所有制企业	乡村、城镇社区	一般	有点弱	较有活力	政企不分
公有资本控股的股份制企业	国家	大	有点弱	有活力	—
非公有制经济					
私有资本控股的股份制企业	—	大	较强	很有活力	政企分开
私营企业	私有资本	较小	最强	很有活力	政企分开
个体户	—	较小	最强	很有活力	政企分开
三资企业	—	较大	很强	有活力	政企分开

资料来源：张仁华、胡建平、席西民：《各种所有制经济效率的比较分析及其政策取向》，《西安交通大学学报》（社会科学版）2002 年第 1 期，第 54～57 页。

产权在经济运行中的作用在于诱导经济主体的行为，它规定了人们配置稀缺资源从而进行竞争的行为方式（张光华等，1997）。国有经济是在特定制度环境下产生的委托－代理关系，最大的问题就是产权不明晰、产权规则不完善及政府直接参与企业的经营决策，后果是政府干预过多、缺乏适当的激励机制，导致企业行为短期化、侵蚀国有资产等妥协或寻租行为发生，同时责任者不承担（或不完全承担）相应的后果，难以保证优化资源配置从而降低了经济效率。然而私有产权最大的特点就是产权明晰（张仁华等，2002）。私有产权也存在委托－代理关系，但与国有产权不同的是，私有产权的委托－代理关系中委托人与代理人的目标是一致的，就是实现资源的最优配置，提升经济效率。然而对私有产权来讲也存在一个问题，就是在理性人假设前提下追求利润最大化，而难以承担公共服务功能（当然，公共服务功能并不是本书关注的重点，但区域发展包括社会效率的提高，因此也是值得强调的），这需要国有产权进行补充。

因此，就产权安排对区域经济发展效率的影响而言，本书支持私有产权有助于经济效率提高的观点，但其以牺牲一定的公共服务为代价，降低了社会效率，带来某些不稳定因素。所以，本书认为，在确保私有产权利益的前提下，将国有产权与私有产权组合在一起形成混合所有制经济（陈清泰，2014），是促进区域经济发展效率全面提升的可行路径。

本章小结

本章从区域经济发展效率的内涵出发，系统分析了区域经济发展效率的特征，并从微观和宏观两个层面分析区域经济发展效率演变的作用机制。

首先是区域经济发展效率的基本特征。综合性是区域经济发展效率区别于传统经济效率的首要特征。区域经济发展效率不是单一的"效率"概念，而是从内涵、结构、功能等角度出发，具有丰富的综合性内涵特征，这是本书认识区域经济发展效率的出发点。社会性是区域经济发展效率的另一重要特征，由于兼顾"经济属性"和"社会属性"，区域经济发展效率有别于一般经济效率。区域性是地理学家认识事物发展规律的出发点。区域经济发展效率的区域性特征体现在区域是区域经济发展效率演变的空间载体，还体现在由区域分异形成的空间格局、演变过程及其机理等方面。区域经济发展效率还具有阶段性特征，主要体现在区域自身效率提高带来的时间维度纵向演化，以及空间分异与空间溢出带来的空间维度横向演化。

其次是区域经济发展效率演变的作用机制（见图3－6）。主要从微观作用机制和宏观作用机制两方面进行分析。微观作用机制主要来源于技术、资本和劳动力，其中技术是区域经济发展效率演变的核心，资本和劳动力主要作为技术的载体影响区域经济发展效率的演变。宏观作用机制主要包括资源禀赋、区位条件、产业结构、城市化、经济开放度、制度环境及产权安排等。

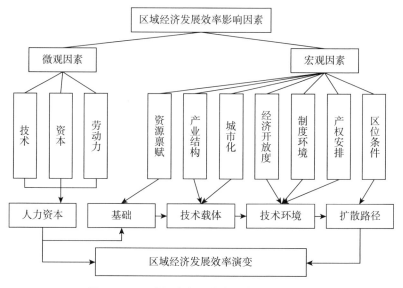

图3－6　区域经济发展效率演变的作用机制

第四章 中国区域经济发展效率
时间演变

第一节 区域经济发展效率测度模型

一 区域经济总量效率模型

区域经济总量增长是区域发展的基础，因此评价区域经济发展效率需要以区域经济总量效率为基础。为此，本书选取衡量经济单位面积产出的经济密度和衡量人均产出的人均 GDP 作为区域经济总量效率测度指标。

区域经济发展是以区域为空间载体的，一个地区的经济发展水平，首先可以反映在单位土地面积上的经济总量方面。一般来说，如果一个地区单位面积产出水平高，那么其经济发展便具有较强的物质基础。因此本书用经济密度 ED_i 来表示区域单位面积产出，公式：

$$ED_i = GDP_i/A_i \qquad (4-1)$$

其中 ED_i 表示 i 地区的经济密度，A_i 表示 i 地区的行政区面积。

但是，单纯从经济密度方面还难以全面刻画区域经济总量效率，这是因为，部分地区 GDP 可能较高，但是由于其区域面积较大，经济密度较低，就不足以表达区域整体效率的高低，因此需要引入人口变量，进一步考虑人均产出效率的高低。

如果说单位面积产出体现的是区域经济总量基础的话，那么人均产出表示的则是区域经济的效率共享水平。人均 GDP 为研究者提供了认识和把握经济发展总体规律的最优途径，可以反映一个国家或地区财富的总体水平及其资本积累边界，因此，本书选取人均 GDP 作为人均产出效率指标。

二　Malmquist 生产率指数模型

全要素生产率的估算方法主要包括增长核算法、生产函数法、随机前沿分析法以及非参数的 Malmquist 生产率指数法。杨小凯认为，生产函数只是反映各种投入或各种产出之间的替代作用而不反映专业化水平、组织结构对生产率的影响，这显然是错误的开始（杨小凯，1997）。由于 Malmquist 生产率指数不仅可以测算全要素生产率，而且可以对全要素生产率进行分解，包括技术效率、技术进步、纯技术效率、规模效率（Farrell，1957），因此被越来越多地应用在经济效率相关研究中。基于此，本书采用 Malmquist 生产率指数模型分析中国区域经济发展中的要素效率和结构效率的时间演变情况。

Malmquist 生产率指数利用距离函数的比率来计算投入 – 产出效率的动态变动情况，基本公式如下：

$$M_0^t = \frac{D_0^t(x_{t+1}, y_{t+1})}{D_0^t(x_t, y_t)}, \quad M_0^{t+1} = \frac{D_0^{t+1}(x_{t+1}, y_{t+1})}{D_0^{t+1}(x_t, y_t)} \tag{4-2}$$

式（4-2）中：M_0 表示一个投入、一个产出，给予产出指标变量的 Malmquist 生产率指数；$D_0^t(x_t, y_t)$ 和 $D_0^{t+1}(x_{t+1}, y_{t+1})$ 分别为生产点在 t 和 $t+1$ 两个时段的输出距离函数；$D_0^t(x_{t+1}, y_{t+1})$ 和 $D_0^{t+1}(x_t, y_t)$ 分别为生产点在混合期间的输出距离函数。

为避免时期选择随意所带来的误差，Färe 等（1994）运用上述两公式的几何平均值作为 t 时期到 $t+1$ 时期的生产率变化的 Malmquist 指数，公式如下：

$$M_0(x_t, y_t, x_{t+1}, y_{t+1}) = \sqrt{\frac{D_0^t(x_{t+1}, y_{t+1})}{D_0^t(x_t, y_t)} \times \frac{D_0^{t+1}(x_{t+1}, y_{t+1})}{D_0^{t+1}(x_t, y_t)}} \tag{4-3}$$

将式（4-3）改写为等价形式：

$$M_0(x_t, y_t, x_{t+1}, y_{t+1}) = \frac{D_0^{t+1}(x_{t+1}, y_{t+1})}{D_0^t(x_t, y_t)} \sqrt{\frac{D_0^t(x_{t+1}, y_{t+1})}{D_0^{t+1}(x_{t+1}, y_{t+1})} \times \frac{D_0^t(x_t, y_t)}{D_0^{t+1}(x_t, y_t)}} \tag{4-4}$$

式（4-4）左边 $M_0(x_t, y_t, x_{t+1}, y_{t+1})$ 表示全要素生产率指数，其值大

于 1 表示全要素生产率提高，小于 1 表示全要素生产率降低，等于 1 表示全要素生产率不变。等式右侧第一项 $\dfrac{D_0^{t+1}(x_{t+1},y_{t+1})}{D_0^t(x_t,y_t)}$ 代表技术效率在 t 和 $t+1$ 区间内的变化，它可以分解为纯效率变化和规模效率变化；等式右侧第二项代表技术进步变化。

所以，式（4-4）中 Malmquist 指数可以进一步分解为：

$$
\begin{aligned}
M_0(x_t,y_t,x_{t+1},y_{t+1}) &= \frac{S_0^t(x_t,y_t)}{S_0^t(x_{t+1},y_{t+1})} \times \frac{D_0^t(x_{t+1},y_{t+1}/VRS)}{D_0^t(x_t,y_t/VRS)} \\
&\times \sqrt{\frac{D_0^t(x_{t+1},y_{t+1})}{D_0^{t+1}(x_{t+1},y_{t+1})} \times \frac{D_0^t(x_t,y_t)}{D_0^{t+1}(x_t,y_t)}}
\end{aligned} \tag{4-5}
$$

其中，

$$
\frac{S_0^t(x_t,y_t)}{S_0^t(x_{t+1},y_{t+1})} = \frac{D_0^t(x_t,y_t/VRS)}{D_0^t(x_t,y_t/CRS)} \Bigg/ \frac{D_0^{t+1}(x_{t+1},y_{t+1}/VRS)}{D_0^{t+1}(x_{t+1},y_{t+1}/CRS)} \tag{4-6}
$$

VRS 表示规模报酬变动，CRS 表示规模报酬不变。式（4-5）右侧第一项表示规模效率变化，第二项表示纯技术效率变化，第三项表示技术进步（变化）。这些数的取值可能大于 1、等于 1 或小于 1，分别代表效率提高、效率不变和效率降低。

对三次产业的经济效率测度，我们同样采用非参数估计 Malmquist 生产率指数模型，分别用三次产业的投入和产出变量替代总量的投入和产出，来测度不同产业的经济运行效率。

对区域经济结构变动效率，本书认为，随着三次产业投入比例和三次产业产出比例的变化，投入-产出也会发生相应的变化并能体现结构变动的内涵。因此，本书依然采用非参数估计 Malmquist 生产率指数模型测度经济结构变动效率，将投入变量扩展到三次产业资本存量与劳动力，产出变量扩展到三次产业产值。

第二节　研究数据来源与处理方法

一　研究范围

首先，本研究覆盖全国除港、澳、台外的 31 个省、自治区、直辖市，如果能将研究尺度降低到地级市及以下层面，可能会反映出更多信息。本书目前仅覆盖省域层面，也期待未来能够对此进一步完善。

其次，本书将中国的国土空间划分为东、中、西三部分，其中东部地区包括北京、天津、河北、辽宁、上海、江苏、浙江、福建、山东、广东和海南 11 个省份，中部地区包括山西、吉林、黑龙江、安徽、江西、河南、湖北、湖南 8 个省份，西部地区包括四川、重庆、贵州、云南、西藏、陕西、甘肃、青海、宁夏、新疆、广西、内蒙古共 12 个省份。出于行政区划调整原因，本书将重庆与四川进行合并处理，因此本书的实际评价单元为 30 个省份。

二 研究时段

本书研究区域经济发展效率的演变，涉及资本存量估算的问题。对中国资本存量的估算大多数选择 1952 年和 1978 年作为起始年份，选择 1952 年作为起始年份估算结果更加精确。但由于本书需要同时估算三次产业的资本存量，1952 ~ 1977 年缺乏相关统计数据，且考虑到 1978 年后中国经济才进入较为正常的发展轨道，同时还包含了改革开放后中国市场经济的历次转轨过程（刘秉镰等，2009），研究可能更具有启示价值，因此，本书选择 1978 ~ 2012 年作为研究时段。

三 数据处理

（一）资本存量 K 估算

本书指的资本仅包括固定资产投资等物质资本，而不包括人力资本和土地资本等。资本存量 K 是估算经济效率的基础，其估算结果直接关系到本书研究结果的可靠性。目前，国内外学者对中国资本存量的估算主要集中在全国总量（Chow，1993；何枫等，2003；张军等，2003；雷辉等，2012）、分省份（李宾，2011；张军等，2004）及分行业（薛俊波等，2007；陈诗一等，2011；孙琳琳等，2014）、分产业（李仁军，2010；孔庆洋等，2008）等方面，而对不同省份不同产业资本存量的估算尚不多见（曹玉书等，2012）。其中，徐现祥（2007）对中国不同省份不同产业的资本存量进行了较为全面的阐述，但由于统计资料限制，他仅仅估算到 2002 年；曹玉书等（2012）的研究虽然有了进一步扩展，但是并未说明具体做法和数据来源。就本书而言，由于要计算中国各省 1978～2012 年的要素效率与结构效率，因此必须同时估算不同省份 1978～2012 年的资本存量和不同省份不同产业 1978～2012 年的资本存量。资本存量估算特别是分产业资本存量估算将是一个非常困难的过程，本书力求保证数据的一致性，但由于统计资料限制，对于分产业资本存量的估算，本书在数据对比基础上采用了回归、反推等方法。下面具体介绍资本存量估算的过程。

资本存量估算大多采用戈登史密斯（Goldsmith）于 1951 年提出的永续盘存法（Perpetual Inventory Method），本书亦采用此方法计算，公式如下：

$$K_{it}^{j} = \frac{I_{it}^{j}}{P_{it}^{j}} + (1 - \delta^{j}) K_{it-1}^{j} \qquad (4-7)$$

其中，K 为资本存量；I 为当年投资额（当年价）；P 为定基投资价格指数；δ 为固定资产折旧率；$i = 1, \cdots, 30$，代表不同省份；$j = 0, 1, 2, 3$，代表总量和三次产业；$t = 1979, \cdots, 2012$，代表年份。

1. 当年投资额 I

通过对以往相关文献分析笔者发现，大多数学者对当年投资额 I 的选择集中在总积累额（Chow，1993）、全社会固定资产投资（王小鲁，2000）、新增固定资产（Holz，2006）和固定资本形成总额（张军，2004；单豪杰，2008）等方面。可以说以上选择各有利弊（李宾，2011），但考虑资本存量的内涵及统计数据口径的一致性与完整性[①]，本书认为固定资本形成总额为当年投资最佳选择，《OECD 资本度量手册》也建议采用固定资本形成总额作为投资流量。资本投入应为直接或者间接形成生产能力的资本存量，它既包括各种生产性的有形资产和无形资产，也包括各种服务性的资产及福利设施资产（单豪杰，2008）。而固定资本形成总额是指生产者在一定时期内所获得的固定资产减处置的固定资产的价值总额，可分为有形固定资本形成总额和无形固定资本形成总额（国家统计局国民经济核算司，2006），是所有统计资料中表达资本投入内涵的最有效指标。因此本书选择固定资本形成总额作为当年投资额 I，各省固定资本形成总

[①]　全社会固定资产投资历经 5 万元、50 万元、500 万元统计口径的变化。

额主要来自各地区 2013 年统计年鉴和《新中国 60 年统计资料汇编》。

对于分产业固定资本形成总额，《中国国内生产总值核算历史资料（1952－1995）》《中国国内生产总值核算历史资料（1996－2002）》为我们提供了 1978～2002 年的数据。针对 2003～2012 年分产业固定资本形成总额数据，通过对比发现，按产业分全社会固定资产投资中三次产业比重与按产业分固定资本形成总额中三次产业比重有极高的拟合度，因此，本书通过按产业分全社会固定资产投资比重计算分产业固定资本形成总额。江西省缺少 1978～1990 年分产业固定资本形成总额数据，本书假设分产业资本形成总额与分产业固定资本形成总额之比等于资本形成总额与固定资本形成总额之比，进而推算出分产业固定资本形成总额的数据。广东省缺少 1978～1991 年分产业固定资本形成总额数据，借鉴徐现祥等的方法对其采用 OLS 回归进行补充。海南省缺少 1978～1989 年的分产业固定资本形成总额数据，本书用 1990～1995 年分产业固定资本形成总额比重增长率的平均值进行反推。西藏缺失 1978～1993 年的数据，亦采用上述方法进行估算。

2. 投资价格指数构造

在构造投资价格指数的过程中，为了更好地利用最新的官方统计数据，对于 1978～1992 年的投资价格指数，用《中国国内生产总值核算历史资料（1952－1995）》公布的固定资本形成总额指数计算固定资本形成额的隐含平减指数，而对于 1993～2012 年的投资价格指数，直接用各地区统计年鉴公布的固定资产投资价格指数。

对于分产业投资价格指数，我们借鉴徐现祥等（2007）的做法，进行价格指数构造。

a. 构造 GDP 缩减指数

$$P_{it}^{j} = \frac{GDP_{it}^{j}}{Y_{it}^{j}} \text{或者} P_{it} = \frac{GDP_{it}}{Y_{it}} \qquad (4-8)$$

其中，P、GDP 和 Y 分别为 GDP 缩减指数、名义 GDP 和实际 GDP（按 1978 年价格），实际 GDP 可以根据各省份公布的 GDP 指数进行计算；$j = 1,2,3$，表示三次产业。

b. 构造固定资本形成总额缩减指数

$$IP_{it} = \frac{I_{it}}{RI_{it}} \qquad\qquad (4-9)$$

其中 I 和 RI 分别为名义和实际投资，实际投资可以根据公布的固定资本形成总额指数进行计算。

c. 构造分产业固定资本形成总额缩减指数

$$IP_{it}^{j} = \frac{P_{it}^{j} \times IP_{it}}{P_{it}} \qquad\qquad (4-10)$$

3. 折旧率

对不同折旧率的使用，资本存量的估计会发生显著的变化，如何确定固定资产的折旧率成为一个非常重要的问题。贺菊煌（1992）由于运用了资本积累指数，因此回避了折旧率问题，但 1993 年以后资本积累额不再被公布。李治国和唐国兴（2003）则通过使用国民收入的核算公式（折旧额 = GDP − 国民收入 + 补贴 − 间接税）来计算折旧额。徐现祥则根据《中国国内生产总值核算历史资料》公布的固定资产折旧数据来估算资本存量，但由于资料限制也仅估算到 2002 年。更多研究是根据经验设定折旧率，如 Hu 和 Khan（1997）假定折旧率为 3.6%，Hall 和 Jones（1999）采用的折旧率为 6%，王小鲁和樊纲（2000）、Wang 和 Yao（2001）均假定折旧率为 5%，而单豪杰（2008）则采用代表几何效率递减的余额折旧法对建筑和设备折旧率进行估算，进而由建筑和设备的构成比例估算资本折旧率为 10.96%。在分行业固定资产折旧率方面，黄永峰和任若恩（2002）分别估算设备折旧率为 17%、建筑折旧率为 8%，单豪杰估算中国工业行业经济折旧率为 11.6%，吴方卫（1999）估算中国农业资本折旧率为 5.42%。薛俊波和王铮（2007）则详细计算了中国 17 个部门的折旧率。综合上述文献发现，大部分研究假设区域之间的折旧率是没有差异的，而不同产业之间的折旧率是存在差异的（当然，无论是区域之间还是产业之间的折旧率都应该是有差异的，但差异程度有差别）。

在综合对比相关研究的基础上，本书对固定资产折旧率的处理思路是先假定折旧率然后计算折旧额。首先，对不同省份的资产折旧率，借鉴 Hall 和 Jones（1999）的做法，统一取 $\delta^0 = 6\%$；而对不同产业的资产折旧率，本书在综合前述相关文献估算结果的基础上进行一定的修正，选择农业固定资产折旧率作为第一产业固定资产折旧率，取 $\delta^1 = 5\%$；以采掘业、各类制造业、建筑业折旧率的平均值作为第二产业折旧率，取 $\delta^2 = 10\%$；其他行业平均折旧率为第三产业折旧率，取 $\delta^3 = 7\%$。

4. 基期资本存量 K_{1978}

中国将基期资本存量估算定为 1952 年或 1978 年，根据永续盘存法，基期选择越早估算结果误差越小，对后续估算的影响也就越小。但是由于本书既要估算各省份总体资本存量，又要估算分产业资本存量，而分产业数据始于 1978 年，因此，为保持一致，本书将基期定为 1978 年。

基期资本存量 K_{1978} 的确定，大致有两种方法，一种是直接估计基期资本存量，用初始年份投资额除以某固定值；另一种是用初始投资额除以折旧率与经济平均增长率作为基期资本存量。由于基期资本存量估算对资本存量整体估算结果的影响相对较小，因此本书选择用初始年份投资额除以10%作为基期资本存量，参考的是 Young（2000）的做法。

（二）劳动力投入 L

劳动力投入选用就业人员指标表示，就业人员指 15 周岁及以上人口中从事一定的社会劳动并取得劳动报酬或经营收入的人口。分产业劳动力投入则选用各省份分产业就业人员指标表示。

（三）产出 GDP

以各省份 GDP 作为产出指标，并根据各省份 GDP 指数构造以 1978 年为基期的 GDP 平减指数进行平滑缩减。分产业产出则以各省份分产业产值为指标，并根据各省份分产业 GDP 指数构造以 1978 年为基期的平减指数进行平滑缩减。

（四）缺失数据的补充

当年投资额 I 中，西藏缺乏 1978～1992 年固定资本形成总额数据，对比发现，其 1993～2012 年固定资本形成总额与全社会固定资产投资额很接近，因此我们也用 1978～1992 年的全社会固定资产投资额替代其固定资本形成总额。由于重庆市建市较晚，为了保证 1978 年基期的一致，本书将重庆与四川合并处理，其他指标也如此。内蒙古和河北缺失 2008～2012 年固

定资本形成总额数据，本书按照近年来固定资本形成总额占资本形成总额
的比例进行折算求得。

　　投资价格指数中，西藏缺失固定资产价格指数和固定资本形成总额指
数，根据"地理邻近"原理，取与其经济状况类似的青海与新疆投资平减指
数的算术平均值作为其投资平减指数。四川的投资平减指数在1978~1994年
为四川省固定资产价格指数，在1995~2012年为对四川省与重庆市的固定资
产价格指数算术平均后的数据。

　　部分地区如天津、浙江、甘肃等缺少1978~1984年三次产业就业人员
数，但总就业人员数完整。考虑到这一时期三次产业从业人员变化较为稳
定，本书按照1985~1990年三次产业就业人员平均增长率对1978~1984
年三次产业就业人员比例进行反推估计，然后分别乘以本地区总就业人员
数，得到1978~1984年三次产业就业人员数，结果证明，这种做法是较为
可信的。

　　最后，将雷辉和张娟（2012）、徐现祥等（2007）、范巧（2012）的估
算结果与本书的资本存量估算结果进行对比。由图4-1可以看出，本书估
算结果与以往相关估算结果较为一致，特别是与徐现祥等的估算结果最接
近。这在一定程度上说明本书资本存量估算结果的可信性，也为区域经济
发展效率的计算奠定了基础。

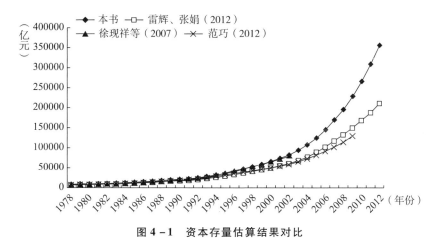

图4-1　资本存量估算结果对比

　　表4-1为1978~2012年本书主要变量的描述性统计分析。

表 4 - 1　本书主要变量的描述性统计分析（1978～2012 年）

变量	观测数量	均值	标准差	最小值	最大值
GDP（亿元）	1050	3997.32	7236.93	6.65	57067.92
人均 GDP（元）	1050	9762.44	14276.61	173.54	93173.00
就业人员数（万人）	1050	2037.03	1542.88	93.09	6554.30
固定资本形成总额（亿元）	1050	1857.18	3584.34	1.22	26808.85
第一产业产值（亿元）	1050	473.53	663.23	3.06	4281.70
第二产业产值（亿元）	1050	1939.36	3732.72	1.68	27700.97
第三产业产值（亿元）	1050	1578.78	3022.02	1.44	26519.69
第一产业就业人员（万人）	1050	1067.57	845.56	37.09	4002.24
第二产业就业人员（万人）	1050	475.51	445.28	4.13	2526.48
第三产业就业人员（万人）	1050	478.67	430.12	11.22	2191.65
第一产业固定资本形成总额（亿元）	1050	57.51	107.49	0.09	834.27
第二产业固定资本形成总额（亿元）	1050	795.51	1665.78	0.43	13855.71
第三产业固定资本形成总额（亿元）	1050	1006.76	1906.79	0.60	14252.41

第三节　中国区域经济发展效率演变特征

一　区域经济总量效率演变特征

（一）单位面积产出效率

从区域经济总量来看，改革开放以来，中国经济增长迅速。总体来看，1978～2012 年，中国经济增长保持在年均 9.86% 的速度，并呈波动变化的特征（见图 4 - 2）。其中，改革开放后的 35 年有 16 年时间经济增长率保持在 10% 以上的高速度。

从单位面积产出指标的经济密度来看，改革开放以来，中国区域经济密度的提升速度极快，由于经济密度与经济总量和行政区面积有关，而行政区面积基本是保持不变的，因此，经济密度增长率变动趋势与经济总量增长率变动趋势实际上是一致的。

从单位面积产出效率增速来看，1978 年，中国平均经济密度仅为 24.5 万元/平方公里，到 2012 年，中国平均经济密度达到 758.2 万元/平方公里（1978 年价格），35 年增长了 29.9 倍，效率很高。其中，广东省单位面积

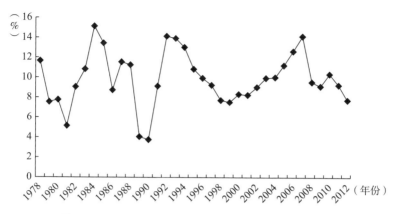

图 4 - 2 1978～2012 年中国经济密度增长率变化趋势

产出效率增长最快，1978 年经济密度为 10.35 万元/平方公里，2012 年经济密度为 716.03 万元/平方公里，35 年增长了 68.2 倍。其次是福建、浙江、江苏。而黑龙江省单位面积产出效率增长最慢，1978 年经济密度为 3.7 万元/平方公里，2012 年经济密度为 64.54 万元/平方公里，35 年仅增长了 16.4 倍，排在青海省之后。

从单位面积产出效率绝对量方面看，1978～2012 年，中国区域单位面积产出效率呈现出显著的沿海与内陆"二元"分布格局。其中上海市 1978 年经济密度为 430.37 万元/平方公里，2012 年为 11306.95 万元/平方公里，是 1978 年的 26.3 倍，单位面积产出效率居全国首位。其次是天津、北京、江苏等省份（见表 4 - 2）。

表 4 - 2 部分年份中国省际经济密度及其排名
（1978 年价格）

单位：万元/平方公里

地区	1978 年	1985 年	1990 年	1995 年	2000 年	2005 年	2010 年	2012 年	排名
北京	66.30	129.08	189.28	331.10	539.41	954.90	1638.38	1907.48	3
天津	69.36	131.08	169.09	294.69	503.04	969.87	2047.24	2713.05	2
河北	9.75	17.32	25.86	51.16	86.92	147.95	257.16	313.70	11
山西	5.62	10.87	14.50	23.75	38.11	70.59	117.38	146.04	17
内蒙古	0.49	1.07	1.50	2.45	4.14	9.12	20.52	26.16	27
辽宁	15.44	27.49	39.47	64.23	96.94	165.05	317.48	390.06	8

地区	1978 年	1985 年	1990 年	1995 年	2000 年	2005 年	2010 年	2012 年	排名
吉林	4.38	8.21	12.23	19.71	31.44	52.16	104.43	133.06	20
黑龙江	3.70	5.92	8.13	11.73	17.91	29.64	52.24	64.54	23
上海	430.37	773.19	1018.87	1887.58	3254.96	5719.09	9720.99	11306.95	1
江苏	24.29	52.92	85.27	186.82	317.32	583.26	1099.31	1343.47	4
浙江	12.15	31.94	46.00	110.28	185.85	342.95	601.00	707.71	6
安徽	8.15	17.82	23.68	42.54	68.53	113.14	211.95	269.68	12
福建	5.35	12.43	19.77	45.90	78.90	131.49	251.34	314.43	10
江西	5.21	10.28	14.67	24.08	37.67	65.36	121.27	151.43	16
山东	14.35	30.10	44.86	95.86	160.50	296.52	548.11	667.43	7
河南	9.76	21.29	31.44	57.80	93.61	160.60	294.54	363.10	9
湖北	8.12	17.73	24.00	42.47	67.39	109.60	210.07	266.15	13
湖南	6.94	12.30	16.95	27.87	44.30	72.55	139.68	175.36	15
广东	10.35	23.36	43.62	106.64	179.45	335.23	601.93	716.03	5
广西	3.20	5.44	7.32	14.81	22.21	37.11	71.18	88.95	21
海南	4.63	9.41	14.62	33.12	47.53	76.88	144.03	176.00	14
四川	4.51	8.72	12.15	21.35	33.27	56.44	109.11	142.22	18
贵州	2.65	5.50	7.62	11.58	17.56	28.79	52.15	68.12	22
云南	1.75	3.42	5.35	8.80	13.39	20.55	35.84	46.04	25
西藏	0.06	0.12	0.14	0.23	0.40	0.72	1.29	1.63	30
陕西	3.94	7.64	11.80	18.41	30.72	53.78	107.49	138.22	19
甘肃	1.43	2.33	3.68	5.87	9.41	15.67	26.64	33.74	26
青海	0.22	0.35	0.46	0.66	1.00	1.76	3.27	4.16	29
宁夏	2.50	4.93	7.22	10.68	16.72	28.20	51.22	64.02	24
新疆	0.23	0.51	0.82	1.42	2.06	3.33	5.50	6.89	28
平均	24.50	46.09	63.35	118.45	200.02	355.08	632.09	758.19	

注：该表为 2012 年省际经济密度的排名。

资料来源：根据《中国统计年鉴 2013》核算。

分区域来看，1978～2012 年，东部、中部、西部地区单位面积产出效率呈现不同的变化趋势。就东部地区而言，1978 年东部地区平均经济密度为 60.2 万元/平方公里，2012 年平均经济密度为 1868.8 万元/平方公里，是 1978 年经济密度的 31 倍。若不考虑上海市单位面积产出效率值，东部

地区 1978 年平均经济密度为 23.2 万元/平方公里，2012 年平均经济密度
为 925 万元/平方公里，是 1978 年经济密度的近 40 倍。[①]

中部地区 1978 年经济密度为 6.5 万元/平方公里，仅为东部地区（排
除上海市）的近 1/3，2012 年经济密度为 196.2 万元/平方公里，约为东部
地区（排除上海市）经济密度的 1/5。2012 年经济密度是 1978 年经济密
度的 30.2 倍，涨幅略低于东部地区。

西部地区单位面积产出效率绝对值在全国是最低的，这一方面与西部
地区经济发展水平较东部、中部低有关，另一方面也是因为西部地区行政
区面积广阔导致经济密度相对较低。1978 年西部地区平均经济密度仅为
2.4 万元/平方公里，约为东部地区（排除上海市）的 1/10，中部地区的
1/3。到 2012 年西部地区平均经济密度为 75.3 万元/平方公里，仅为中部
地区的近 2/5。2012 年西部地区平均单位面积产出效率为 1978 年的
31.4 倍。

总体来看，改革开放以来，中国区域经济单位面积产出效率增长迅
速，单位面积产出效率相对较高。虽然东部、中部、西部单位面积产出效
率存在一定的差异，但是其增长速度差异不大，且 1978~2012 年，中国区
域经济密度的空间格局总体变化不大。由于中国部分地区行政区面积广
阔，但人口稀少，单纯依靠单位面积产出效率难以准确反映该地区的区域
经济总量效率，因此要结合人均产出效率来判断区域经济总量效率的
高低。

（二）人均产出效率

从人均 GDP 绝对量来看，1978~2012 年，中国人均 GDP 提高了 19.8
倍（按 1978 年价格计算），1978 年全国人均 GDP 为 459.6 元，2012 年为
43386.74 元（按 1978 年价格为 9563.6 元）。在 35 年内中国由低收入国家
迈进中等收入国家行列，总体来说，经济运行是高效率的。

从人均 GDP 增长率变化情况来看，改革开放以来，中国人均 GDP 增
长率波动较大，年均增长率为 8.75%，稍低于 GDP 增长率。按照国民经济

---

① 之所以将上海市单列然后进行东部、中部、西部单位面积产出效率对比，主要是因为上
　海市单位面积产出效率极高，其他区域与其不具有可比性。

发展规划及人均 GDP 变动规律，由图 4-3 可知，改革开放初期的 1978~1985 年，中国人均 GDP 增长率实现了大幅度提高，1979 年为 6.15%，1984 年达到 13.67%，而 1985 年为 11.93%。这一阶段中国人均 GDP 的高增长率可能主要归功于改革开放和市场经济等利好消息对宏观经济的推动，如国有企业经营权改革等。但是这一高增长率并未能够持续，1986~1990 年，人均 GDP 增长率持续下滑，到 1990 年人均 GDP 增长率已经降到 2.33%。一方面，改革开放以来邓小平同志提出"解放生产力""发展才是硬道理"的指导思想，但是这毕竟属于"摸着石头过河"的发展过程。另一方面，这一时期中国为缓解通货膨胀压力，实行了紧缩的货币政策，这也可能是此阶段经济增长放缓的原因之一。同时，这一时期也是学界公认的经济徘徊增长期。

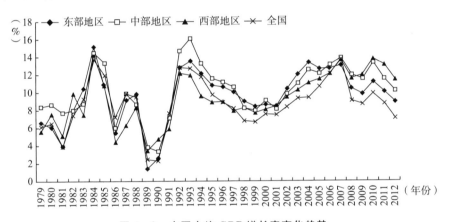

图 4-3　中国人均 GDP 增长率变化趋势

在经历人均 GDP 增长率下滑阶段后，1991~1993 年增长率又实现连续提升，1992 年、1993 年、1994 年人均 GDP 增长率均超过 10%。此后，到 2000 年以前，人均 GDP 增长率又经历了缓慢的下降过程，平均增长率为 7.97%。2001~2007 年，人均 GDP 增长率逐渐呈快速上升趋势，特别是 2005 年、2006 年、2007 年三年人均 GDP 增长率都超过了 10%，此阶段人均 GDP 年均增长率为 10.13%。

到 2008 年，国际金融危机对中国经济的影响较为显著，特别是对进出口贸易打击巨大，东部沿海地区的企业受到不同程度的影响。2008~2010 年，中国人均 GDP 增长率保持在 9% 左右，这主要与中国为应对金融危机而实行的 4 万亿元投资计划有密切关系。随着国际金融危机对中国经济冲击后果的显现，2011 年后，进入"十二五"以来，中国开始实施全面的经济结构转型政策及产业转移政策，经济增长"软着陆"，这直接导致中国经济增长速度的下滑，2012 年中国人均 GDP 增长率仅为 7.13%。

就中国东部、中部、西部地区的人均 GDP 变化而言，其与全国人均 GDP 演化趋势基本一致。1978～2012 年，东部地区人均 GDP 大部分时间保持高增长率，仅"七五"时期的平均增长率为 5.7%。"八五""十五""十一五"时期东部地区人均 GDP 增长率较高，均超过了 11%。中部地区人均 GDP 增长率水平要高于东部地区，其中"七五"时期平均增长率为 6.4%，而"八五""十五""十一五"及"十二五"前期增长率均超过了 10%。西部地区人均 GDP 增长表现较差，其中"七五"时期人均 GDP 增长率仅为 5.5%，但近年来人均 GDP 增长率有赶超东部、中部地区的趋势。

表 4-3 为不同时期的中国人均 GDP 增长率。

表 4-3　不同时期中国人均 GDP 增长率

单位：%

地区	"六五"时期	"七五"时期	"八五"时期	"九五"时期	"十五"时期	"十一五"时期	"十二五"前期
北京	8.3	5.8	9.7	8.1	8.9	6.4	4.3
福建	8.0	3.2	10.3	10.7	12.9	11.6	10.1
广东	7.2	6.2	13.6	10.3	10.6	10.8	9.3
海南	8.6	4.2	9.0	8.8	12.3	10.4	11.6
河北	10.4	5.6	9.2	10.2	16.9	17.0	12.5
江苏	7.5	6.1	9.7	8.2	11.0	13.2	10.6
辽宁	8.4	7.5	9.1	9.2	10.2	14.6	12.7
山东	5.9	5.4	6.8	8.2	10.5	11.9	11.1
上海	7.1	4.1	11.8	8.8	8.4	7.1	5.4
天津	10.8	8.4	16.0	10.5	12.1	12.7	10.1
浙江	13.7	6.6	18.4	10.0	11.3	10.2	7.4
东部平均	8.7	5.7	11.2	9.4	11.4	11.4	9.5
安徽	10.5	4.2	11.4	9.4	10.0	14.4	12.2

地区	"六五"时期	"七五"时期	"八五"时期	"九五"时期	"十五"时期	"十一五"时期	"十二五"前期
河南	11.2	7.9	16.5	10.4	9.4	13.1	11.1
黑龙江	8.7	5.7	9.0	8.9	10.8	12.4	11.1
湖北	10.1	6.7	15.8	10.4	12.5	12.7	10.4
湖南	10.3	6.2	11.7	9.3	11.3	12.6	11.3
吉林	10.6	4.6	10.6	10.1	9.9	13.8	12.1
江西	7.2	4.9	9.5	9.0	10.7	13.1	11.0
山西	10.6	10.9	16.0	7.8	11.5	9.8	7.7
中部平均	9.9	6.4	12.6	9.4	10.8	12.8	10.8
甘肃	5.9	4.2	13.5	7.5	10.0	12.9	11.2
广西	12.5	7.3	16.3	5.8	8.8	12.3	9.6
贵州	9.1	5.9	12.8	9.6	11.5	14.4	13.8
内蒙古	9.3	5.5	10.9	9.5	10.6	13.8	14.1
宁夏	9.5	5.0	7.3	7.2	10.6	14.0	14.8
青海	8.5	7.6	9.0	7.4	7.9	11.0	12.6
陕西	10.0	0.7	9.6	10.2	10.8	10.9	10.9
四川	8.2	7.5	8.0	9.9	11.6	14.6	13.2
西藏	6.2	7.8	8.0	8.7	10.4	11.1	12.2
新疆	9.1	3.4	6.0	7.2	10.9	12.4	11.8
云南	7.9	5.5	6.0	7.7	9.4	11.8	11.8
西部平均	8.7	5.5	9.8	8.2	10.2	12.6	12.3
全国平均	8.4	6.3	10.9	7.6	9.1	10.7	8.0

注：其中"六五"时期包含 1978～1980 年，"十二五"前期仅包括 2011～2012 年。

二　区域经济要素效率演变特征

本书应用数据包络分析软件 DEAP 2.1 中的 DEA-Malmquist 指数模型计算中国全要素生产率的变动趋势。DEAP 2.1 软件是由 Colelli, T. J. (1996) 设计，以 Charnes、Cooper 等人提出的数据包络分析原理为基础，主要测度 C^2R 模型、BC^2 模型、Malmquist 指数模型及成本效率模型。由于资本存量估算、效率测度方法、研究时段等不同，本书与相关文献研究存在一定的差异，但总体来看，全要素生产率的变化趋势、主要阶段特征等较为一致（李宾、曾志雄，2009；赵志耘、杨朝峰，2011；张军、施少华，2003；赵伟等，2005）。

图4-4为各年份中国全要素生产率变动趋势对比。

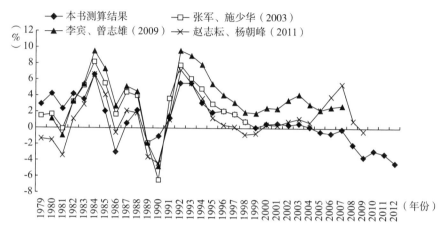

图4-4　中国全要素生产率变动趋势对比

（一）全要素生产率（TFP）演变

改革开放以来，大部分时间内中国全要素生产率指数大于1，只有1986年（0.970）、1989年（0.983）、1990年（0.990）及2005～2012年（0.995、0.994、0.998、0.979、0.963、0.972、0.968、0.957）全要素生产率指数小于1。1978～2012年中国全要素生产率指数平均为1.008，可见全要素生产率整体上是提高的（见表4-4）。

表4-4　中国全要素生产率（TFP）指数

年份	1978～1979	1979～1980	1980～1981	1981～1982	1982～1983	1983～1984	1984～1985	1985～1986	1986～1987
北京	1.035	1.086	0.942	1.027	1.094	1.099	1.017	1.044	1.081
福建	1.060	1.060	1.001	0.998	1.018	1.093	0.994	0.951	0.982
广东	1.007	1.000	0.994	1.069	1.061	1.096	1.053	0.982	1.038
海南	1.076	0.988	0.989	1.109	1.070	1.098	0.939	0.954	0.958
河北	1.049	0.986	1.077	1.125	1.005	1.040	1.039	0.975	1.004
江苏	0.982	1.036	0.941	0.978	1.047	1.056	0.997	0.956	0.999

续表

年份	1978 ~ 1979	1979 ~ 1980	1980 ~ 1981	1981 ~ 1982	1982 ~ 1983	1983 ~ 1984	1984 ~ 1985	1985 ~ 1986	1986 ~ 1987
辽宁	1.009	1.015	1.020	1.014	1.149	1.039	0.947	0.975	1.069
山东	0.986	1.026	0.953	0.952	0.970	0.986	0.939	0.929	0.971
上海	1.033	1.037	1.000	1.007	1.023	1.057	1.066	0.979	1.006
天津	1.056	0.980	1.041	0.962	0.986	1.010	0.996	0.919	0.955
浙江	1.089	1.084	1.047	1.034	1.006	1.093	1.033	0.957	0.957
东部平均	1.035	1.027	1.000	1.025	1.039	1.061	1.002	0.966	1.002
安徽	1.061	0.987	1.153	0.992	0.969	1.023	0.968	0.953	0.918
河南	0.995	1.103	1.090	1.021	0.978	1.082	1.069	0.948	1.022
黑龙江	1.104	0.999	1.036	1.049	1.008	1.085	1.069	0.967	1.015
湖北	1.023	1.076	1.014	1.048	1.066	1.079	1.007	0.962	1.017
湖南	1.041	1.086	1.026	0.979	1.132	1.014	1.030	0.948	1.063
吉林	1.121	1.035	1.046	1.063	0.995	1.106	1.048	0.967	0.984
江西	1.043	1.004	1.027	1.049	1.028	1.043	1.047	0.993	0.997
山西	1.039	1.100	1.011	1.009	0.948	1.009	1.031	0.991	1.064
中部平均	1.053	1.049	1.050	1.026	1.016	1.055	1.034	0.966	1.010
甘肃	1.002	1.051	1.046	1.124	1.014	1.024	1.053	0.992	1.021
广西	0.992	0.987	1.062	1.063	0.949	0.978	0.905	0.903	0.958
贵州	1.041	1.026	1.010	1.054	1.056	1.057	1.019	0.985	1.003
内蒙古	1.068	1.016	1.039	1.121	1.075	1.123	0.987	0.994	1.045
宁夏	0.964	1.026	1.041	1.120	1.061	1.104	1.088	1.002	1.076
青海	1.022	1.192	1.211	0.993	0.931	1.120	0.983	0.844	0.948
陕西	1.022	1.022	0.998	1.043	1.034	1.088	1.030	0.933	0.985
四川	0.980	1.087	0.925	1.094	1.140	1.108	1.070	1.037	1.015
西藏	0.875	1.123	0.939	1.081	1.087	1.114	1.050	1.036	0.997
新疆	1.034	1.027	0.998	1.053	1.119	1.091	1.086	0.999	0.999
云南	1.064	1.019	1.029	1.019	1.043	1.041	1.061	1.022	1.027
西部平均	1.006	1.052	1.027	1.070	1.046	1.077	1.030	0.977	1.007
全国平均	1.029	1.042	1.024	1.042	1.035	1.065	1.021	0.970	1.006

续表 4 - 4　中国全要素生产率（TFP）指数

年份	1987 ~ 1988	1988 ~ 1989	1989 ~ 1990	1990 ~ 1991	1991 ~ 1992	1992 ~ 1993	1993 ~ 1994	1994 ~ 1995	1995 ~ 1996
北京	1.120	1.027	0.996	1.087	1.087	1.162	1.074	1.118	1.098
福建	0.976	0.965	1.008	0.989	1.044	1.046	1.051	1.058	1.051
广东	1.045	0.993	0.996	1.032	1.068	1.093	1.061	1.040	1.034
海南	1.012	1.008	1.007	0.991	1.073	1.077	1.049	1.072	1.072
河北	0.991	0.961	1.011	1.003	1.022	1.002	1.011	1.021	1.075
江苏	0.985	0.939	0.930	0.974	1.040	1.041	1.025	1.005	1.030
辽宁	1.045	0.925	0.977	0.987	1.042	1.036	1.004	1.017	1.063
山东	0.973	0.958	0.967	0.979	0.982	0.995	0.997	0.994	1.007
上海	1.031	0.991	0.994	1.027	1.091	1.107	1.065	1.044	1.004
天津	1.012	0.914	0.931	0.971	1.087	1.045	1.040	1.035	1.011
浙江	0.973	0.906	0.957	1.078	1.067	1.067	1.037	1.011	0.981
东部平均	1.015	0.962	0.979	1.011	1.055	1.061	1.038	1.038	1.039
安徽	0.952	0.970	0.945	0.925	1.086	1.072	1.026	1.001	0.992
河南	1.057	1.016	1.022	1.067	1.112	1.110	1.050	0.997	0.991
黑龙江	1.076	0.991	0.988	1.031	1.070	1.043	0.992	0.983	1.040
湖北	1.021	0.969	0.985	1.058	1.080	1.116	1.092	1.013	1.053
湖南	0.983	0.988	0.976	0.998	1.070	1.088	1.043	1.035	1.007
吉林	0.991	0.989	0.966	0.988	1.054	1.030	1.006	0.984	0.965
江西	0.989	0.998	0.973	0.993	1.005	1.015	0.996	0.988	0.991
山西	1.021	0.959	0.997	1.049	1.057	1.034	1.011	0.991	0.975
中部平均	1.011	0.985	0.982	1.014	1.067	1.064	1.027	0.999	1.002
甘肃	1.010	1.007	1.043	1.073	1.101	1.060	1.016	0.992	0.967
广西	0.993	0.973	0.984	1.020	1.158	1.014	0.962	0.947	0.989
贵州	1.013	0.982	1.012	1.011	1.047	1.040	1.012	0.983	0.925
内蒙古	1.023	1.009	1.000	1.045	1.031	1.052	1.020	1.004	1.003
宁夏	1.101	1.013	1.041	0.977	1.005	1.018	1.029	1.018	1.008
青海	0.993	1.028	1.019	0.930	0.997	1.079	1.087	1.065	1.063
陕西	1.092	0.959	0.975	1.013	1.023	1.053	1.027	1.042	1.051
四川	1.075	1.032	0.999	1.018	1.062	1.067	1.079	1.061	1.055
西藏	1.016	0.981	0.977	1.005	1.031	1.047	1.033	1.026	1.014

年份	1987 ~ 1988	1988 ~ 1989	1989 ~ 1990	1990 ~ 1991	1991 ~ 1992	1992 ~ 1993	1993 ~ 1994	1994 ~ 1995	1995 ~ 1996
新疆	1.063	1.044	1.001	1.004	1.043	1.056	1.034	1.048	1.068
云南	1.007	0.987	1.018	1.034	1.010	0.986	0.993	0.992	0.981
西部平均	1.035	1.001	1.006	1.012	1.046	1.043	1.027	1.016	1.011
全国平均	1.021	0.983	0.990	1.012	1.055	1.055	1.031	1.020	1.019

续表 4-4　中国全要素生产率（TFP）指数

年份	1996 ~ 1997	1997 ~ 1998	1998 ~ 1999	1999 ~ 2000	2000 ~ 2001	2001 ~ 2002	2002 ~ 2003	2003 ~ 2004	2004 ~ 2005
北京	1.108	1.154	1.115	1.117	1.100	1.032	1.073	0.940	1.091
福建	1.028	1.000	1.018	1.031	1.025	1.024	1.023	1.030	1.013
广东	1.021	1.006	1.004	1.007	1.008	1.019	1.027	1.024	1.008
海南	1.064	1.044	1.008	1.032	1.032	1.050	1.040	1.039	0.995
河北	1.036	1.041	1.022	1.038	1.031	1.017	1.020	0.982	0.976
江苏	1.047	1.032	1.026	1.023	1.026	1.041	1.030	1.007	0.974
辽宁	1.045	1.070	1.023	1.008	1.019	1.009	1.007	1.008	0.977
山东	1.000	0.983	1.005	1.015	1.013	1.018	1.021	1.022	1.014
上海	1.057	1.049	1.068	1.047	1.081	1.036	1.055	1.011	1.063
天津	1.014	1.002	0.998	1.001	1.001	1.013	1.006	1.012	0.991
浙江	0.990	0.988	0.991	0.990	0.986	0.993	0.987	0.984	0.974
东部平均	1.037	1.034	1.025	1.028	1.029	1.023	1.026	1.005	1.007
安徽	0.991	0.971	0.990	0.985	0.990	0.996	0.986	0.995	0.977
河南	1.007	0.978	0.985	0.987	0.992	1.005	1.006	0.996	0.978
黑龙江	1.032	0.990	0.994	1.002	1.001	0.986	0.998	0.997	0.988
湖北	1.037	1.019	1.005	0.996	1.001	1.012	1.020	1.026	1.007
湖南	0.972	0.957	0.962	0.980	0.980	0.980	0.985	1.000	0.969
吉林	0.985	0.965	0.966	0.978	0.987	1.000	1.009	1.015	1.012
江西	0.989	0.968	0.967	0.974	0.973	0.974	0.977	0.993	0.976
山西	1.001	0.993	0.990	1.000	0.999	1.009	1.013	1.015	0.996
中部平均	1.002	0.980	0.982	0.988	0.990	0.995	0.999	1.005	0.988
甘肃	0.981	0.989	0.967	0.975	0.983	0.998	0.988	0.984	0.973

续表 4 - 4

年份	1996 ~ 1997	1997 ~ 1998	1998 ~ 1999	1999 ~ 2000	2000 ~ 2001	2001 ~ 2002	2002 ~ 2003	2003 ~ 2004	2004 ~ 2005
广西	1.010	1.050	1.029	1.027	1.035	1.029	1.034	1.035	1.018
贵州	0.931	0.913	0.918	0.937	0.946	0.956	0.956	0.972	0.974
内蒙古	0.991	0.971	0.965	0.962	0.947	0.949	0.960	0.982	0.994
宁夏	0.993	0.961	0.966	0.988	0.986	1.001	0.984	0.998	0.978
青海	1.051	1.050	1.015	1.005	1.010	0.995	0.980	0.975	0.975
陕西	1.053	1.039	1.021	1.005	1.005	1.007	0.991	1.016	1.005
四川	1.015	1.015	0.995	0.991	0.978	0.974	0.981	0.983	0.986
西藏	1.005	1.000	0.992	0.992	1.000	0.999	0.997	1.008	1.005
新疆	1.027	1.045	1.011	1.033	1.020	1.014	1.006	0.994	0.984
云南	0.997	1.009	0.997	1.017	1.004	0.990	1.004	1.007	0.991
西部平均	1.005	1.004	0.989	0.994	0.992	0.992	0.989	0.996	0.989
全国平均	1.016	1.008	1.000	1.005	1.005	1.004	1.005	1.002	0.995

续表 4 - 4 中国全要素生产率（TFP）指数

年份	2005 ~ 2006	2006 ~ 2007	2007 ~ 2008	2008 ~ 2009	2009 ~ 2010	2010 ~ 2011	2011 ~ 2012
北京	1.079	1.117	1.049	1.083	1.067	1.043	1.040
福建	1.001	0.992	0.984	0.951	0.954	0.954	0.944
广东	1.002	0.990	0.966	0.961	0.978	0.960	0.954
海南	0.973	0.993	0.949	0.891	0.959	0.954	0.951
河北	0.951	0.951	0.954	0.929	0.935	0.942	0.920
江苏	0.981	0.988	0.972	0.972	0.975	0.960	0.945
辽宁	0.952	0.933	0.919	0.924	0.932	0.962	0.959
山东	1.007	0.990	0.983	0.962	0.973	0.971	0.947
上海	1.046	1.077	1.029	1.019	1.043	1.035	1.032
天津	1.001	1.006	0.995	0.975	0.977	0.967	0.967
浙江	0.993	1.001	0.978	0.967	0.993	0.975	0.972
东部平均	0.999	1.003	0.980	0.967	0.981	0.975	0.966
安徽	0.982	0.985	0.972	0.972	0.982	0.974	0.967
河南	0.994	0.987	0.960	0.953	0.980	0.963	0.960

续表 4 - 4

年份	2005 ~ 2006	2006 ~ 2007	2007 ~ 2008	2008 ~ 2009	2009 ~ 2010	2010 ~ 2011	2011 ~ 2012
黑龙江	0.976	0.981	0.982	0.980	0.993	0.980	0.975
湖北	1.001	1.002	0.985	0.974	0.977	0.970	0.965
湖南	0.949	0.940	0.928	0.907	0.934	0.942	0.932
吉林	1.006	1.012	1.001	0.985	0.991	0.973	0.956
江西	0.975	0.978	0.963	0.959	0.967	0.959	0.954
山西	1.009	1.009	0.980	0.954	0.979	0.960	0.947
中部平均	0.987	0.987	0.971	0.961	0.975	0.965	0.957
甘肃	0.958	0.959	0.946	0.892	0.878	0.887	0.914
广西	1.032	1.043	0.976	0.981	0.996	0.961	0.914
贵州	0.980	0.996	0.980	0.994	1.002	0.996	0.980
内蒙古	0.994	1.010	0.979	0.970	0.975	0.989	0.959
宁夏	1.000	1.007	1.003	0.960	0.918	0.929	0.932
青海	0.988	0.993	0.978	0.985	0.944	0.991	0.961
陕西	0.994	0.993	0.990	0.962	0.959	0.961	0.954
四川	0.984	0.988	0.967	0.963	0.971	0.973	0.976
西藏	1.015	1.016	1.019	0.957	0.980	0.955	0.915
新疆	0.986	0.996	0.977	0.937	0.953	0.963	0.954
云南	0.996	1.007	1.011	0.980	0.982	0.990	0.953
西部平均	0.993	1.001	0.984	0.962	0.960	0.963	0.947
全国平均	0.994	0.998	0.979	0.963	0.972	0.968	0.957

从全要素生产率增长率[①]和对经济增长的贡献率[②]角度看（见表 4 - 5），改革开放以来，中国全要素生产率平均增长率为 0.85%，全要素生产率对经济增长的贡献率为 8.64%。分东部、中部、西部地区来看，1978 ~ 2012 年，东部地区全要素生产率平均增长率为 1.29%，全要素生产率对经济增长的贡献率为 11.10%；中部地区全要素生产率平均增长率为 0.41%，全要素生产率对经济增长的贡献率为 3.98%；西部地区全要素生产率平均增

① 根据 Färe（1994）的研究，各年的全要素生产率增长率 =（全要素生产率指数 - 1）× 100%。

② 全要素生产率对经济增长的贡献率计算方式为：贡献率 = $\frac{全要素生产率增长率}{GDP增长率}$ × 100%

长率为 0.73%，全要素生产率对经济增长的贡献率为 6.99%。

表 4 - 5　中国全要素生产率增长率及其对经济增长的贡献率

单位：%

地区	东部地区	中部地区	西部地区	全国
全要素生产率增长率	1.29	0.41	0.73	0.85
GDP 增长率	11.63	10.40	10.48	9.86
贡献率	11.10	3.98	6.99	8.64

综合中国经济发展的实际情况与全要素生产率的增长率变动趋势（见图 4 - 5），可以将中国区域经济要素效率演变划分为四个阶段：改革释放期（1978 ~ 1985 年）、震荡调整期（1986 ~ 1990 年）、平稳增长期（1991 ~ 2005 年）、结构调整期（2006 ~ 2012 年）。

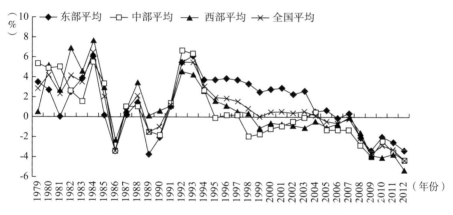

图 4 - 5　中国全要素生产率的增长率变动趋势

1. 改革释放期（"六五"时期，1978 ~ 1985 年）

由表 4 - 4、图 4 - 5 可以看出，1978 ~ 1985 年，中国全要素生产率指数虽有波动，但均大于 1，说明中国全要素生产率在此阶段整体呈快速上升趋势，其中全国全要素生产率指数平均为 1.037，东部地区全要素生产率指数平均为 1.027，中部地区全要素生产率指数平均为 1.040，西部地区全要素生产率指数平均为 1.044。同时，此阶段全要素生产率平均增长率为 3.68%，对经济增长的贡献率达到 37.2%。分地区来看，这一时期中西部地区全要素生产率提高幅度较大，而东部地区全要素生产率提高幅度较小。中部地区全要素生产率平均增长率为 4.04%；西部地区全要素生产率平均增长率为 4.41%；而东部地区全要素生产率平均增长率相对较低，为 2.70%。从对经济增长的贡献率来看，中西部地区全要素生产率对经济增长的贡献率较高，中部地区为 35.5%，西部地区为 44.2%，东部地区较低，为 26.7%。

图 4－6 为 1978～1985 年中国全要素生产率年均增长率省际分布。

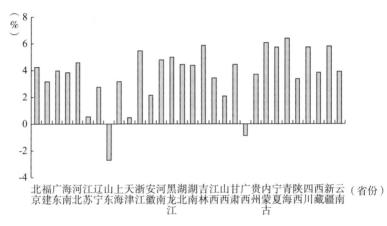

图 4－6　中国全要素生产率年均增长率省际分布（1978～1985 年）

更进一步分析，这一时期，东部地区的江苏、山东、天津全要素生产率水平并不高，全要素生产率指数平均为 1.005、0.973、1.004，这可能是因为这些地区虽然资本投入较高，但技术效率、技术进步等变动指数水平一般。中部地区全要素生产率水平则相对均衡，特别是黑龙江、吉林两省的全要素生产率水平要优于其他省份，这主要是因为黑龙江、吉林两省具有优于其他地区的工业基础和技术水平。西部地区只有广西的全要素生产率平均值小于1，全要素生产率降低，其他地区的全要素生产率均上升。

由此可以看出，1978～1985 年全要素生产率提高幅度较大，并且全要素生产率对经济增长的贡献率较高。这主要是由于十一届三中全会以后，中国确定了坚持改革开放、将工作重心全面转向经济发展的路线方针，极大地促进了经济潜力的释放。同时，计划经济向市场经济的转型信号，改变了传统计划经济时期的管理与组织方式，极大地解放了生产力。后文对技术效率变动趋势的分析也印证了这一解释：1978～1985 年，中国技术效率始终处于相对较高水平，而技术进步表现一般，这反映了此阶段技术效率对全要素生产率提高的正面影响。

此外，农村改革是中国经济体制改革的突破口，制度变革在技术不变的情况下解放了生产力，农民生产积极性提高，推动了技术进步，使得TFP得以继续增长（傅勇等，2009）。1978年底，"大包干"开始在安徽兴起，到1984年全国农村基本上确立了以家庭联产承包责任制为基础、统分结合的双层经营体制（魏礼群，2008），这极大地促进了广大农业主产区全要素生产率的提升，可能是此阶段中西部地区全要素生产率提升水平高于东部地区的原因之一。

2. 震荡调整期（"七五"时期，1986～1990年）

由表4－4、图4－5可知，1986～1990年中国全要素生产率呈波动变化趋势，变化幅度较大，全国层面，全要素生产率指数平均为0.994，其中1986年全要素生产率指数为0.970，1989年全要素生产率指数为0.983，1990年全要素生产率指数为0.990，说明1986年、1989年、1990年三年中国全要素生产率呈不同程度的下降趋势。同时，此阶段中国全要素生产率增长率为负值（－0.61%），其中1986年增长率为－3%，1989年增长率为－1.7%，1990年增长率为－1.0%。

图4－7为1986～1990年中国全要素生产率年均增长率省际分布。

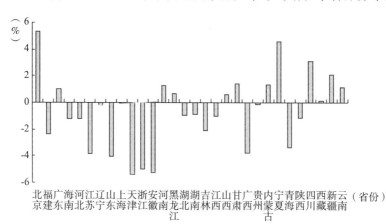

图4－7 中国全要素生产率年均增长率省际分布（1986～1990年）

分地区来看，1986～1990年，东部地区全要素生产率降低幅度最大，中部地区次之，而西部地区全要素生产率基本保持不变。具体来看，东部地区全要素生产率指数平均值为0.985，其中1986年全要素生产率指数为

0.966，1989 年为 0.962，1990 年为 0.979。相应的，此阶段全要素生产率平均增长率为 - 1.5%，其中 1986 年为 - 3.4%，1989 年为 - 3.8%，1990 年为 - 2.1%。中部地区全要素生产率指数平均为 0.991，其中 1986 年全要素生产率指数为 0.966，1989 年全要素生产率指数为 0.985，1990 年全要素生产率指数为 0.982。相应的，全要素生产率增长率为 - 3.4%（1986 年）、- 1.5%（1989 年）、- 1.9%（1990 年），平均增长率为 - 0.9%。西部地区全要素生产率指数平均为 1.005，仅 1986 年全要素生产率指数小于 1，为 0.977，相应的，全要素生产率增长率为 - 2.3%。

综合上面的分析可知，1986 ~ 1990 年中国全要素生产率整体水平是相对较低的，全要素生产率增长率为负，其对经济增长的贡献率也为负，制约了经济增长。一方面，在经历了"摸着石头过河"最初阶段（1978 ~ 1985 年）的全要素生产率高增长后，经济发展重心开始转向城市，而改革的进展也并不像农业改革那样顺利，许多改革中的问题暴露出来，抑制了全要素生产率的提升，从而限制了经济的增长。另一方面，这很可能是因为当时中国政府为了缓解通货膨胀压力，实行紧缩的经济政策（孙琳琳，2005）。

3. 平稳增长期（"八五""九五""十五"时期，1991 ~ 2005 年）

1991 ~ 2005 年，虽然全要素生产率的增长率并不是特别高，但是总体上全要素生产率是在持续提高的，这是中国全要素生产率平稳增长的 15 年。全国层面，除 2005 年全要素生产率指数略微下降外（0.995），其他各年份全要素生产率指数均大于 1，1991 ~ 2005 年全要素生产率指数平均为 1.015，全要素生产率年均增长率为 1.5%，全要素生产率对经济增长的贡献率为 16.1%。

图 4 - 8 为 1991 ~ 2005 年中国全要素生产率年均增长率省际分布。

分地区来看，三大地带全要素生产率都有不同程度的提高，特别是东部地区，全要素生产率指数均大于 1，平均为 1.030，平均增长率为 3%，全要素生产率对经济增长的贡献达到 25.8%。而 1991 ~ 2005 年中部地区全要素生产率指数均值为 1.007，总体处于提高状态，但幅度很小。中部地区在此期间的前半段（1991 ~ 1997 年）全要素生产率指数大于 1（1995 年除外），全要素生产率处于上升阶段，而 1998 ~ 2005 年除 2004 年全要素生产率大于 1 外，其余年份全要素生产率均小于 1，全要素生产率总体处

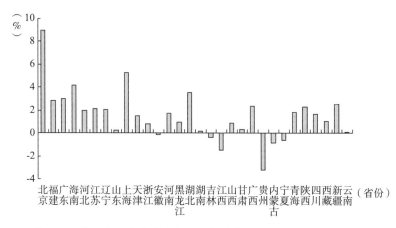

图 4 - 8　中国全要素生产率年均增长率省际分布（1991～2005 年）

于下降状态，全要素生产率对经济增长的贡献率仅为 5.6%，远低于改革开放之初的水平。

西部地区 1991～2005 年全要素生产率指数均值与中部地区相当，为 1.007，总体上也处于提高状态，提高幅度同样很小。1991～1998 年，西部地区全要素生产率指数全部大于 1，全要素生产率处于提升阶段；而 1999～2005 年全要素生产率指数全部小于 1，全要素生产率处于下降阶段。此阶段全要素生产率对经济增长的贡献率仅为 6.7%，也远远低于改革开放之初的水平。

综上分析，1991～2005 年的 15 年间，中国全要素生产率的变动呈现两个典型特征，首先是中部、西部地区基本可以分为两个阶段，1991～1998 年为全要素生产率快速提升阶段，而 1999～2005 年为缓慢下降阶段。其次是东部、中部、西部全要素生产率差距开始拉大。1991～1998 年东、中、西部全要素生产率之所以都处于快速提升阶段，主要是因为中国实行了更加全方位的改革开放政策，同时加快了中西部乡镇企业发展，促进了东部地区先进技术向中西部地区的转移，而 1997 年的亚洲金融危机使得中国整体全要素生产率水平降低，虽然之后全要素生产率指数有提升的趋势，但仍然小于 1，全要素生产率持续降低。同时，全方位的改革开放政策使得东部沿海地区的对外开放程度进一步提高，中西部的资本、劳动力开始向东部地区集中，使得中西部地区全要素生产率增速放缓，东中西部全要素生产率差距逐渐拉大。

此外，2000 年以来的西部大开发政策使得西部地区投资增多，但是同期的经济发展水平并未与之相适应，由此也可以看出，这一阶段西部地区经济的增长主要是靠要素投入，而并没有伴随效率的提高。

4. 结构调整期（"十一五""十二五"时期，2006～2012 年）

2006～2012 年是改革开放 35 年来全要素生产率增长率水平最低的时期，此阶段仅有北京、上海全要素生产率继续保持增长，全要素生产率指数平均为 1.068、1.040，中国全要素生产率整体呈下降趋势。从全国来看，2006～2012 年中国全要素生产率指数平均为 0.976，由 2006 年的 0.994 降低到 2012 年的 0.957，全要素生产率平均增长率为 −2.4%，全要素生产率累计降低 17%。

图 4 − 9 为 2006～2012 年中国全要素生产率年均增长率省际分布。

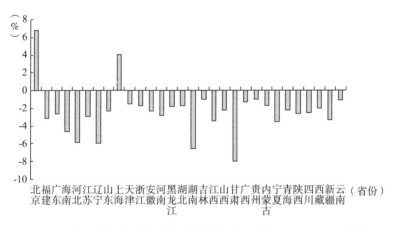

图 4 − 9　中国全要素生产率年均增长率省际分布（2006～2012 年）

分地区来看，2006～2012 年，东部地区全要素生产率指数平均为 0.982，由 2006 年的 0.999 降低到 2012 年的 0.966，全要素生产率年平均增长率为 −1.8%，全要素生产率累计降低 12.9%，其中河北、辽宁降幅最大，累计降幅均达到 42%，其次是海南、福建、江苏、广东、山东、浙江、天津。中部地区全要素生产率指数平均为 0.972，由 2006 年的 0.987 降低到 2012 年的 0.957，全要素生产率年平均增长率为 −2.8%，全要素生产率累计降低 19.7%，其中湖南、河南、江西全要素生产率降幅最大。西部地区全要素生产率指数平均为 0.973，全要素生产率指数由 2006 年的 0.993 降低到 2012 年的 0.947，全要素生产率年平均增长率为 −2.7%，全要素生产率累计降低19%，其中甘肃、宁夏、新疆全要素生产率降幅最大，分别降低56.6%、25.1%、23.4%。

中国全要素生产率之所以出现上述变化，主要原因有以下几方面。

首先，随着改革开放的深入，中国经济增长的结构性矛盾逐渐凸显，现有增量改革红利已经不足以激发市场活力，而存量改革的停滞不前导致中国此阶段技术效率所代表的制度、组织结构、管理方式等滞后于经济增长，全要素生产率对经济增长的贡献率降低。

其次，2006～2012年中国正处于"十一五""十二五"时期，这正是中国进行经济结构调整的关键阶段。一方面，长期以来中国经济增长主要依靠高投入拉动，以劳动密集型、资本密集型产业为主，产业结构水平较低，经济效率提升难以为继。另一方面，虽然在此阶段中国进行了经济结构的调整，但是结构调整短期内在一定程度上抑制了经济增长，导致产出效率低下。

2008年金融危机过后，中央政府为应对经济下滑风险制定了较为宽松的货币政策，并实施了4万亿元投资刺激计划，这是该时期中国的经济保持稳定增长的主要动力，也就是说，该阶段中国经济增长还是主要依靠投资拉动。而这种投资计划所关注的主要是一些公共服务设施的建设，投资回报率低，滞后效应突出，因此投入－产出效率相对较低。同时由于投资对经济增长的带动作用，全要素生产率所代表的技术进步对经济增长的贡献率也是很低的。

（二）技术效率与技术进步演变

Malmquist生产率指数的优势之一就是可以将全要素生产率分解为技术效率和技术进步两部分。技术效率概念是由Farrell（1957）提出的，具体是指在给定一组投入要素不变（包括技术水平）的情况下，一个企业的实际产出同一个假设同样投入情况下的最大产出之比。而技术进步是指不同技术水平带来的生产前沿面的变化。如果说技术进步代表的是新知识、新技能对经济发展的影响，那么技术效率应该主要侧重于制度变迁、组织结构、管理模式等的变化对经济发展的贡献。

由表4-6、表4-7和图4-10、图4-11、图4-12可以看出，改革开放以来，中国技术效率与技术进步均呈波动变化趋势，且技术效率与全要素生产率变化趋势更为一致。1978～2012 年，中国技术效率指数年均为 1.006，年均增长 0.6%，说明改革开放以来中国技术效率总体上是有所提高的；同时技术进步也有所提高，技术进步指数年均为 1.001，年均增长 0.1%。数据变化情况从宏观上说明技术效率变动对中国全要素生产率的提升作用要大于技术进步作用。

表4－6　中国全要素生产率变动指数及其分解

年份	技术效率变动指数	技术进步变动指数	纯技术效率变动指数	规模效率变动指数	全要素生产率变动指数
1978～1979	1.009	1.019	1.016	0.993	1.028
1979～1980	1.018	1.023	1.008	1.010	1.041
1980～1981	1.040	0.982	1.019	1.021	1.022
1981～1982	1.057	0.985	1.048	1.008	1.041
1982～1983	1.055	0.980	1.063	0.993	1.034
1983～1984	1.049	1.015	1.039	1.009	1.064
1984～1985	1.022	0.997	1.021	1.001	1.020
1985～1986	1.028	0.943	1.032	0.996	0.969
1986～1987	1.061	0.948	1.055	1.006	1.005
1987～1988	1.026	0.994	1.017	1.009	1.020
1988～1989	1.005	0.978	0.997	1.008	0.982
1989～1990	0.989	1.000	0.984	1.005	0.989
1990～1991	0.970	1.042	0.986	0.983	1.011
1991～1992	0.964	1.094	0.979	0.985	1.054
1992～1993	0.965	1.092	0.978	0.987	1.054
1993～1994	0.990	1.041	0.992	0.998	1.030
1994～1995	1.021	0.999	1.018	1.003	1.019
1995～1996	1.029	0.989	1.026	1.003	1.018
1996～1997	1.003	1.012	1.002	1.001	1.015
1997～1998	1.019	0.989	1.010	1.009	1.007
1998～1999	1.003	0.997	1.001	1.002	1.000
1999～2000	1.007	0.997	1.006	1.001	1.004
2000～2001	1.001	1.004	1.002	0.999	1.005
2001～2002	0.994	1.010	0.998	0.996	1.004

续表

年份	技术效率 变动指数	技术进步 变动指数	纯技术效率 变动指数	规模效率 变动指数	全要素生产率 变动指数
2002～2003	0.991	1.015	0.995	0.996	1.005
2003～2004	0.998	1.004	1.002	0.995	1.001
2004～2005	1.003	0.992	1.005	0.998	0.995
2005～2006	0.991	1.002	0.994	0.996	0.993
2006～2007	0.993	1.004	0.986	1.007	0.997
2007～2008	1.005	0.974	0.997	1.007	0.979
2008～2009	0.999	0.964	0.992	1.006	0.963
2009～2010	0.977	0.993	0.978	0.999	0.971
2010～2011	0.987	0.981	0.989	0.998	0.968
2011～2012	0.958	0.998	0.986	0.971	0.956
均值	1.006	1.001	1.006	1.000	1.008

表 4－7　中国省际全要素生产率变动指数及其分解（1978～2012 年）

地区	技术效率 变动指数	技术进步 变动指数	纯技术效率 变动指数	规模效率 变动指数	全要素生产率 变动指数
北京	0.990	1.081	0.990	0.999	1.070
福建	1.015	0.997	1.015	1.000	1.013
广东	1.004	1.000	1.017	0.988	1.004
海南	0.998	1.001	1.000	0.998	0.999
河北	1.013	1.004	1.013	1.000	1.017
江苏	0.995	1.000	1.010	0.986	0.996
辽宁	1.000	0.999	1.000	1.000	0.998
山东	1.019	1.000	1.026	0.994	1.019
上海	1.000	1.038	1.000	1.000	1.038
天津	1.007	1.001	1.002	1.006	1.009
浙江	0.999	1.004	0.999	1.000	1.003
东部平均	1.004	1.011	1.007	0.997	1.015
安徽	1.003	0.988	1.003	1.000	0.990
河南	1.003	0.991	1.003	1.000	0.994
黑龙江	0.987	0.997	0.988	0.999	0.985

续表

地区	技术效率 变动指数	技术进步 变动指数	纯技术效率 变动指数	规模效率 变动指数	全要素生产率 变动指数
湖北	1.006	0.998	1.006	1.000	1.005
湖南	1.004	0.987	1.005	1.000	0.992
吉林	0.998	1.004	0.998	1.000	1.001
江西	1.009	1.002	1.009	1.000	1.011
山西	1.013	1.001	1.014	0.999	1.014
中部平均	1.003	0.996	1.003	0.9997	0.999
甘肃	1.031	0.988	1.027	1.004	1.018
广西	1.007	0.987	1.008	0.999	0.995
贵州	1.019	0.987	1.021	0.998	1.007
内蒙古	1.000	1.003	1.001	0.999	1.003
宁夏	1.015	1.004	0.994	1.022	1.019
青海	1.001	1.006	0.996	1.004	1.007
陕西	1.013	0.996	1.013	1.000	1.010
四川	1.001	0.989	1.004	0.998	0.991
西藏	1.006	1.003	1.000	1.006	1.009
新疆	1.010	0.997	1.009	1.001	1.008
云南	1.020	0.987	1.021	0.999	1.008
西部平均	1.011	0.995	1.009	1.003	1.007
均值	1.006	1.001	1.006	1.000	1.008

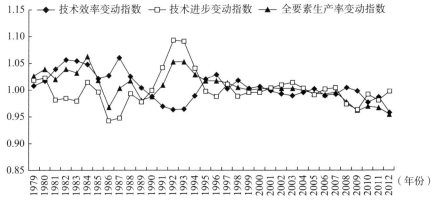

图 4 - 10 中国全要素生产率及其分解

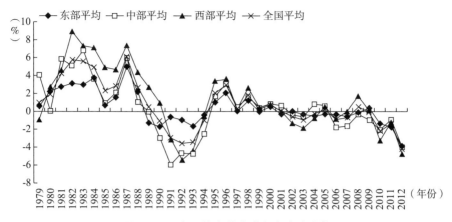

图 4 – 11　中国技术效率增长率变动趋势

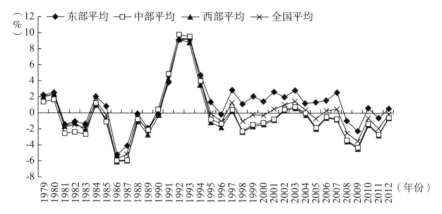

图 4 – 12　中国技术进步增长率变动趋势

　　但是，对于改革开放以来全要素生产率变化来说，不同阶段、不同条件下，技术效率与技术进步所起的作用是有差别的。下面分区域分时段具体分析中国技术效率与技术进步演化趋势。

　　1. "六五" "七五" 时期（1978～1990 年）

　　具体来看，1978～1990 年的大部分时间里，技术效率指数均大于 1，年均为 1.030，技术进步指数则仅有 1979 年（1.019）、1980 年（1.023）、1984 年（1.015）、1990 年（1.000）大于 1，其余年份皆小于 1，年均为 0.989，这说明在这段时间内，技术效率变动对全要素生产率的提升起到主要作用，而技术进步在此段时间内并没有促进全要素生产率的提升。

　　东部地区：1978～1990 年，技术效率指数方面，除 1989 年（0.987）、

1990 年（0.983）技术效率指数小于 1 外，其余年份均大于 1，技术效率
指数平均为 1.018，说明东部地区此阶段技术效率水平是提高的，年均增长
率为 1.8%；技术进步指数方面，除 1979 年（1.022）、1984 年（1.021）、
1985 年（1.008）技术进步指数大于 1 外，其余年份均小于 1，技术进步
指数平均为 0.994，说明此阶段东部地区技术进步水平是降低的。综合来
看，此阶段东部地区全要素生产率提升主要来自技术效率的提高，而非技
术进步。

图 4 - 13、图 4 - 14 分别为 1979 ~ 1990 年中国技术效率和技术进步年
均增长率区域分布。

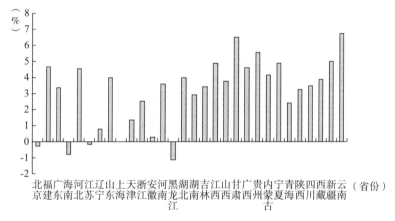

图 4 - 13　中国技术效率年均增长率区域分布（1979 ~ 1990 年）

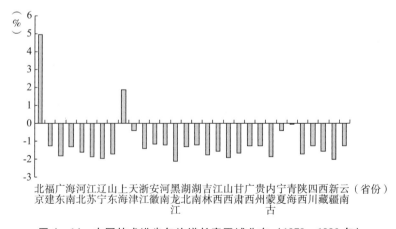

图 4 - 14　中国技术进步年均增长率区域分布（1979 ~ 1990 年）

中部地区：1978～1990 年，除 1989 年（0.9997）、1990 年（0.970）技术效率指数小于 1 外，其余年份均大于 1，技术效率指数平均为 1.027，说明此阶段中部地区技术效率也是提高的，年均增长率为 2.7%，高于东部地区；技术进步指数方面，除 1979 年（1.014）、1980 年（1.017）、1984 年（1.013）、1990 年（1.005）大于 1 外，其余年份均小于 1，技术进步指数平均为 0.985，低于东部地区。

西部地区：1978～1990 年，除 1979 年技术效率指数小于 1 外，其余年份均大于 1，技术效率指数平均为 1.046，说明此阶段西部地区技术效率是提高的，年均增长率为 4.6%，高于东部、中部地区；技术进步指数方面，除 1979 年（1.021）、1980 年（1.024）、1984 年（1.011）大于 1 外，其余年份皆小于 1，技术进步指数平均为 0.987，低于东部地区。

2. "八五"时期（1991～1995 年）

总体来看，这一时期技术效率与技术进步变动与上一时期变动方向恰好相反。技术效率方面，"八五"期间，除 1995 年技术效率指数为 1.021 外，其他年份均小于 1，技术效率指数平均为 0.982，说明中国技术效率在该时期是降低的；而技术进步方面，除 1995 年技术进步指数（0.999）小于 1 以外，其他年份均大于 1，技术进步指数平均为 1.054，说明中国技术进步水平在该时期是提高的，年均提高 5.4%。

图 4-15、图 4-16 分别为 1991～1995 年中国技术效率与技术进步平均增长率区域分布。

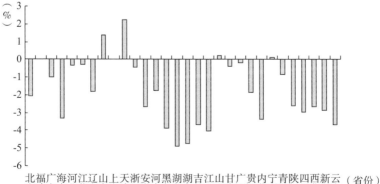

图 4-15　中国技术效率年均增长率区域分布（1991～1995 年）

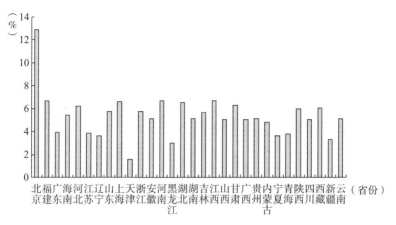

图 4-16 中国技术进步年均增长率区域分布 (1991~1995 年)

分地区来看，1991~1995 年东部地区技术效率指数平均为 0.995，其中福建、山东、上海、天津等地区技术效率指数平均值大于 1，其余地区均小于 1；技术进步方面，东部地区所有年份技术进步指数均大于 1，技术进步指数平均为 1.057，技术进步提升显著，年均提高 5.7%。而中部地区除 1995 年技术效率指数大于 1 外，其余年份均小于 1，技术效率指数均值为 0.968，技术效率退步明显；技术进步方面，中部地区此时期除 1995 年技术进步指数为 0.993 外，其余年份技术进步指数均大于 1，平均为 1.055，技术进步指数年均提高 5.5%。西部地区技术效率指数除 1995 年为 1.035 外，其余年份均小于 1，技术效率指数平均为 0.980；技术进步方面，除 1995 年技术进步指数为 0.967 外，其余年份均大于 1，技术进步指数平均为 1.051，技术进步指数年均提高 5.1%。

综上，"八五"时期，中国技术效率水平总体是下降的，而技术进步水平则在这一时期提高较快，年均提高 5.4%，这说明此时期技术进步对全要素生产率的贡献是积极、正面的，而技术效率却抑制了全要素生产率的提升。

3. "九五""十五"时期（1996~2005 年）

"九五""十五"时期是中国经济快速增长的十年，同时，此阶段中国全要素生产率也显著提高，但是技术效率与技术进步变化呈波动状态。这一阶段，中国技术效率呈先提高然后下降的变化趋势，从技术效率指数来看，1996~2005 年，中国技术效率指数在 1996~2001 年大于 1，而在

2002～2004 年则小于 1，技术效率指数平均为 1.005，总体稍有提高，年均提高 0.5%。而技术进步方面，1996～2000 年技术进步基本处于下降状态，2001～2005 年则处于提高阶段，1996～2005 年技术进步指数平均为 1.001，技术进步年平均仅提高 0.1%。

图 4－17 为 1996～2005 年中国技术效率年均增长率区域分布。

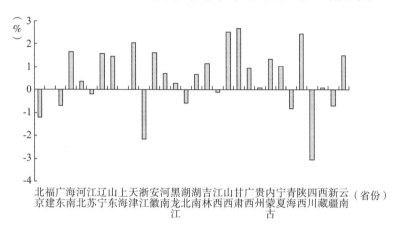

图 4－17　中国技术效率年均增长率区域分布（1996～2005 年）

分地区来看，1996～2005 年东部地区技术效率总体呈上升态势，技术效率指数平均为 1.002。具体分两个阶段，1996～2000 年处于上升阶段，而 2001～2005 年则处于下降阶段。而同期东部地区的技术进步则呈大幅度提高态势，1996～2005 年技术进步指数除 1996 年外全部大于 1，平均为 1.018，技术进步年均提高 1.8%。

图 4－18 为 1996～2005 年中国技术进步年均增长率区域分布。

就中部地区而言，1996～2005 年技术效率表现要优于东部地区，除 2002 年（0.996）、2003 年（0.995）小于 1 外，其余年份技术效率指数均大于 1，平均值为 1.008，技术效率年均提高 0.8%。技术进步方面，1996～2001 年中部地区技术进步整体呈下降态势，虽然 2002～2005 年技术进步有所提高，但并没有弥补前阶段下降带来的不足，1996～2005 年技术进步指数平均为 0.993，技术进步整体处于下降阶段。

西部地区技术效率指数除 2002 年（0.987）、2003 年（0.982）、2004 年（0.993）小于 1 外，其余年份均大于 1，技术效率指数平均为 1.005，技术效率指数年均提高 0.5%；技术进步方面，除 1997 年（1.003）、2002

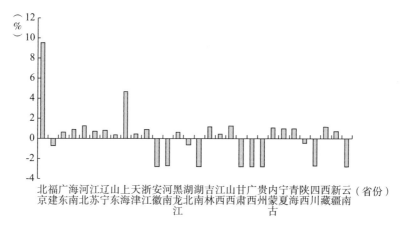

图 4 – 18　中国技术进步年均增长率区域分布（1996～2005 年）

年（1.004）、2003 年（1.006）技术进步指数大于 1 外，其他年份均小于
1，技术进步指数平均为 0.991，技术进步水平整体处于下降状态。

　　总体来看，"九五""十五"期间，中国的技术效率和技术进步水平皆
有所提高，但提高幅度不明显。分地区来看，东部地区技术效率与技术进
步均呈提升状态，且技术进步表现要优于技术效率表现；中部地区技术效
率有所提高，但提高幅度不大，而技术进步水平则在下降；西部地区技术
效率水平亦有小幅提升，技术进步同样处于下降状态。

　　4."十一五""十二五"时期（2006～2012 年）

　　2006 年以来，中国经济增长率呈下降态势，全要素生产率水平也大幅
度降低。从技术效率与技术进步来看，这一阶段中国技术效率水平总体是
降低的，除 2008 年技术效率指数为 1.005 外，其余年份技术效率指数均小
于 1，技术效率指数平均为 0.987。而技术进步方面，除 2006 年（1.002）、
2007 年（1.004）技术进步指数大于 1 外，其余年份技术进步指数均小于
1，技术进步指数平均为 0.988，技术进步水平也呈下降态势。

　　图 4 – 19、图 4 – 20 分别为 2006～2012 年中国技术效率与技术进步年
均增长率区域分布。

　　分地区来看，东部、中部、西部技术效率水平均呈下降趋势，技术
效率指数平均为 0.989、0.983、0.989，其中仅有海南、上海、安徽、
湖北、甘肃、贵州、四川七个省份的技术效率指数大于 1。技术进步方
面，中部、西部技术进步指数均小于 1，技术进步指数平均为 0.981、

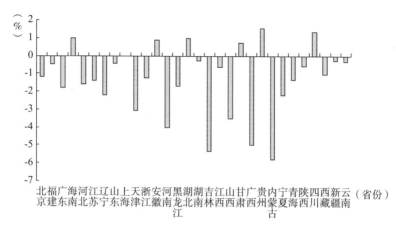

图 4 - 19　中国技术效率年均增长率区域分布（2006～2012 年）

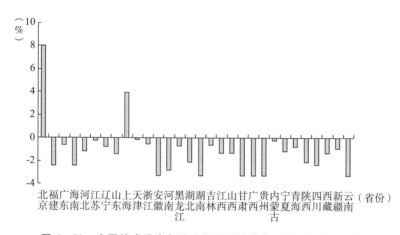

图 4 - 20　中国技术进步年均增长率区域分布（2006～2012 年）

0.980，技术进步水平降低，而东部地区技术进步指数平均为 1.002，总体上有所提高。

（三）规模效率演变

规模效率表示产出和投入的最佳比例关系，表明是否达到了产出最大化。规模效率变动则代表这种比例关系的变化情况。总体来看，1978～2012 年，中国区域经济规模效率变动指数波动不大。从规模效率变动指数具体数值来看，1978～2012 年中国规模效率变动指数平均为 1.0002，接近 1，可以说总体保持不变状态。东部地区规模效率变动指数小于 1，平均为 0.998，规模效率整体呈下降趋势；中部地区规模效率变动指数小于 1，平均为 0.999，规模效率整体呈略微下降趋势；西部地区规模效率变动指数大于 1，平均为 1.003，规模效率整体呈上升趋势，年均提高 0.3%。

图 4 - 21 为中国规模效率增长率变化趋势。

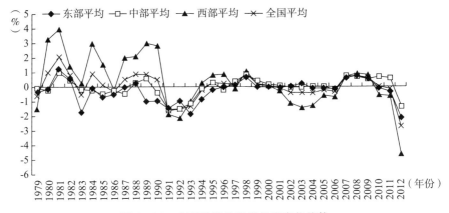

图 4 - 21 中国规模效率增长率变化趋势

表 4 - 8 为不同时期中国规模效率变动指数。

表 4 - 8 不同时期中国规模效率变动指数

地区	"六五" 时期	"七五" 时期	"八五" 时期	"九五" 时期	"十五" 时期	"十一五" 时期	"十二五" 时期
北京	1.003	1.004	0.995	0.996	1.001	0.998	0.989
福建	1.001	1.005	1.000	1.000	1.000	1.000	0.992
广东	1.001	0.966	0.990	0.992	0.993	0.992	0.960
海南	0.996	1.007	0.997	1.002	0.986	1.022	0.960
河北	1.000	0.995	0.976	1.006	1.006	1.014	1.008
江苏	0.966	0.983	0.997	1.005	0.992	0.993	0.969
辽宁	1.000	0.997	0.991	1.000	1.005	1.006	1.001
山东	1.000	0.982	0.961	1.010	1.011	1.001	0.984
上海	1.000	1.000	1.000	1.000	1.000	1.000	1.000
天津	1.015	1.019	0.998	1.002	0.999	1.003	0.996
浙江	1.002	0.994	0.980	1.008	1.007	1.007	1.007
东部平均	0.999	0.996	0.990	1.002	1.000	1.003	0.988
安徽	1.002	1.000	0.998	1.003	1.000	1.000	0.992

续表

地区	"六五"时期	"七五"时期	"八五"时期	"九五"时期	"十五"时期	"十一五"时期	"十二五"时期
河南	1.001	0.991	0.971	1.008	1.004	1.021	1.016
黑龙江	0.999	1.001	0.998	1.000	0.999	1.001	0.993
湖北	1.001	0.994	0.978	1.010	1.005	1.010	1.004
湖南	1.001	1.000	0.998	1.002	1.000	1.000	0.992
吉林	0.999	1.003	0.997	1.001	0.997	1.003	0.993
江西	1.000	1.003	0.997	1.000	0.998	1.002	0.990
山西	0.999	1.002	0.998	1.001	0.999	1.001	0.989
中部平均	1.000	0.999	0.992	1.003	1.000	1.005	0.996
甘肃	1.022	1.005	0.994	1.003	0.995	1.007	0.982
广西	0.999	1.001	0.999	1.001	0.997	1.005	0.986
贵州	1.000	1.002	0.990	1.004	0.992	1.012	0.979
内蒙古	1.002	1.002	0.996	1.003	0.999	1.002	0.974
宁夏	1.057	1.090	1.006	1.011	0.980	0.995	0.981
青海	1.030	1.101	1.001	1.007	0.966	0.977	0.879
陕西	0.999	1.003	0.997	1.001	0.999	1.002	0.991
四川	0.998	1.008	0.970	0.992	1.005	1.024	0.985
西藏	1.071	0.995	0.973	1.026	0.975	0.989	0.993
新疆	1.012	1.004	0.996	1.001	0.993	1.007	0.982
云南	1.000	1.003	0.996	1.001	0.995	1.005	0.985
西部平均	1.017	1.019	0.992	1.004	0.991	1.002	0.974
全国	1.005	1.005	0.991	1.003	0.997	1.004	0.986

注：其中"六五"时期包含了1978～1980年，"十二五"时期仅包括2011～2012年。

1. "六五""七五"时期（1978～1990年）

分阶段看，不同阶段的演化特征还是有很大差异的。其中，1978～1990年，除1979年（0.994）、1983年（0.995）、1986年（0.997）规模效率变动指数小于1以外，其余年份规模效率变动指数均大于1，规模效率变动指数平均为1.005，规模效率年均提高0.5%，说明此阶段中国区域经济规模效率总体上是提高的。

该阶段东部地区大部分时间规模效率呈下降趋势，规模效率变动指数除 1981 年 （1.012）、1982 年 （1.005）、1987 年 （1.000）、1988 年 （1.002） 大于 1 以外，其余年份均小于 1，规模效率变动指数平均为 0.998。中部地区与东部地区情况相似，规模效率变动指数仅有 1981 年 （1.010）、1982 年 （1.004）、1988 年 （1.003）、1989 年 （1.007） 大于 1，其余年份规模效率变动指数均小于 1，1978～1990 年中部地区规模效率变动指数平均为 1.000，说明中部地区仅 1981 年、1982 年、1988 年、1989 年规模效率是提高的，其余年份皆呈下降趋势，但总体来看规模效率保持不变。西部地区是三个地区中唯一规模效率提高的地区，除 1979 年 （0.985）、1986 年 （0.998） 规模效率变动指数小于 1 外，其余年份规模效率变动指数皆大于 1，1978～1990 年规模效率变动指数平均为 1.018，规模效率整体上是提高的，规模效率年均提高 1.8%。

综上，“六五”“七五”期间，中国的规模效率整体上是波动提高的。分地区来看，西部地区规模效率提高幅度最大，年均提高 1.8%，而东部和中部地区规模效率则呈下降趋势，其中东部地区规模效率下降最为明显。

2. “八五”时期 （1991～1995 年）

“八五”时期，中国规模效率变动指数整体小于 1，平均为 0.991，规模效率在该阶段呈下降趋势。分地区来看，1991～1995 年，东部地区规模效率变动指数均小于 1，平均值为 0.990，整体呈下降趋势。中部地区虽然规模效率变动指数是逐渐提高的，但是除 1995 年规模效率变动指数达到 1.003 外，其余年份都小于 1，规模效率变动指数平均值为 0.992，说明中部地区在该时期规模效率也是呈下降态势的。西部地区有 1994 年 （1.003）、1995 年 （1.008） 规模效率变动指数大于 1，规模效率在这两年是提高的，但是整体看，规模效率变动指数平均值为 0.992，总体上规模效率亦是下降的。

总体上，“八五”时期中国区域经济规模效率呈下降态势，分地区看，东部、中部、西部地区规模效率亦有不同程度的降低，其中东部地区规模效率降幅最大，其次是中部和西部地区。

3. “九五”时期 （1996～2000 年）

从全国来看，“九五”时期，中国区域经济规模效率整体上是提高的。1996～2000 年，中国区域经济规模效率变动指数均大于 1，平均值为

1.003，规模效率年均提高 0.3% 。分地区来看，东部地区规模效率呈上升趋势，全部年份规模效率变动指数均大于 1，平均值为 1.002，规模效率年均提高 0.2% 。中部地区除 1996 年规模效率变动指数（0.998）小于 1 以外，其余年份皆大于 1，规模效率变动指数平均为 1.003，规模效率年均增长 0.3% 。西部地区除 1997 年规模效率变动指数（0.999）小于 1 外，其余年份皆大于 1，规模效率变动指数平均为 1.004，规模效率年均增长 0.4% 。

"九五"时期，中国区域经济规模效率总体是提高的，其中东部地区规模效率年均提高 0.2% ，中部地区年均提高 0.3% ，西部地区年均提高 0.4% 。

4. "十五"时期（2001～2005 年）

"十五"时期中国经济呈高速增长态势，但此阶段中国区域经济规模效率整体呈小幅度下降趋势。2001～2005 年中国规模效率变动指数平均小于 1，平均值为 0.997。其中，东部地区 2002 年（1.0003）、2003 年（1.002）规模效率变动指数大于 1，其余年份均小于 1，规模效率变动指数平均为 0.999，规模效率略微有所下降。中部地区除 2002 年（0.9996）规模效率变动指数小于 1 外，其他年份均略微大于 1，规模效率变动指数平均为 1.0003，规模效率略微有所提高。西部地区 2001～2005 年全部年份规模效率变动指数均小于 1，平均值为 0.991，规模效率呈下降趋势。

总体来看，"十五"时期中国区域经济规模效率呈小幅下降趋势，其中中部地区规模效率略微有所提高，东部地区和西部地区规模效率均有所下降，西部地区规模效率下降明显。

5. "十一五""十二五"时期（2006～2012 年）

此时期包括"十一五"全部和"十二五"的 2011 年、2012 年，从全国来看，"十一五"期间，中国区域经济规模效率有了进一步的提高，规模效率变动指数除 2006 年（0.997）小于 1 外，其余年份均大于 1，平均值为 1.004，年均提高 0.4% 。但是"十二五"前期规模效率再次下降，规模效率变动指数平均为 0.986。

分地区来看，"十一五"期间，虽然东部地区 2006 年（0.998）、2010 年（0.999）规模效率变动指数小于 1，但是总体规模效率变动指数大于 1，平均值为 1.003，年均提高 0.3% 。2010 年规模效率下降趋势延续到

"十二五"前期，2011年、2012年东部地区规模效率变动指数均小于1，平均值为0.988。

中部地区除2006年（0.998）规模效率变动指数小于1外，"十一五"期间规模效率变动指数整体大于1，平均值为1.005，规模效率年均增长0.5%。虽然2011年中部地区规模效率变动指数依然大于1，规模效率呈增长态势，但2012年其规模效率变动指数下降到0.986，导致"十二五"前期整体规模效率变动指数小于1，规模效率降低。

"十一五"期间，西部地区有2006年（0.993）、2010年（0.995）规模效率变动指数小于1，但整体规模效率变动指数大于1，平均为1.002，年均增长0.24%。但是进入"十二五"时期，西部地区规模效率开始明显降低，2011年、2012年规模效率变动指数均小于1，平均为0.974，规模效率下降明显。

综合来看，"十一五"期间，中国规模效率表现较好，而"十二五"前期规模效率则表现较差。其中东部地区"十一五"期间规模效率有所提高，"十二五"前期规模效率降低。中部地区"十一五"期间规模效率年均提高0.5%，"十二五"前期规模效率降低。西部地区"十一五"期间规模效率年均提高0.24%，"十二五"前期规模效率降低。

三 区域经济结构效率演变特征

区域经济要素效率仅仅从劳动力、资本、技术等方面解释了区域经济发展效率，但是，由于劳动力、资本、技术等要素是通过市场或政府手段被分配到不同产业中才发挥作用的，因此，不同的产业结构会影响区域经济发展效率，因此本书从产业结构视角构建了区域经济结构效率模型来观测区域经济发展效率的演化趋势。本书首先从宏观上分析了改革开放以来中国产业结构的演变特征，其次分别从三次产业要素效率和产业结构变动效率分析不同产业经济效率及产业结构变动对经济增长的影响。

（一）三次产业结构及单要素产出效率演变特征

首先从投入角度看中国产业结构的演变特征。从三次产业从业人员比重变化趋势来看，改革开放以来，中国第一产业从业人员比重下降明显，第二产业、第三产业从业人员比重稳步上升（见图4-22）。

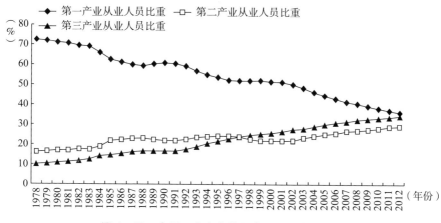

图 4 - 22　中国三次产业从业人员比重变动趋势

1978 年中国全部从业人员总数为 38778.99 万人，其中第一产业从业人员数为 28243.53 万人，占从业人员总数的 72.83%，第二产业、第三产业从业人员数分别为 6366.82 万人、4168.64 万人，分别占从业人员总数的 16.42%、10.75%。2012 年，中国全部从业人员总数达到 80195.63 万人，其中第一产业从业人员数为 28972.25 万人，占总数从业人员总数的 36.13%，比例不足 1978 年的一半，而第二产业、第三产业从业人员总数分别为 23486.12 万人、27737.26 万人，分别占从业人员总数的 29.29%、34.59%。

从三次产业资本存量的比重变化趋势来看（见图 4 - 23），改革开放以来，中国第一产业资本存量的比重逐步下降，而第二产业、第三产业资本存量比重则呈波动上升趋势。1978 年中国资本存量总额仅为 7615.63 亿元（1978 年价格，后文亦同），其中第一产业资本存量为 929.55 亿元，占资本存量总额的 12.21%，第二产业资本存量为 4245.61 亿元，占资本存量总额的 55.75%，第三产业资本存量为 2440.47 亿元，占资本存量总额的 32.05%。2012 年，中国资本存量总额达到 384342.08 亿元，其中第一产业资本存量为 6303.28 亿元，仅占资本存量总额的 1.64%，第二产业资本存量达到 223655.7 亿元，占资本存量总额比重达到 58.19%，第三产业资本存量为 154383.1 亿元，占资本存量总额比重达到 40.17%。

从产出角度来看（见图 4 - 24），改革开放以来，第一产业产值比重下降，第二产业产值比重波动变化，第三产业产值比重快速上升，中国三次

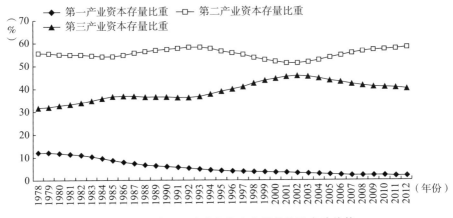

图 4 - 23　中国三次产业资本存量的比重变动趋势

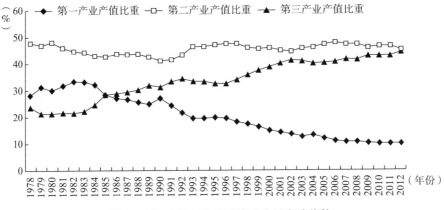

图 4 - 24　中国三次产业产值比重变动趋势

产业结构演变逐渐趋于合理化。首先是第一产业产值比重逐渐下降，1978年，中国第一产业产值仅为 1027.54 亿元，占国内生产总值的 28.19%，到 2012 年第一产业产值占国内生产总值的比重虽然下降到了 10.09%，但第一产业总产值达到 4691.91 亿元（1978 年价格），是 1978 年第一产业产值的 4.57 倍，年均增长 4.60%。一直以来以制造业为主的第二产业在中国国民经济中占有重要地位，1978 年中国第二产业产值仅为 1745.2 亿元，但其占国内生产总值的比重高达 47.88%，到 2012 年第二产业产值达到 66433.38 亿元，占国内生产总值的比重为 45.32%，是 1978 年的 38 倍，年均增速高达 11.30%。以服务业为主的第三产业是产业结构高级化的标志，1978 年，中国第三产业产值仅为 872.48 亿元，仅占国内生产总值的

23.93%，到 2012 年第三产业产值为 28547.31 亿元，是 1978 年的 33 倍，年均增速达到 10.80%。

资本比较生产率是指某产业产值占总产值的比重与该产业资本存量占总资本存量的比重之比。同理，劳动比较生产率是指某产业产值占总产值的比重与该产业就业人数占总就业人数的比重之比。资本比较生产率与劳动比较生产率分别反映了单位资本和单位劳动的产出效率。从图 4 – 25 中可以看出，改革开放以来，中国第一产业资本比较生产率呈波动上升趋势，提高幅度较大，而第二产业资本比较生产率呈下降趋势，第三产业资本比较生产率略有提高。这说明中国第二产业、第三产业主要还是靠投资拉动，相应的，产出规模提升显著，但产出效率依然相对较低。

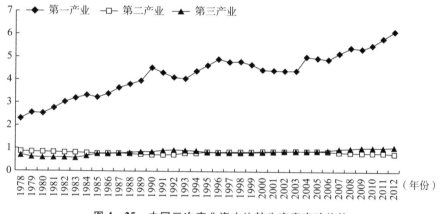

图 4 – 25　中国三次产业资本比较生产率变动趋势

从图 4 – 26 可以看出，中国二次产业劳动比较生产率整体呈下降趋势，特别是第一产业劳动比较生产率水平较低。第一产业劳动比较生产率一直处于较低水平，说明中国第一产业从业人员比重仍然较大，剩余劳动力并没有及时转移到第二、第三产业中去，剩余劳动力规模大仍然是制约第一产业效率提高的主要因素。改革开放以来，虽然第二产业、第三产业吸纳了大量的劳动力，但是由于其产出水平并没有随着投资规模的扩大相应地快速增长，因此，第二产业、第三产业的劳动比较生产率呈现不断下降的趋势。

总体来看，改革开放以来，中国三次产业产值规模提升较为迅速，但是第一产业剩余劳动力制约以及第二产业、第三产业投资规模扩展与产出规模

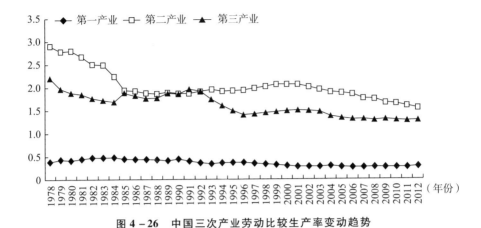

图 4 - 26　中国三次产业劳动比较生产率变动趋势

扩大的不一致性，导致中国三次产业结构比较生产率较为低下。下文从三次产业要素效率角度来分析中国三次产业经济效率的演化特征。

（二）三次产业经济效率演变特征

1. 第一产业经济效率演变分析

总体来看，改革开放以来，中国第一产业经济效率增长率呈波动变化态势（见图 4 - 27），但总体上是提高的，第一产业经济效率指数除 1989 年（0.9995）、1991 年（0.9989）、2007 ~ 2011 年（0.9913、0.9903、0.9675、0.9943、0.9950）小于 1 以外，其他年份指数均大于 1，经济效率指数平均为 1.0289，1978 ~ 2012 年中国第一产业经济效率年均提高 2.89%，对第一产业经济增长的贡献率高达 62.79%。

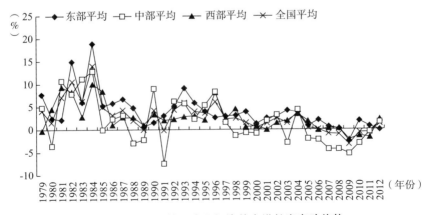

图 4 - 27　中国第一产业经济效率增长率变动趋势

从第一产业经济效率来源看，在 1978 ~ 2012 年的大部分时间内，中国第一产业经济效率主要源于技术进步，而仅仅在特别时段或特别年份，技术效率变动对经济效率的提升作用显著（见图 4 - 28）。进一步对中国第一产业技术效率指数进行分解可知，纯技术效率对技术效率增长的贡献要高于规模效率（见图 4 - 29），也即针对第一产业的激励政策激发其经济效率的提高。但是，不同时段、不同地区第一产业经济效率变动趋势有所差别，下面将对其进行进一步讨论。

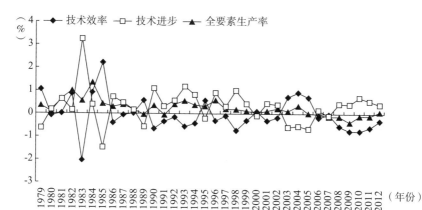

图 4 - 28　中国第一产业经济效率增长率及其分解

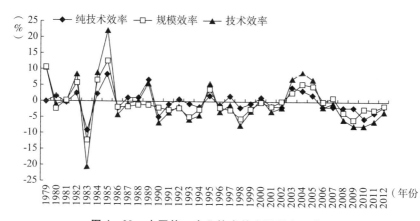

图 4 - 29　中国第一产业技术效率增长率及其分解

第一阶段，1978 ~ 1984 年的快速提升阶段。这一阶段中国第一产业经济效率整体上处于快速提升时期，第一产业经济效率指数均大于 1，平均为 1.0729，年均增长 7.29%。其中东部地区第一产业经济效率平均提升速

度最快，第一产业经济效率指数均显著大于 1，平均为 1.0869，年均增长
8.69%；中部地区第一产业经济效率平均提升速度次之，第一产业经济效
率指数平均为 1.0730，年均增长 7.30%；西部地区第一产业经济效率平均
提升速度相对最低，第一产业经济效率指数平均为 1.0588，年均提高
5.88%。从经济效率对经济增长的贡献率角度来看，1978～1984 年，中国
第一产业经济效率对第一产业经济增长的平均贡献率高达 98.65%，这足
以说明此阶段中国第一产业经济增长主要源于第一产业经济效率的提高，
而要素投入对此阶段第一产业经济效率的提高作用较小。

而从这一时期中国第一产业经济效率的来源来看，就全国而言，1978～
1984 年，中国第一产业技术效率指数平均为 1.0176，第一产业技术进步指数
平均为 1.0678，技术进步作用优于技术效率。其中，1979 年、1982 年、1984
年技术效率促进了中国第一产业经济效率的提高，1980 年、1981 年、1983
年则是技术进步在起主要作用。分区域来看，东部地区第一产业技术效率指
数平均为 1.0342，技术进步指数平均为 1.0662；中部地区第一产业技术效率
指数平均为 1.0155，技术进步指数平均为 1.0700；西部地区第一产业技术效
率指数平均为 1.0025，技术进步指数平均为 1.0678。可见各区域平均而言技
术进步作用优于技术效率。但值得注意的是，此阶段东部、中部、西部在
1979 年、1982 年、1984 年的技术效率对经济效率提升的作用更大（见
表 4－9），这可能与 1978 年中国开始实行农业"大包干"和家庭联产承包责
任制等政策措施极大地提高了农民的农业生产积极性有关。

表 4－9　中国第一产业经济效率指数分解

年份	东部地区		中部地区		西部地区	
	技术效率	技术进步	技术效率	技术进步	技术效率	技术进步
1978～1979	1.1560	0.9330	1.1244	0.9324	1.0547	0.9467
1979～1980	1.0135	1.0136	0.9616	1.0051	1.0125	1.0355
1980～1981	0.9585	1.0665	1.0379	1.0671	1.0340	1.0577
1981～1982	1.1342	1.0141	1.0663	1.0118	1.0599	1.0230
1982～1983	0.8015	1.3280	0.8206	1.3593	0.7905	1.3081
1983～1984	1.1416	1.0420	1.0821	1.0446	1.0635	1.0360
1984～1985	1.2261	0.8582	1.1801	0.8486	1.2705	0.8545

年份	东部地区		中部地区		西部地区	
	技术效率	技术进步	技术效率	技术进步	技术效率	技术进步
1985～1986	0.9861	1.0745	0.9650	1.0613	0.9370	1.0808
1986～1987	1.0176	1.0492	0.9784	1.0531	0.9891	1.0397
1987～1988	1.0214	1.0278	0.9760	0.9950	1.0089	1.0213
1988～1989	1.0447	0.9638	1.0946	0.8976	1.0555	0.9599
1989～1990	0.9319	1.0949	0.9403	1.1719	0.9534	1.0869
1990～1991	0.9946	1.0361	0.9139	1.0140	0.9825	1.0398
1991～1992	0.9909	1.0622	1.0286	1.0321	0.9559	1.0724
1992～1993	0.9678	1.1281	0.9595	1.1046	0.9154	1.1251
1993～1994	0.9916	1.0710	0.9488	1.0805	0.9388	1.1005
1994～1995	1.0814	0.9623	1.0719	0.9844	1.0319	0.9928
1995～1996	0.9445	1.0864	0.9859	1.0998	0.9896	1.0935
1996～1997	0.9861	1.0446	0.9979	1.0191	0.9948	1.0299
1997～1998	0.9415	1.0955	0.8904	1.1078	0.9477	1.1036
1998～1999	0.9849	1.0557	0.9613	1.0336	0.9682	1.0415
1999～2000	1.0004	1.0125	1.0133	0.9798	1.0215	0.9890
2000～2001	0.9724	1.0542	0.9811	1.0400	0.9622	1.0397
2001～2002	0.9835	1.0455	0.9934	1.0396	0.9786	1.0375
2002～2003	1.0578	0.9862	1.0609	0.9160	1.1132	0.9278
2003～2004	1.0288	1.0105	1.1284	0.9300	1.1518	0.9166
2004～2005	1.0541	0.9610	1.0979	0.8945	1.0788	0.9481
2005～2006	0.9925	1.0282	0.9704	1.0073	0.9907	1.0091
2006～2007	0.9965	1.0100	0.9729	0.9829	1.0195	0.9848
2007～2008	0.9502	1.0545	0.9181	1.0413	0.9676	1.0377
2008～2009	0.9336	1.0415	0.9098	1.0405	0.9365	1.0427
2009～2010	0.9529	1.0700	0.9055	1.0699	0.9198	1.0724
2010～2011	0.9537	1.0556	0.9418	1.0563	0.9326	1.0540
2011～2012	0.9600	1.0406	0.9755	1.0416	0.9830	1.0410

具体分省份来看，1978～1984 年，大部分时间大部分省份第一产业经济效率指数大于 1，说明第一产业经济效率是在提高的，其中江苏、山东、

上海、山西、新疆等省份经济效率提升较快，经济效率年均增长率在 10%
以上；北京、西藏、广东、海南、湖北、河南、吉林、宁夏、河北、内蒙
古、福建等省份经济效率提升速度次之，年均增长率超过 7%；其他省份
经济效率提升较慢，经济效率年均增长率为 2.5%~6.9%。

第二阶段，1985~1991 年的震荡调整阶段。这一阶段中国第一产业经济
效率波动幅度较大，其中 1989 年、1991 年第一产业经济效率指数小于 1，分
别为 0.9995、0.9989，第一产业经济效率指数平均为 1.0265，平均年增长率
为 2.65%，仅仅约为上一阶段的 1/3，第一产业经济效率对第一产业经济增
长的贡献率为 73.5%。其中东部地区平均水平较好，第一产业经济效率指数
均大于 1，平均为 1.0396，平均年增长率为 3.96%，约为上一时期的 1/2。
西部地区表现次之，第一产业经济效率指数平均为 1.0313，平均年增长率为
3.13%。中部地区表现最差，仅 1986 年、1987 年、1990 年第一产业经济效
率指数大于 1，其余年份皆小于 1，平均为 1.0021，平均年增长率仅为
0.21%，几乎处于停滞状态。1990 年，除部分农业主产省份如黑龙江、吉
林、辽宁、内蒙古、新疆等第一产业经济效率保持较高增长水平外，其他省
份第一产业经济效率均呈低水平增长甚至后退态势。

从第一产业经济效率指数分解来看，这一阶段中国第一产业经济效率
提升主要源于技术效率的提高，1985~1991 年中国第一产业技术效率指数
平均为 1.0238，技术进步指数平均为 1.0114。其中东部地区技术效率指数
平均为 1.0318，技术进步指数平均为 1.0149；中部地区技术效率指数平均
为 1.0069，技术进步指数平均为 1.0059；西部地区技术效率指数平均为
1.0281，技术进步指数平均为 1.0119。这一时期中国的经济重心由农村转
向城市，使得第一产业经济效率呈波动趋势，另外，这一阶段针对农产品
流通进行了一系列改革，取消了农产品统购统销，推动了农产品流通的市
场化，进一步促进了中国第一产业经济的发展。

第三阶段，1992~2006 年的平稳增长阶段。这一阶段中国第一产业经
济效率虽有波动，但波动幅度较小，且总体第一产业经济效率指数大于 1，
平均为 1.0272，平均年增长率为 2.72%，可以说这一时期是中国第一产业
经济效率保持长时间持续提高的黄金时期，经济效率对第一产业经济增长
的贡献率为 67.5%。其中东部地区平均水平依然较高，第一产业经济效率
指数平均为 1.0362，年平均增长率为 3.62%。中部地区 1998~2000 年、

2003 年、2005 ～2006 年第一产业经济效率指数小于 1，导致其平均水平较低，第一产业经济效率指数平均为 1.0194，平均年增长率为 1.94%。西部地区仅 2006 年第一产业经济效率指数小于 1，其余年份皆大于 1，平均为 1.0239，平均年增长率为 2.39%。

这一时期中国第一产业经济效率提高主要源于技术进步，而技术效率对第一产业经济效率提升作用较小。1992 ～2006 年，中国第一产业技术效率指数平均为 1.0020，年均增长 0.2%，而技术进步指数平均为 1.0300，年均增长 3.0%。其中，仅 1995 年、2000 年、2003 ～2005 年技术效率指数高于技术进步指数，而与上述年份相一致的是延长土地承包权、农业税费改革及取消农业税等政策措施的实施，这也在一定程度上说明中国第一产业经济效率的提升对农业政策调整的变化较为敏感。

第四阶段，2007 ～2012 年的结构调整阶段。这一阶段中国第一产业经济效率整体呈 U 形变化趋势，即 2007 ～2009 年经济效率呈下降趋势，2010 ～2012 年呈上升趋势，但总体效率水平不高，除 2012 年第一产业经济效率指数大于 1 外，其余年份皆小于 1，平均为 0.9918，呈负增长态势，对经济增长的贡献率为负。其中东部地区表现相对较好，2009 年（0.9728）、2012 年（0.9992）小于 1，第一产业经济效率指数平均为 1.0012，年均增长率为 0.12%。中部、西部地区表现较差，其中中部地区仅 2012 年（1.016）经济效率指数大于 1，平均为 0.9730，西部地区 2009 ～2011 年经济效率指数小于 1，平均为 0.9961，二者皆呈负增长趋势。虽然 2007 ～2012 年中国第一产业经济效率水平不高，但随着产业结构的优化升级、农业投入结构的优化、高新技术应用及农业集约化生产等措施的实施，未来还有较大的提升空间。

此外，从第一产业经济效率指数的空间分布格局来看，1978 ～2012 年中国第一产业经济效率指数的空间分布格局变化较大。本书应用自然断裂点方法将各省份第一产业经济效率增长率划分为五类区域，结果如下：1979 年，湖北、江苏、天津三省份属于经济效率高增长区，而广东、江西、浙江、安徽、北京、山西、四川、新疆属于经济效率次增长区，海南、福建、湖南、贵州、山东、河北、陕西、青海、内蒙古、辽宁属于经济效率低增长区，其他省份属于经济效率衰退区。而 2012 年，江西、陕西、青海、吉林属于经济效率高增长区，海南、云南、河南、河北、天津、北京、辽宁、黑龙江、内蒙古、宁夏属于经济效率次增长区，贵州、安徽、江苏、山东、新疆、西藏属于经济效率低增长区，其他省份属于经济效率衰退区。

综合来看，改革开放以来，中国第一产业经济效率提升较快，且技术进步对经济效率提升起到关键作用。改革开放初期，家庭联产承包、农业税等政策效应带来的技术效率对中国第一产业经济效率的提升产生了重大影响，其后技术进步逐渐成为第一产业经济效率提升的主要因素。但必须指出的是，改革开放以来，中国以农业为主的第一产业还是以粗放型发展为主，规模效率虽然逐渐提升但仍然不够。因此，需要进一步深化农村改革，探索新的农业经营发展模式，提升第一产业规模效率，实现第一产业经济效率的进一步提高。

2. 第二产业经济效率演变分析

总体来看，改革开放以来，中国第二产业经济效率波动较大，但是水平较高。第二产业经济效率指数除 1981 年、1989 ~ 1990 年、2008 ~ 2009 年、2012 年小于 1 外，其余年份皆大于 1，第二产业经济效率指数平均为 1.0304，第二产业经济效率年平均提高 3.04%，对第二产业经济增长的贡献率为 26.7%。

第一阶段，1978 ~ 1990 年的波动调整期。这一阶段中国第二产业经济效率增长率波动较大，但总体水平有所提升（见图 4 - 30）。第二产业经济效率指数除 1981 年（0.9652）、1986 年（0.9427）、1989 年（0.9866）、1990 年（0.9683）小于 1 外，其余年份皆大于 1，经济效率指数平均为 1.0122，年平均增长率为 1.22%，对经济增长的贡献率为 12.41%。

从第二产业经济效率分解来看，1978 ~ 1990 年，中国技术效率指数与技术进步指数均呈波动变化态势（见图 4 - 31）。其中技术效率指数在 1981 年（0.9847）、1985 年（0.9773）、1986 年（0.9877）、1990 年（0.9986）小于 1，第二产业技术效率指数平均为 1.0261，年均增长率为 2.61%。同时期技术进步指数在 1979 年（1.0159）、1984 年（1.0085）、1985 年（1.0481）、1988 年（1.0018）大于 1，其余年份皆小于 1，平均为 0.9871，整体呈负增长态势。总体来看，该时期经济效率提升主要归于技术效率的贡献，技术进步作用相对较小。进一步将技术效率指数分解为纯技术效率指数和规模效率指数来看，这一时期的纯技术效率贡献大于规模效率，第二产业规模效率不足（见图 4 - 32）。

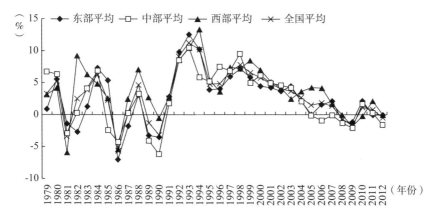

图4-30 中国第二产业经济效率增长率变动趋势

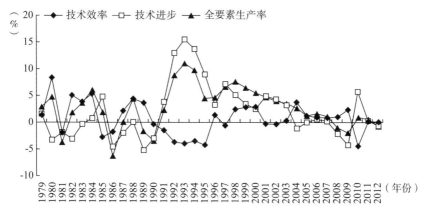

图4-31 中国第二产业经济效率增长率及其分解

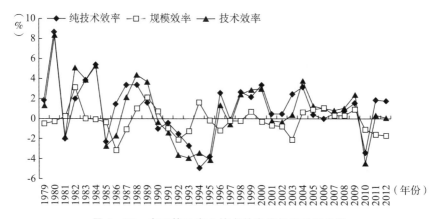

图4-32 中国第二产业技术效率增长率及其分解

分区域来看，1978～1990 年，东部地区第二产业经济效率表现较差，其中 1981～1982 年、1986～1987 年、1989～1990 年经济效率指数均小于 1，平均为 1.0027。中部地区第二产业经济效率指数稍高于东部地区，但 1981 年、1985～1986 年、1989～1990 年经济效率指数小于 1，平均为 1.0062。西部地区第二产业经济效率指数最高，除 1981 年、1986 年、1990 年经济效率指数小于 1 外，其余年份均大于 1，平均为 1.0259。与全国平均情况一致，1978～1990 年，东、中、西三大地带第二产业技术效率指数大于技术进步指数，说明东、中、西三大地带第二产业经济效率提高主要源于技术效率提高。

表 4 - 10 为中国第二产业经济效率的省际变化。

表 4 - 10　中国第二产业经济效率的省际变化

地区	1979 年	1985 年	1990 年	1995 年	2000 年	2005 年	2010 年	2011 年	2012 年
北京	1.003	0.949	0.956	1.082	1.157	1.109	1.120	0.987	1.108
福建	1.029	1.095	1.012	1.056	0.999	0.941	1.015	0.979	0.972
广东	0.982	1.025	0.967	1.088	1.070	0.939	1.007	0.964	0.936
海南	0.891	1.081	0.977	0.839	1.042	1.007	1.080	1.002	0.931
河北	1.003	1.108	0.971	1.049	1.031	1.006	0.997	0.979	0.958
江苏	1.007	1.120	0.973	1.050	1.016	0.973	0.990	1.079	1.103
辽宁	0.964	1.037	0.888	1.009	1.077	0.962	0.992	0.991	0.952
山东	1.011	0.997	0.973	0.983	1.011	0.966	0.985	0.978	0.970
上海	1.015	1.058	0.985	1.116	1.071	1.098	1.096	1.029	1.008
天津	1.051	1.011	0.937	1.070	1.062	1.052	0.949	1.003	1.073
浙江	1.141	1.108	0.967	1.086	0.955	0.945	1.004	0.994	0.984
东部平均	1.009	1.054	0.964	1.039	1.045	1.000	1.021	0.999	1.000
安徽	1.056	0.970	0.996	1.028	1.031	1.013	1.000	0.977	0.975
河南	1.143	0.841	0.935	1.081	1.047	1.001	0.942	0.933	0.924
黑龙江	1.036	1.012	0.886	1.053	1.067	1.020	0.970	1.056	1.074
湖北	1.096	1.132	0.904	1.028	1.024	1.054	1.038	0.984	0.950
湖南	1.063	1.051	0.957	1.079	1.040	0.944	0.997	0.969	0.941
吉林	1.049	1.012	0.913	1.057	1.225	0.945	1.183	1.146	1.088
江西	1.149	0.807	0.949	0.973	1.044	1.013	0.968	0.955	0.957

续表

地区	1979 年	1985 年	1990 年	1995 年	2000 年	2005 年	2010 年	2011 年	2012 年
山西	0.944	0.976	0.961	1.117	1.013	0.997	1.037	0.999	0.959
中部平均	1.067	0.975	0.938	1.052	1.061	0.998	1.017	1.002	0.984
甘肃	1.020	0.922	0.980	1.035	1.032	1.133	1.009	0.987	0.955
广西	1.071	1.019	1.012	1.001	1.022	0.997	0.947	0.921	0.876
贵州	1.137	0.990	0.979	0.880	0.975	0.971	1.033	1.037	1.026
内蒙古	1.037	0.954	0.901	1.023	1.101	1.207	1.108	1.090	1.063
宁夏	1.097	1.113	1.000	1.100	1.078	0.973	0.940	1.181	1.108
青海	0.780	0.968	0.856	1.045	1.256	1.096	1.054	1.075	1.121
陕西	1.033	1.056	0.943	1.101	1.060	1.045	0.985	0.976	1.021
四川	1.039	1.081	1.020	1.002	1.008	0.980	1.041	1.027	0.993
西藏	1.059	0.975	1.191	1.255	1.015	1.167	0.895	1.001	0.951
新疆	1.104	1.119	1.012	1.084	1.203	0.972	0.999	0.975	0.937
云南	0.976	1.094	1.047	1.070	1.027	0.931	0.966	0.964	0.945
西部平均	1.032	1.026	0.995	1.054	1.071	1.043	0.998	1.021	1.000
平均	1.033	1.023	0.968	1.048	1.059	1.015	1.012	1.008	0.995

出现上述现象，一方面是由于国有企业"放权让利"在一定程度上激发了企业生产的积极性，促进了经济效率的提升；另一方面"公有制为主体，多种所有制经济共同发展"的政策鼓励了私人企业和外资企业的发展壮大，增添了区域经济活力。但是改革开放之初"摸着石头过河"政策探索阶段的不确定性以及资本等要素投入的不稳定，导致这一阶段第二产业经济效率波动较大。

第二阶段，1991～2006 年持续增长期。1991～2006 年，中国第二产业经济效率呈持续高速提升态势，虽然在 1995～1996 年出现短暂的波谷，但总体来看，这一时期中国第二产业经济效率指数较高，且全部大于 1，平均为 1.0552，年均增长率为 5.52%，对第二产业经济增长的贡献率达到43.4%。分区域来看，这一时期西部地区第二产业经济效率提升速度最快，第二产业经济效率指数全部大于 1，平均为 1.0620，年平均增长率为6.20%；东部地区第二产业经济效率提升相对较慢，其中 2005 年经济效率指数小于 1，平均为 1.0516，年平均增长率为 5.16%；中部地区经济效率提升最慢，其中 2005 年、2006 年经济效率指数小于 1，平均为 1.0509。

从第二产业经济效率来源看，1991～2006 年，第二产业技术进步指数与第二产业经济效率指数变化较为一致，说明这一时期第二产业经济效率提高主要源于技术进步。虽然此阶段技术效率对第二产业经济效率的影响不大，甚至起到抑制作用，但部分年份技术效率指数大于 1，同样促进了经济效率的提升，如 1996 年、1998～2000 年、2003～2006 年。对技术效率指数进一步分解可知，仅 1994 年规模效率对技术效率提高起到正面作用，而 1996～2006 年，纯技术效率对技术效率的影响作用更为显著。综上可知，1991～2006 年，中国第二产业经济效率提高主要源于技术进步的提高，同时伴随着一系列改革措施的实施，纯技术效率也对经济效率发生作用，但第二产业经济的规模效率仍然不理想。

第三阶段，2007～2012 年结构深化调整期。总体来看，这一时期中国第二产业经济效率指数处于波动变化态势，经济效率呈先降后升再降的倒 N 形变化趋势。2007～2012 年，中国第二产业经济效率指数平均为 1.0007，接近保持不变的状态，其中 2008 年、2009 年、2012 年第二产业经济效率指数小于 1，其他年份大于 1。分区域来看，这一时期东部、西部地区第二产业经济效率表现比中部地区突出，但并不乐观。东部地区 2008～2009 年、2011～2012 年经济效率指数均小于 1，平均为 1.0030；西部地区 2008～2010 年、2012 年经济效率指数小于 1，平均为 1.0029；中部地区 2007～2009 年、2012 年经济效率指数小于 1，平均为 0.9944。

之所以出现上述情况，从产出来看，2008 年金融危机，导致中国出口企业面临破产，经济增速下降；从投入来看，为应对金融危机中国出台了 4 万亿元投资的经济刺激政策，虽然这在一定程度上拉动了经济增长，却阻碍了效率的提升。此外，产业结构优化调整虽然可以促进要素流动、技术进步、效率提升等，但短期内仍会抑制经济增长，这也使得此阶段中国第二产业经济效率出现下降趋势。

从经济效率的来源来看，就全国平均而言，2007～2012 年，中国第二产业技术效率指数与技术进步指数呈交替波动趋势，但除 2010 年第二产业技术进步指数大于技术效率指数外，其余年份第二产业技术效率对第二产业经济效率的拉动作用更显著，第二产业技术效率指数平均为 1.0015，第二产业技术进步指数平均为 0.9994。

分区域来看，与全国平均状态不同，东部地区第二产业经济效率提高主要源于技术进步，技术效率作用相对较弱；而中部地区技术效率与技术进步对第二产业经济效率的作用则相当，技术效率稍微占优；西部地区则主要表现出技术效率优势。上述现象说明，2007～2012年，中国东部地区主要依靠深化产业结构调整等技术进步方式克服发展困境；而西部地区则主要依靠中央政策支持及东部地区产业转移等措施；中部地区起到"承东启西"的作用，既可以通过深化改革实现效率提升，又可以引进东部优势产业提升自身区域优势。

综合来看，改革开放以来，中国第二产业经济效率提升显著，技术效率与技术进步对经济效率提升交替作用，并且技术效率作用更为突出。但通过对技术效率进一步分解发现，组织结构、制度变迁等纯技术效率因素对中国第二产业经济效率提高的作用显著，第二产业经济规模效率的作用并不明显。

3. 第三产业经济效率演变分析

总体上，改革开放以来，中国第三产业经济效率呈现小幅波动变化态势，1978～1997年表现较好，1998年后第三产业经济效率表现较差，其中1998～2006年、2008～2012年第三产业经济效率指数均小于1，平均为1.0133，第三产业经济效率年均提高1.33%，对第三产业经济增长的贡献率为12.26%（见图4-33）。

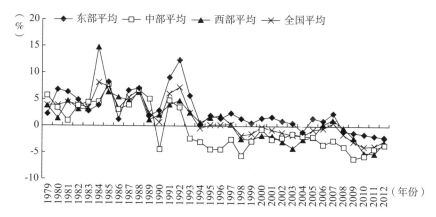

图4-33　第三产业经济效率增长率变动趋势

第一阶段，1978～1990年波动调整期。与第一产业、第二产业经济效率类似，该时期中国第三产业经济效率也呈波动发展态势，但不同的是，1978～1990 年中国第三产业经济效率指数全部大于 1，第三产业经济效率在此阶段一直处于上升状态。1978～1990 年，中国第三产业经济效率指数平均为 1.0445，年平均增长率为 4.45%，对第三产业经济贡献率达 38.9%。

从第三产业经济效率分解来看（见图 4－34），1978～1990 年，中国第三产业技术效率与技术进步交替作用，第三产业经济效率的波动主要是第三产业技术效率提升的不稳定造成的。其中，1980 年、1982 年第三产业技术效率出现较大波谷，第三产业技术效率指数平均为 1.0167，年平均增长率为 1.67%；1986 年、1990 年则是第三产业技术进步出现较大波谷，第三产业技术进步指数平均为 1.0292，年平均增长率为 2.92%。由此可见，此阶段第三产业技术进步作用大于第三产业技术效率作用。进一步对第三产业技术效率进行分解发现，这一时期第三产业规模效率优势并不明显，其中 1978～1984 年，第三产业规模效率优势较为显著，而 1985～1990 年除 1989 年以外，则主要是第三产业纯技术效率在起作用（见图 4－35）。

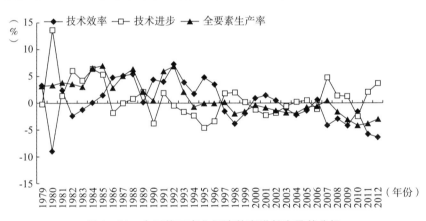

图 4－34　中国第三产业经济效率增长率及其分解

分区域来看，这一时期，中国东部、中部、西部第三产业经济效率指数差别不大，除中部地区 1990 年经济效率指数小于 1 外，其余年份经济效率指数均大于 1。其中，东部地区 1978～1990 年第三产业经济效率指数平均为 1.0459，年平均增长率为 4.59%；中部地区第三产业经济效率指数平均为 1.0377，年平均增长率为 3.77%；西部地区第三产业经济效率指数平

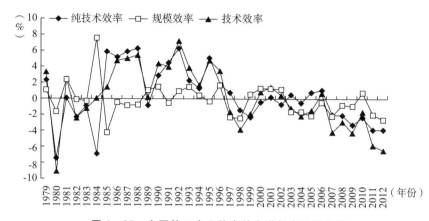

图 4-35　中国第三产业技术效率增长率及其分解

均为 1.0480，年平均增长率为 4.80%。从分区域的经济效率分解来看，总体而言，第三产业技术进步作用大于第三产业技术效率作用。其中东部地区 1978~1990 年第三产业技术效率指数平均为 1.0124，第三产业技术进步指数平均为 1.0345；中部地区相应效率指数分别为 1.0152、1.0244；西部地区相应效率指数分别为 1.0221、1.0274。

表 4-11 为中国第三产业经济效率的省际变化。

表 4-11　中国第三产业经济效率的省际变化

地区	1979 年	1985 年	1990 年	1995 年	2000 年	2005 年	2010 年	2011 年	2012 年
北京	1.035	1.001	1.052	1.187	1.095	1.086	1.049	1.054	1.020
福建	0.930	1.070	1.055	0.984	0.998	0.997	0.944	0.941	0.948
广东	1.254	1.252	1.073	0.926	0.982	1.027	0.959	0.963	0.967
海南	1.029	0.959	1.018	0.979	1.016	1.029	1.000	0.952	0.908
河北	0.950	1.005	1.031	0.995	0.985	0.994	0.958	0.939	0.948
江苏	1.040	0.979	1.012	1.039	1.004	1.012	1.064	1.085	1.085
辽宁	1.024	1.078	0.984	1.018	1.015	0.979	0.948	0.929	0.945
山东	0.998	1.448	0.969	1.028	1.006	1.017	0.963	0.962	0.966
上海	0.988	1.066	1.017	0.993	1.034	1.035	0.997	1.043	1.059
天津	0.989	1.033	1.163	1.079	1.031	0.981	0.959	0.962	0.954
浙江	1.013	1.018	0.950	0.994	1.003	1.013	0.988	0.966	0.975
东部平均	1.023	1.083	1.029	1.020	1.015	1.015	0.984	0.981	0.980

地区	1979 年	1985 年	1990 年	1995 年	2000 年	2005 年	2010 年	2011 年	2012 年
安徽	1.030	1.048	0.794	0.926	0.958	0.963	0.954	0.961	0.958
河南	1.188	1.152	1.010	0.961	0.968	0.964	0.919	0.960	0.947
黑龙江	0.975	1.048	0.908	0.951	1.011	0.995	0.984	1.000	0.979
湖北	1.018	0.978	0.974	0.959	0.971	0.976	0.943	0.956	0.963
湖南	1.007	1.133	1.018	0.974	1.038	1.010	0.958	0.955	0.976
吉林	1.003	1.124	0.875	0.978	0.995	0.982	0.921	0.933	0.951
江西	1.113	1.158	1.003	0.884	0.986	0.951	1.012	1.008	1.000
山西	1.126	0.984	1.067	1.021	1.029	0.999	0.859	0.886	0.945
中部平均	1.058	1.078	0.956	0.957	0.995	0.980	0.944	0.957	0.965
甘肃	1.058	0.990	1.039	1.097	0.978	0.993	0.939	0.970	1.000
广西	0.977	0.995	1.011	0.972	1.013	0.967	0.842	0.864	0.941
贵州	1.048	1.031	1.005	1.101	0.961	1.036	0.947	0.981	0.917
内蒙古	1.085	1.199	1.033	1.042	1.012	1.009	1.079	1.007	1.031
宁夏	1.041	0.982	1.027	1.028	1.017	0.970	0.946	0.936	0.962
青海	0.708	0.992	0.968	1.060	0.922	0.976	0.909	0.893	0.879
陕西	1.175	1.169	1.003	0.966	0.983	0.967	0.919	0.930	1.129
四川	1.039	1.092	1.021	1.014	0.952	0.971	0.961	0.956	0.977
西藏	1.105	0.999	1.021	0.950	0.984	0.954	1.084	0.988	0.958
新疆	1.128	1.117	1.056	0.963	1.034	0.935	0.945	1.009	0.964
云南	1.059	1.138	1.048	0.984	0.949	1.002	0.886	0.904	0.912
西部平均	1.038	1.064	1.021	1.016	0.982	0.980	0.951	0.949	0.970
平均	1.038	1.075	1.007	1.002	0.998	0.993	0.961	0.963	0.972

进一步对不同区域第三产业技术效率进行分解发现，东部地区纯技术效率指数平均为 1.0195，规模效率指数平均为 1.0010，虽然纯技术效率和规模效率均呈提升趋势，但纯技术效率表现更显著。中部地区与东部地区类似，但无论是纯技术效率还是规模效率增长速度均比东部地区慢。西部地区表现则恰恰相反，其纯技术效率指数平均为 1.0065，而规模效率指数平均为 1.0162。

第二阶段，1991～2006 年波动衰退期。这一时期，中国第三产业经济效率整体表现出较大的衰退特征。其中经历了 1991～1992 年经济效率较高增长后，1993年以后第三产业经济效率开始下降直至出现负增长，进入低水平衰退期。总体来看，1994年、1998~2006年中国第三产业经济效率指数均小于1，平均为1.0037，其中1998~2006年第三产业经济效率指数平均为0.9889，年均降低1.1%。从第三产业经济效率来源看，技术效率与技术进步交替作用，但技术效率作用效果更为显著，其中1991~1996年、2000~2002年、2006年第三产业经济效率主要受技术效率影响，技术进步作用较小，而1997~1999年、2003~2005年技术进步作用相对显著。进一步从纯技术效率和规模效率来看，1991~1998年、2003~2006年纯技术效率指数大于规模效率指数，仅在1999~2002年体现出规模效率优势。

分区域看，这一时期中国东部、中部、西部地区第三产业经济效率增长差异较大。东部地区第三产业经济效率指数明显高于中部、西部地区，经济效率提升显著，除2004年经济效率指数小于1外，其余年份皆大于1，平均为1.0262，年平均增长率为2.62%。中部地区除1991年（1.0474）、1992年（1.0350）经济效率指数大于1外，其余年份均小于1，平均为0.9809。西部地区1991~1997年、2006年经济效率指数大于1，平均为0.9978。可见此阶段中，西部地区第三产业经济效率呈衰退趋势。从第三产业经济效率增长来源看，总体上东部、中部、西部地区技术效率作用大于技术进步作用，而从第三产业纯技术效率和规模效率来看，这一阶段东部、中部地区第三产业规模效率有所提升，但东部地区第三产业纯技术效率提升更明显。

第三阶段，2007~2012年结构调整期。这一阶段中国第三产业经济效率指数呈现明显的U形变化趋势，即第三产业经济效率指数先下降后提升，且始终小于1，但未来有进一步提升的趋势。全国层面上，2007~2010年，第三产业经济效率指数逐渐下降，由1.0060下降到0.9612，2011~2012年逐渐提升到0.9631，平均为0.9721，总体上第三产业经济效率是降低的。进一步对第三产业经济效率分解发现，这一阶段第三产业技术进步对经济效率的提升作用占主导地位，而技术效率有进一步降低的趋势。这说明随着产业结构的调整，技术进步优势逐渐显现，而宏观经济政策对第三产业经济效率的作用则是负面的。进一步将技术效率进行分解发现，技术效率的降低主要来自纯技术效率的下降，然而这一时期第三产业的规模效率表现要稍好一些，但依然处于下降状态。

分地区来看，东部、中部、西部地区第三产业经济效率指数均小于 1，其中东部地区经济效率指数平均为 0.9912，中部、西部地区分别为 0.9566、0.9762，第三产业经济效率均呈下降趋势。这一阶段，东部、中部、西部地区技术进步明显，且有进一步提高的趋势。而东部、中部、西部地区规模效率依然不够显著，但稍好于纯技术效率。

总体来看，改革开放以来中国第三产业经济运行在不同阶段表现出不同的特征，1978～1997 年表现较好，1998 年以后表现较差。第三产业经济效率的提升幅度较小，对经济增长的贡献率也稍显不足。不过从技术效率和技术进步角度来看，二者均对第三产业经济效率的提升起到了积极的作用，但是第三产业的规模效率依然不足。

（三）经济结构变动效率演变特征

前面分析了不同产业内部经济效率对经济增长的影响，可以看出，改革开放以来中国不同产业经济效率、效率来源及其阶段特征有差异，并且不同产业经济效率给经济增长带来了很大的影响。然而，根据产业结构演进规律，产业结构变动是经济增长的直接驱动力，产业结构变动对经济增长产生直接而深远的影响。因此，本书接下来通过经济结构变动效率来进一步分析中国区域经济发展效率的变动特征。

总体来看，改革开放以来，中国经济结构发生了较大的改变，并且逐渐趋于高级化，经济结构变动效率整体呈现波动变化的阶段性特征，经济结构变动效率总体不断提高，经济结构变动对经济增长的贡献率较为显著（见图 4 - 36）。总体上，中国经济结构变动效率演变可划分为四个阶段：改革释放期（1978～1985 年）、震荡调整期（1986～1990 年）、徘徊增长期（1991～2006 年）、结构调整期（2007～2012 年）。下面分阶段对经济结构变动效率特征进行分析。

1. 改革释放期（1978～1985 年）

这一时期中国经济结构变动效率指数普遍较高，其中 1981 年、1984 年分别出现波峰位置，经济结构变动效率增长较快。1978～1985 年，中国经济结构变动效率指数均大于 1，平均为 1.0361，年均增长率为 3.61%，对经济增长的贡献率为 36.5%。从经济结构变动效率来源看，技术进步对

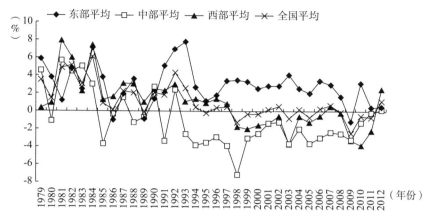

图 4 - 36 中国经济结构变动效率增长率变化趋势

产业结构变动起到正向作用，这恰恰从正面反映了产业结构变动对区域经济发展效率的作用机制。

分区域来看（见表 4 - 12），1978 ~ 1985 年东部地区经济结构变动效率指数普遍较高，仅河北省经济结构变动效率指数较低，东部地区经济结构变动效率指数平均为 1.0416，年均增长率为 4.16% 。中部地区表现稍差，其中 1980 年（0.9894）、1985 年（0.9634）经济结构变动效率指数小于 1，平均为 1.0258，年均增长率为 2.58% 。西部地区表现仅次于东部地区，其中甘肃、云南两省的效率指数较低，经济结构变动效率指数平均为 1.0379，年均增长率为 3.79% 。

表 4 - 12 中国第三产业经济效率的省际变化

地区	1979 年	1985 年	1990 年	1995 年	2000 年	2005 年	2010 年	2011 年	2012 年
北京	1.113	0.996	1.041	1.090	1.152	1.109	1.057	1.016	1.060
福建	0.993	1.107	1.027	1.020	0.971	0.978	1.004	0.992	0.995
广东	1.199	1.078	1.039	1.052	0.969	1.008	1.018	1.021	1.026
海南	0.992	0.926	1.019	0.901	1.047	0.967	1.000	0.978	0.961
河北	0.977	0.950	1.025	1.002	0.984	0.993	0.969	0.970	1.027
江苏	1.100	0.991	0.974	1.059	1.022	1.043	1.092	1.087	1.068
辽宁	1.007	0.996	0.993	1.020	0.998	0.964	0.973	0.980	0.990
山东	1.027	1.178	1.005	0.901	1.015	1.044	0.982	0.989	0.994
上海	1.058	1.111	1.008	1.017	1.081	1.108	1.215	1.035	0.963

地区	1979 年	1985 年	1990 年	1995 年	2000 年	2005 年	2010 年	2011 年	2012 年
天津	1.096	1.044	1.043	1.075	1.026	1.000	1.023	0.998	0.989
浙江	1.088	1.044	0.975	0.993	1.020	1.015	1.019	0.987	0.984
东部平均	1.059	1.038	1.014	1.012	1.026	1.021	1.032	1.005	1.005
安徽	1.057	0.974	0.860	0.936	0.941	0.960	0.956	0.968	0.969
河南	1.173	0.993	1.023	0.978	0.952	0.969	1.019	1.001	1.018
黑龙江	0.950	0.870	1.266	0.986	1.010	0.990	1.015	1.023	1.008
湖北	1.058	1.004	0.949	0.958	0.954	0.971	1.000	1.021	1.015
湖南	1.001	0.963	0.987	0.950	0.991	0.969	0.944	0.955	0.956
吉林	0.935	0.956	1.074	0.981	0.971	0.883	1.038	1.081	1.052
江西	1.108	1.074	1.016	0.893	0.976	0.976	1.068	1.052	1.053
山西	1.083	0.873	1.044	1.036	1.003	0.993	0.858	0.885	0.943
中部平均	1.046	0.963	1.027	0.965	0.975	0.964	0.987	0.998	1.002
甘肃	0.948	0.940	1.015	1.101	0.987	1.013	0.945	0.965	0.973
广西	1.081	0.972	1.070	1.026	0.933	0.969	0.868	0.901	1.033
贵州	0.972	0.953	1.002	0.993	0.930	1.002	0.938	0.962	0.912
内蒙古	1.052	1.098	1.029	1.059	1.019	1.063	1.045	1.023	1.026
宁夏	0.959	0.987	1.018	1.022	0.996	0.950	0.942	0.980	1.014
青海	0.861	1.023	0.945	1.046	0.924	0.974	0.926	0.999	1.020
陕西	1.113	0.993	0.999	0.976	1.005	0.990	0.982	0.972	1.391
四川	1.008	1.021	0.974	0.973	0.992	0.973	1.026	1.021	0.991
西藏	1.058	1.021	1.067	0.967	1.009	1.002	0.980	0.982	0.979
新疆	1.068	1.142	1.098	0.980	1.024	0.958	1.028	1.051	1.033
云南	0.923	0.994	1.054	0.963	1.011	0.970	0.905	0.907	0.907
西部平均	1.004	1.013	1.025	1.010	0.985	0.988	0.962	0.978	1.025
平均	1.035	1.009	1.021	0.998	0.997	0.993	0.995	0.993	1.012

　　分区域的效率来源，与全国平均水平较为一致，技术进步对经济结构变动作用显著（见图 4 - 37）。其中东部地区技术效率和技术进步均呈现上升趋势，技术效率指数、技术进步指数分别为 1.0012、1.0412；中部地区与东部类似，分别为 1.0025、1.0244；与东部、中部地区不同，西部地区技术进步指数表现尤为突出，平均为 1.0519，而技术效率指数

仅为 0.9915。

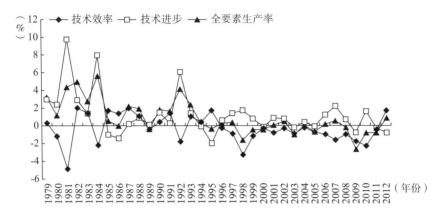

图 4 - 37　中国经济结构变动效率增长率及其分解

上述结果说明，改革开放信号释放了极大的政策红利，促进了中国产业结构的良性变动和经济结构变动效率的提升。东部地区经济结构变动效率表现最好，这与东部地区相对合理的产业结构和较高的经济发展水平密切相关。而中部地区由于产业结构较为单一且偏重化工业，产业结构变动较为缓慢，效率较低。西部地区之所以出现较高的经济结构变动效率增长率，一方面与改革开放的宏观背景密不可分，另一方面相对薄弱的经济基础导致其产业结构区分并不明显，使得改革开放初期的产业结构变动可能性较大，这可以从此阶段中国产业结构变动值[①]中反映出来。产业结构变动值用来表示产业结构变动的幅度，1978～1985 年，中国东部地区产业结构变动幅度达到 15.1%，中部地区为 8.7%，西部地区为 10.2%，均处于较高水平。

2. 震荡调整期（1986～1990 年）

与前一时期相比，这一时期经济结构变动效率指数普遍降低，经济结构变动效率提升速度减慢，个别年份甚至为负增长。1986～1990 年，中国经济结构变动效率指数平均为 1.0132，年平均增长率为 1.32%，对经济增

---

① 公式：$P = \sum_{i=1}^{n} \left| q_{i1} - q_{i0} \right|$，表示产业结构变化的幅度，$q_{i1}$、$q_{i0}$ 表示报告期、基期第 i 产业产值比重。

长的贡献率为 16.7% 。从效率分解看，这一时期技术效率与技术进步交替作用，其中 1986~1988 年以技术效率作用为主，1989~1990 年以技术进步作用为主，技术效率指数平均为 1.0098，年均增长率为 0.98%，技术进步指数平均为 1.0036，年平均增长率为 0.36%。

分地区来看，这一时期西部地区经济结构变动效率提升幅度最大，经济结构变动效率指数平均为 1.0229，年均增长率为 2.29%。东部地区次之，经济结构变动效率指数平均为 1.0103，年均增长率为 1.03%。中部地区经济结构变动效率提升幅度较小，经济结构变动效率指数平均为 1.0039，年平均增长率仅为 0.39%。就其经济结构变动效率的分解来看，技术效率在这一时期对不同区域的经济结构变动都起到积极作用，其中中部、西部地区技术效率指数均大于技术进步指数，而东部地区技术进步更为显著，这在一定程度上为未来东部地区经济结构变动效率的提升奠定了基础。

这一时期经济结构变动效率增长率降低，一方面与此阶段中国实施货币紧缩政策的宏观经济背景有关，另一方面与前一时期相比，这一时期中国产业结构变动幅度相对较小，其中东部地区产业结构变动幅度仅为 10.8%，中部地区为 8.3%，西部地区下降到 7.3%；而且从产业结构变动方向来看，东部、中部、西部地区产业结构均呈现第一和第二产业份额降低、第三产业份额提高的变动态势，这在一定程度上影响了整体效率的提升。

3. 徘徊增长期（1991~2006 年）

这一阶段中国经济结构变动效率指数水平不高，但总体呈上升态势，处于徘徊增长阶段，1991~2006 年中国经济结构变动效率指数平均为 1.0050，经济结构变动效率年均增长率为 0.5%，对经济增长的贡献率为 4.8%。其中 1991~1995 年经济结构变动效率经历了大幅度提升和下降阶段，经济结构变动效率指数先是从 1991 年的 1.0185 迅速上升到 1992 年的 1.0433，然后又降到 1995 年的 0.9985。1996 年起开始进入相对平缓的波动变化阶段，其中 1998~2000 年、2003 年、2005 年经济结构变动效率指数均小于 1。从经济结构变动效率来源看，除 1995 年、2000 年技术进步指数小于 1 外，其余年份皆大于 1，技术进步指数平均为 1.0094，年平均增长率为 0.94%，较上一时期有大幅度提高；而技术效率方面，技术效率指数仅在 1995 年大于技术进步指数，且仅有 1991 年、1993～1995 年技术效率指数大于 1，平均为 0.9960。这说明，这一阶段经济结构变动效率主要依赖技术进步拉动，而技术效率在一定程度上抑制了经济结构变动效率的提升。

分地区来看，东部地区充分表现出了其产业结构基础和结构水平，其经济结构变动的灵活性得到激发，经济结构变动效率优势显著。1991～2006 年，东部地区经济结构变动效率指数均大于 1，平均为 1.0353，年平均增长率为 3.53%。同期中部、西部地区经济结构变动效率变化并不稳定，其中中部地区经济结构变动效率指数除 1992 年大于 1 外，其余年份皆小于 1，平均为 0.9717，经济结构变动效率基本处于下降状态；而西部地区表现稍好于中部地区，1991～1997 年经济结构变动效率指数大于 1，但经济结构变动效率指数平均为 0.9989，也处于下降阶段。

从分地区的效率分解来看，东部、西部地区的技术进步均对经济结构变动效率提升起到积极的作用。特别是东部地区，技术进步指数除 1995 年小于 1 外，其余年份皆大于 1，1991～2006 年技术进步指数平均为 1.0357，年均增长率为 3.57%。西部地区技术进步变动并不稳定，1991 年、1993 年、1995 年、1998～2001 年、2003～2004 年技术进步指数均小于 1，平均为 1.0025，年平均增长率为 0.25%。而中部地区技术进步指数除 1992 年、1998 年大于 1 外，其余年份皆小于 1，平均为 0.9829。

虽然技术效率对经济结构变动效率提升的作用小于技术进步，甚至起到抑制作用，但东部地区由于受到区域政策优势的影响，技术效率作用依然较突出，其中 1991 年、1993 年、1995 年、2002～2006 年技术效率指数均大于 1；西部地区在 1991～1996 年受技术效率的积极影响较为显著；中部地区技术效率指数仅在 1992 年、1994 年大于 1。1991～2006 年东部、中部、西部地区技术效率指数平均分别为 0.9999、0.9889、0.9971，均处于下降状态。

可以说，1991～2006 年是中国产业结构调整的关键时期。从经济体制方面看，1992 年以前的改革主要在于破除传统计划经济体系，恢复和培育市场体系；而 1992 年以后则主要是建立和完善社会主义市场经济体制，规范和培育现代市场体系。随着这一时期中国逐步建立起了社会主义市场经济体系，资源要素配置从主要依靠政府指令计划向依靠市场和政府共同作用转变，资源要素逐渐从第一产业流向第二、第三产业，要素配置逐渐趋于合理化。但是由于长期以来中国中部地区的产业结构不合理，以及这一时期中部地区经济增速减缓等的影响，中部地区的经济结构变动效率表现不理想。而西部地区则受到西部大开发等政策的影响，投资加快，但产出水平相对较低，使得技术效率降低，抑制了经济结构变动效率的提升。不过单纯从技术进步角度来看，由于政策引导的第二产业在西部地区迅速发展，技术进步在西部地区的作用还是有较为显著的表现。

4. 结构调整期（2007～2012 年）

这一时期中国经济结构变动效率增长率经历了先降后升的 U 形变化趋势，说明未来经济结构变动效率有进一步的提升。总体来看，经济结构变动效率指数除 2007 年、2012 年大于 1 外，其余年份皆小于 1，经济结构变动效率指数平均为 0.9968，整体上处于效率下降阶段。从效率的来源看，2007～2012 年技术进步指数平均为 1.0049，而技术效率指数仅为 0.9919，说明这一时期中国经济结构变动效率的提升主要源于技术进步，技术效率表现较差，但从 2012 年开始技术效率出现回升态势。

分地区来看，这一时期东部地区经济结构变动效率优势显著，经济结构变动效率呈现 U 形变化趋势，在 2009 年出现波谷，经济结构变动效率指数平均为 1.0130，年平均增长率为 1.3%。中部地区 2007～2011 年经济结构变动效率指数均小于 1，平均为 0.9844，但值得注意的是，与前一时期相比出现回暖状态，2012 年经济结构变动效率达到 1.0018。西部地区经济结构变动效率也呈 U 形趋势，2007 年、2012 年经济结构变动效率指数均大于 1，平均为 0.9896。

从效率来源看，这一时期的技术进步对经济结构变动效率的作用仍然大于技术效率。其中东部地区技术进步指数除 2009 年小于 1 外，其余年份皆大于 1，平均为 1.0168，年平均增长率为 1.68%，同期技术效率指数平均仅为 0.9962。中部、西部地区技术进步指数表现较差，平均为 0.9962、0.9993，技术效率指数平均为 0.9880、0.9904。但值得注意的是，虽然东部、中部、西部地区技术效率表现较差，但 2011 年以来均呈现回升态势，这对其经济结构变动效率的提升具有积极意义。

总体来看，这一阶段经济结构变动效率呈现 U 形变化趋势。经济结构变动效率整体降低主要是由于 2008 年金融危机发生后中国实施了 4 万亿元的投资刺激计划。随着金融危机影响的减弱以及中国采取了积极的产业结构调整措施，虽然经济结构变动效率提升仍然不显著，但其已经表现出好转的态势。此外，金融危机特别是 2010 年以来，在市场和政策双重引导下，中国区域产业结构转移效果显著，这在很大程度上改善了中部、西部地区的经济结构，促进了区域经济结构变动效率的提升。

综合来看，改革开放以来，在经历了长时间的产业结构调整后，中国的产业结构逐渐趋于合理化，经济结构变动效率提升显著。技术进步对经济结构变动效率的影响较大，但宏观经济背景的不确定性因素导致中国采取的经济政策有较大波动，这直接导致技术效率对经济结构变动效率的作用减弱。此外，不同地区的经济结构变动效率有较大差异，其效率来源亦不相同，需要对此制定差别化的产业政策。

本章小结

本章主要分析中国区域经济发展效率的时间演变过程及特征。在区域经济总量效率测度方面，本书采用表示单位面积产出效率的经济密度和表示人均产出效率的人均 GDP；在区域经济要素效率和结构效率测度方面，本书采用 Malmquist 生产率指数模型。通过分析发现，改革开放以来，中国区域经济发展效率总体上是提升的，但是不同阶段呈现不同的变化趋势，同时东部、中部、西部区域经济发展效率的演变特征也有差异。主要结论如下。

第一，整体来看，改革开放以来，中国单位面积产出效率及人均产出效率的增长率提升速度较快，平均分别为 9.86%、8.75%，同时，单位面积产出效率与人均产出效率增长率波动较大，经历了 1989～1990 年的停滞阶段，2008 年国际金融危机后增长率下降明显。分区域来看，东部、中部、西部单位面积产出效率增长率差异不大，其中东部地区的北京、天津、上海一直属于中国单位面积产出效率最高地区，中部地区、西部地区单位面积产出效率较低。人均产出效率方面，"十五"以来，中部地区、西部地区人均产出效率增长率开始超过东部地区，随着西部大开发政策的实施，西部地区人均产出效率的赶超趋势最为明显，但从绝对量来看，东部沿海省份及部分资源型地区如内蒙古的人均产出效率优势明显，东、中、西的梯度格局显著。

第二，改革开放以来，虽然中国全要素生产率指数有所提高，1978～2012 年平均为 1.008，但年均增长率并不高，仅为 0.85%，全要素生产率整体对经济增长的贡献率较低，这说明中国经济增长仍然主要依靠要素投入推动，技术进步作用不显著。综合中国经济发展的实际情况，本书将中国全要素生产率的变动划分为四个阶段：改革释放期（1978～1985 年）、震荡调整期（1986～1990 年）、平稳增长期（1991～2005 年）、结构调整期（2006～2012 年）。分地区而言，东部地区全要素生产率增长率始终处于较高水平，虽然中部地区、西部地区全要素生产率有一定的提高，但从其增长率来看，并没有表现出如经济总量效率那般的赶超趋势。

第三，进一步将全要素生产率分解，发现改革开放以来中国区域经济技术效率与技术进步交替作用，但总体来看，中国技术效率对全要素生产率的贡献率较高，技术进步对全要素生产率的贡献稍弱，说明中国全要素生产率的提高主要来自改革开放政策潜力的释放，包括市场化改革、国有企业改制，以及组织结构、管理模式等的变化。但是近年来随着中国知识经济发展、创新能力提升，技术进步对全要素生产率提升的贡献逐渐提高，且有进一步提升的趋势。这也进一步说明，改革开放以来的前期政策优势已经不足以支撑中国经济增长，必须由前期的增量改革转向未来的存量改革，同时促进区域经济的内涵式发展。需要注意的是，虽然改革开放以来中国致力于第二产业、第三产业发展，投资规模不断扩大、就业人员数不断增加，但由于投资中的很大部分被用于基础设施等建设上，短期投资回报率低，并没有体现出与投入相当的产出水平，规模效率尚显不足。

第四，从比较生产率来看，改革开放以来，中国三次产业产值规模提升较为迅速，但是由于第一产业剩余劳动力制约以及第二产业、第三产业投资规模扩展与产出规模扩大的不一致性，中国三次产业结构比较生产率较为低下。

第五，经济结构问题是当前和未来中国区域经济发展面临的重要问题之一。从三次产业经济效率来看，第一产业、第二产业经济效率提升速度较快，第三产业经济效率提升速度较慢。其中，第一产业经济效率年平均增长率为 2.89%，第二产业经济效率年平均增长率为 3.04%，第三产业经济效率年平均增长率为 1.33%。

中国第一产业经济效率的时间演变主要分四个阶段，包括 1978～1984 年的快速提升期，1985～1991 年的震荡调整期，1992～2006 年的平稳增长期，2007～2012 年的结构调整期。综合来看，中国第一产业经济效率的提升较快，且技术进步对经济效率提升起到关键作用。特别是改革开放初期，家庭联产承包、农业税等政策效应带来的技术效率对中国第一产业经济效率提升产生了重大影响，其后技术进步逐渐成为第一产业经济效率提升的主要因素。但必须指出的是，改革开放以来，中国以农业为主的第一产业还是以粗放型发展为主，规模效率虽然逐渐提升但仍然不够突出。同时，虽然伴随快速的城市化进程农村剩余劳动力转移较多，但农村人口基数大导致农业从业人员绝对量仍然较大，阻碍了中国第一产业经济效率的提高。

第二产业经济效率提升最为显著，大致划分为三个阶段，包括 1978～1990 年的波动调整期，1991～2006 年的持续增长期，2007～2012 年的结构深化调整期。技术效率与技术进步对第二产业经济效率贡献呈阶段性变化。1991～2006 年是中国第二产业经济效率进步最快阶段，这一时期由于中国采取招商引资等技术引进的赶超策略，技术进步对第二产业经济效率的提升作用十分显著。但是 2006 年以后，随着中国对国际先进技术的追赶已经达到较高水平，自身创新能力不足对技术进步提升的抑制效应也逐渐显现出来，这也降低了中国第二产业经济效率的提升速度，技术效率与技术进步相比在这一阶段的作用开始凸显。第二产业经济效率及其来源的变化也证明，技术引进的赶超策略已经不适合当前及未来中国经济发展的需要，中国必须依靠自身创新能力的提升才能实现再次突破，真正由"中国制造"变为"中国创造"。

第三产业经济效率较低，其演变大致可以划分为三个阶段，包括 1978～1990 年的波动调整期，1991～2006 年的波动衰退期，2007～2012 年的结构调整期。总体来看，中国第三产业经济效率与中国第三产业经济总量增长趋势相悖，这可能是由于中国目前第三产业主要集中于生活性服务业，效率相对较低，而经济效率相对较高的高端生产性服务业还处在扩张阶段，这也是未来中国第三产业面临的发展趋势和挑战。

尽管中国三次产业表现出不同的经济效率变化趋势，但不可否认的是，改革开放以来，中国三次产业结构变化很大，且逐渐趋于合理，这从经济结构变动效率的变化可以得到验证。经济结构变动效率的演变大致可以划分为四个阶段，包括 1978～1985 年的改革释放期，1986～1990 年的震荡调整期，1991～2006 年的徘徊增长期，2007～2012 年的结构调整期。分地区来看，东部地区三次产业的结构变动效率最为突出；由于中国不同地区间经济发展阶段的差异以及长期以来中国唯 GDP 增长的考核机制的影响，中部地区和西部地区第二产业发展较快，但是结构偏重，第三产业发展不足，直接导致三次产业结构变动效率仍然较低。这也说明，中部地区、西部地区需要在确保经济总量实现进一步增长的基础上，调整产业结构，逐渐实现三次产业结构的高级化，如此才能保证未来区域经济的可持续发展，以及中国区域经济的协调发展。

第五章　中国区域经济发展效率
空间差异与格局

改革开放以来，虽然中国经济在高速增长的同时出现了诸如投资过热、内需不足、资源约束、环境恶化、区域差距拉大、结构失衡等问题，但由前文分析可知，中国区域经济发展效率伴随工业化、城市化进程的深入是有较大提升的。由于区域的资源禀赋、区位条件、产业结构以及制度安排等自然与社会经济条件差异，不同区域的经济发展效率存在差异，并由此形成相应的区域经济发展效率空间结构，而合理的效率空间格局将有助于促进区域分工与协作，提升区域空间结构效率。因此，我们在关注中国区域经济发展效率纵向（时间）演变的同时，更应关注中国区域经济发展效率的横向拓展，即地域差异及空间关联格局，这有助于进一步认识中国区域经济发展效率及其存在的问题。

第一节　研究方法与变量选择

前文在分析区域经济发展效率的时间演变时，主要用到 Malmquist 指数模型。但 Malmquist 指数模型仅能测度经济效率的增长率（经济效率指数），而不能得出具体的经济效率值。DEA 模型则可以利用截面数据测度不同区域的相对效率值，这有利于不同区域经济效率的比较，便于评价区域经济发展效率的地域差异与空间格局。同时 DEA 模型的测度结果与前一章的测度结果能够保持一致性，这是因为，在截面数据层面，DEA 模型中技术效率等价于全要素生产率（余修斌等，2000）。因此，本章在评价区域经济发展效率的地域差异与空间格局时，采用 DEA 模型。

一 DEA 模型

DEA 方法是由 Charnes、Cooper 和 Rhodes 等人在研究相对效率评价时提出的。DEA 以决策单元（*DMU*）的投入和产出指标构建非参数前沿面，通过比较各决策单元偏离前沿面的程度来判断各个 *DMU* 投入与产出的有效性。目前，研究者基于 DEA 已经拓展出一系列模型，如 C²R 模型，以及在 C²R 基础上建立的 BC²模型等。C²R 是本研究应用的基本模型。

C²R 模型是 DEA 的基本模型，假设规模报酬不变（Constant Returns to Scale，CRS），对 n 个地区的经济效率进行评价，每个地区有 m 种投入和 s 种产出，x_{ij} 表示 j 地区第 i 投入量，y_{ij} 表示 j 地区第 i 产出量。用向量 $X_j = (x_{1j}, x_{2j}, \cdots, x_{mj})^T$ 表示 j 地区的投入，用向量 $Y_j = (y_{1j}, y_{2j}, \cdots, y_{mj})^T$ 表示 j 地区的产出。令 V 为投入向量 X 的权系数向量，U 为生产向量 Y 的权系数向量，以第 j 个地区的效率评价为目标函数，以全部决策单元效率指数为约束，则可构造 C²R 模型的对偶规划，公式如下：

$$\begin{cases} \max \theta \\ s.t. \sum_{j=1}^{n} \lambda_j x_j + s^- = \theta x_0 \\ \sum_{j=1}^{n} \lambda_j y_j - s^+ = y_0 \\ \lambda_j \geq 0, j = 1, 2, \cdots, n \\ s^+ \geq 0, s^- \geq 0 \end{cases} \quad (5-1)$$

其中 θ 为 *DMU* 的效率值，x_0、y_0 分别为 j 地区的投入和产出总量，s^-、s^+ 分别表示投入和产出的剩余变量和松弛变量。λ_j 相对于 *DMU* 重新构造一个有效 *DMU* 组合中 i 决策单元 *DMU$_i$* 的组合比例（王文刚等，2012）。当 $\theta = 1$，同时 s^-、s^+ 均为 0 时，称 *DMU* 为 DEA 有效；当 $\theta = 1$，同时 s^-、s^+ 至少有一个大于 0 时，称 *DMU* 为弱 DEA 有效；当 $\theta < 1$ 时，称 *DMU* 为 DEA 无效。

二 研究变量选择

在运用 DEA 模型测度经济效率时，投入、产出变量的选择对经济效率的测度结果有较大的影响，由于不同学者采用的投入变量、产出变量不同，研究结果也会存在差异。从前文分析可知，影响经济效率的因素有很多，包括产业结构、城市化、技术、劳动力等，但并不说明上述影响因素都可直接作为投入变量进入评价指标。除此之外，投入变量的选择并不是越多越好，因为过多的投入变量可能会稀释不同决策单元间效率的差异。

因此，在综合考虑投入、产出对经济效率的影响，以及保证与前文分析的一致性基础上，本节我们选择劳动力、资本作为投入变量，用 GDP 作为产出变量，进行 DEA 分析。在进行结构效率分析时，选择三次产业的劳动力、资本存量作为投入变量，三次产业 GDP 作为产出变量。数据来源与数据处理方法与前文相同。DEA 测度结果通过 DEAP 2.1 软件来实现。

第二节　中国区域经济发展效率的空间差异

一　区域经济差异描述

区域经济发展是有效率的，但是各个地区因为社会、经济、资源环境不同，区域经济发展效率存在差异。衡量区域经济差异的指标有很多，本书应用标准差、变异系数等来分析中国区域经济发展效率的宏观区域差异（李汝资等，2013）。

标准差是从平均概况度量一组数据平均值的离散程度，是用来测度区域经济绝对差异的常用方法，公式如下：

$$\sigma = \sqrt{\frac{\sum\limits_{j=1}^{n}(Y_{ij} - \overline{Y}_i)^2}{n}}, \overline{Y}_i = \frac{\sum\limits_{j=1}^{n} Y_{ij}}{n} \tag{5-2}$$

其中，Y_{ij} 为 j 单元第 i 年效率指标，$\overline{Y}_i$ 为效率平均值，n 为评价单元个数。σ 越大，表明各单元之间离散程度越大，差异越大，反之则离散程度越小，差异越小。

变异系数则表示数据的相对变化程度，是测度区域经济相对差异的常用方法，公式如下：

$$C_v = \frac{1}{\overline{Y}} \sqrt{\frac{\sum\limits_{j=1}^{n}(Y_{ij} - \overline{Y}_i)^2}{n-1}} \times 100\% \tag{5-3}$$

式中字母含义与上式相同，C_v 越大，表明各单元之间变异程度越大，相对差异越大，反之则变异程度越小，差异越小。

二 区域经济总量效率差异

（一）单位面积产出效率差异

由图 5 – 1 可以看出，1978 年以来，中国单位面积产出效率的标准差逐渐增大，说明改革开放以来中国各省份之间的单位面积产出效率的绝对差异在逐渐增大。而单位面积产出效率的变异系数呈现倒 N 形的发展趋势，说明改革开放以来中国省区之间的相对差异经历了先缩小后增大，然后又趋于缩小的趋势。

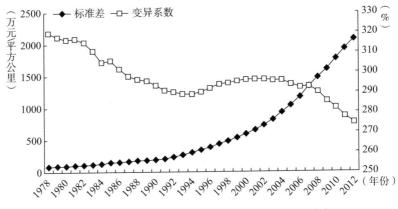

图 5 – 1　中国区域经济单位面积产出效率差异演变

具体来看，改革开放以来中国单位面积产出效率的标准差由 1978 年的 78.38 万元/平方公里提高到 2012 年的 2081.75 万元/平方公里（1978 年价格），单位面积产出效率的绝对差异提高了近 26 倍。变异系数方面，由 1978 年的 320% 下降到 1994 年的 289%，17 年间下降了近 9.7%。继而 1995～2001 年进入短暂的上升期，由 1995 年的 290% 上升到 2001 年的 296%，2001～2012 年则进入持续下降阶段，2012 年单位面积产出效率的变异系数为 275%。

（二）人均产出效率差异

人均产出效率差异变化趋势与单位面积产出效率相似，且相对差异较小。如图 5 – 2 所示，1978～2012 年，中国人均 GDP 标准差在不断增大，说明改革开放以来，中国人均产出效率绝对差异在不断增大。而同期中国人均 GDP 的变异系数呈现倒 N 形的变化趋势，说明中国人均产出效率相对差异呈现先缩小后增大，然后再缩小的变化趋势，总体上中国人均产出效率的相对差异在不断缩小。

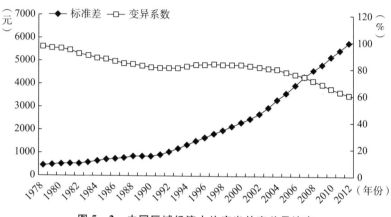

图 5 - 2　中国区域经济人均产出效率差异演变

具体来看，1978 ~ 2012 年，中国人均 GDP 的标准差由 1978 年的 444 元提高到 2012 年的 5816 元（1978 年价格），35 年间人均产出效率的绝对差异扩大了 12 倍。相对差异方面，1978 ~ 1991 年，中国人均 GDP 变异系数呈下降趋势，由 1978 年的 96.6% 下降到 1991 年的 81.0%，说明这一阶段中国人均产出效率的相对差异呈缩小趋势。1992 ~ 1999 年，中国人均 GDP 变异系数呈现上升趋势，由 1992 年的 81.1% 上升到 1999 年的 83.5%，说明这一阶段中国人均产出效率的相对差异呈现扩大趋势。到 2000 ~ 2012 年，中国人均 GDP 变异系数呈现大幅下降状态，由 2000 年的 83.3% 下降到 2012 年的 60.8%，并有进一步降低的趋势，说明这一阶段中国人均产出效率的区域相对差异在不断缩小。

综合上述分析可知，改革开放以来中国区域经济总量效率总体上是呈缩小趋势的，这与中国一系列区域经济振兴政策（如东北振兴、中部崛起、西部大开发等区域政策）的实施密不可分。但是单位面积产出效率的差异远远大于人均产出效率的差异，说明改革开放以来，中国省际经济发展水平还是存在较大差距的，但是具体到"人际公平"方面，差距则进一步缩小了。

三　区域经济要素效率差异

通过计算发现，中国区域经济要素效率的绝对差异与相对差异变化趋势较为一致，但也略有不同（见图5-3）。其中区域经济要素效率的标准差方面，改革开放以来，中国区域经济要素效率标准差呈现先缩小后增大的 U 形变化趋势，说明 1978～2012 年，中国区域经济要素效率的绝对差异先是缩小，然后又逐渐扩大。区域经济要素效率的变异系数方面，变异系数呈现先缩小后增大，继而又缩小再增大的 W 形变化趋势，说明 1978～2012 年，中国区域经济要素效率的相对差异是先缩小，然后有所扩大，进而再次缩小后扩大。改革开放以来，虽然中国区域经济要素效率差异总体缩小，但是近年来有进一步扩大的趋势。

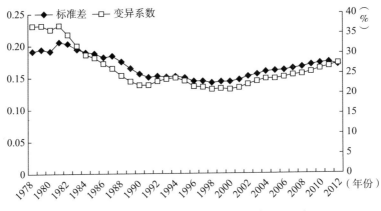

图 5-3　中国省际技术效率差异演变（CRS）

具体来看，1978～1981 年的改革开放初期阶段，区域经济要素效率的绝对差异和相对差异均有一个扩大的趋势，标准差由 1978 年的 0.195 提高到 1981 年的 0.210，变异系数由 1978 年的 37.0% 提高到 1981 年的 37.1%。这主要是因为，中华人民共和国成立以后至改革开放以前，中国各省份经济发展相对均衡，差异相对较小，但是改革开放政策对各地区经济效率的刺激有所差异，导致区域经济要素效率的差异有所扩大。在之后的 1982～1998 年，随着各地区改革开放的推进，中国区域经济要素效率也逐渐开始缩小。1999～2012 年，中国区域经济要素效率的差异进一步扩大，虽然此阶段中国陆续实施了东北振兴、中部崛起、西部大开发等区域协调发展政策，但是这仅仅促进了经济总量的提升，而效率的提高略显滞后。这也证实，虽然近年来中国区域经济增长有效率贡献的因素，但是其对投资的依赖程度依然不减。

从表 5 - 1 也可以看出，中国省际区域经济要素效率差异依然较大，1978 ~ 2012 年，仅有上海平均综合效率为 1，达到高效率水平。而北京、天津与同为直辖市的上海相比，效率明显很低，分别为 0.555、0.740。而东北地区的吉林、黑龙江两省，虽然其经历了东北等老工业基地振兴后经济有一定的恢复，但其经济效率不高，仅为 0.658、0.600。而对于山西、河南、江西等中部省份而言亦是如此。西部地区除贵州、四川效率稍高外，其余省份均处于低效率水平。

表 5 - 1　部分年份中国省际技术效率 （TE$_{CRS}$）

地区	1980 年	1985 年	1990 年	1995 年	2000 年	2005 年	2010 年	2012 年	平均
北京	0.634	0.592	0.604	0.542	0.574	0.477	0.461	0.440	0.555
天津	0.583	0.591	0.674	0.750	0.877	0.918	0.822	0.741	0.740
河北	0.405	0.568	0.699	0.687	0.694	0.712	0.678	0.638	0.634
山西	0.385	0.503	0.573	0.577	0.672	0.739	0.616	0.575	0.582
内蒙古	0.408	0.579	0.656	0.550	0.650	0.624	0.473	0.410	0.566
辽宁	0.782	0.856	0.862	0.786	0.902	0.916	0.850	0.784	0.852
吉林	0.521	0.658	0.768	0.635	0.738	0.710	0.517	0.482	0.658
黑龙江	0.741	0.650	0.658	0.537	0.541	0.554	0.527	0.492	0.600
上海	1.000	1.000	1.000	1.000	1.000	1.000	1.000	1.000	1.000
江苏	0.720	0.767	0.702	0.689	0.705	0.675	0.653	0.613	0.704
浙江	0.709	0.939	0.828	0.808	0.745	0.646	0.619	0.594	0.757
安徽	0.847	0.999	0.847	0.733	0.822	0.858	0.927	0.917	0.866
福建	0.620	0.840	1.000	1.000	1.000	1.000	1.000	0.968	0.921
江西	0.364	0.500	0.600	0.487	0.511	0.482	0.468	0.461	0.489
山东	0.449	0.595	0.671	0.718	0.785	0.828	0.833	0.806	0.698
河南	0.510	0.653	0.697	0.635	0.674	0.683	0.562	0.514	0.627
湖北	0.629	0.869	0.883	0.685	0.628	0.647	0.718	0.694	0.718
湖南	0.627	0.818	0.866	0.676	0.728	0.723	0.740	0.711	0.738
广东	0.632	0.683	0.840	0.798	0.769	0.744	0.713	0.658	0.742

续表

地区	1980 年	1985 年	1990 年	1995 年	2000 年	2005 年	2010 年	2012 年	平均
广西	0.431	0.599	0.718	0.711	0.759	0.779	0.638	0.543	0.663
海南	0.827	0.836	0.782	0.656	0.702	0.771	0.895	0.824	0.795
四川	0.686	0.901	1.000	0.858	0.701	0.627	0.678	0.689	0.773
贵州	0.317	0.475	0.571	0.518	0.560	0.521	0.582	0.580	0.508
云南	0.375	0.601	0.841	0.690	0.763	0.799	0.855	0.778	0.699
西藏	0.493	0.653	0.633	0.546	0.621	0.547	0.518	0.510	0.565
陕西	0.412	0.536	0.595	0.519	0.614	0.659	0.668	0.634	0.569
甘肃	0.276	0.409	0.560	0.546	0.706	0.707	0.747	0.746	0.562
青海	0.243	0.280	0.354	0.338	0.328	0.311	0.318	0.282	0.309
宁夏	0.234	0.308	0.429	0.430	0.494	0.476	0.432	0.408	0.399
新疆	0.361	0.470	0.614	0.529	0.528	0.493	0.500	0.484	0.499

　　而从图 5-4 全要素生产率的增长率可以进一步看出，1978~2012 年中国全要素生产率平均增长率的省际差异还是十分明显的。其中海南、辽宁、江苏、吉林、河南、湖南、安徽、黑龙江、广西、四川的全要素生产率呈负增长态势，而北京、上海两地全要素生产率的提高幅度远远高于其他地区。这进一步说明目前中国区域经济政策的实施带来了区域投资，却抑制了区域经济要素效率的提高。

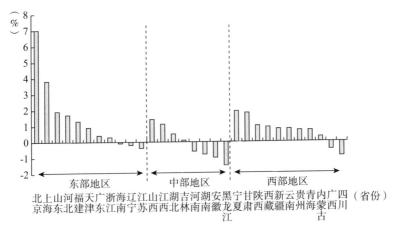

图 5-4　1978~2012 年中国全要素生产率增长率的省际差异

　　综上所述，与中国区域经济总量效率差异的缩小趋势不同的是，中国区域经济要素效率的差异有进一步扩大的趋势，区域协调发展的战略给政策接收区域带来了投资，但并没有带来效率的显著提升，而这正是中国区域经济发展亟待解决的问题。

四　区域经济结构效率差异

　　由图 5-5、图 5-6、图 5-7、图 5-8 可知，中国三次产业的经济效率差异呈现不同的变化特征，总体来看，三次产业经济效率差异总体有所缩小，但未来发展趋势不同，其中第一产业经济效率区域差异最大，其次是第二产业，第三产业经济效率的差异最小。区域经济结构变动效率差异总体有所扩大，且有进一步扩大的趋势。下面分别进行具体分析。

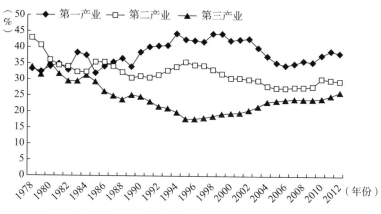

图 5-5　中国省际三次产业技术效率差异演变（CRS）

（一）第一产业经济效率省际差异

　　由图 5-6 可知，1978~2012 年，中国第一产业经济效率的标准差表现为先增大后减小的倒 U 形变化态势，说明改革开放以来，中国各省份第一产业经济效率的绝对差异经历了先扩大后缩小的变化过程。同时第一产业经济效率的变异系数表现为波动提高的变化态势，说明中国各省份第一产业经济效率变异程度相对较高。具体来看，1978~1995 年，中国各省份第一产业经济效率绝对差异呈不断扩大趋势，第一产业经济效率的标准差由 1978 年的 0.168 提高到 1995 年的 0.249，1996 年以后第一产业经济效率绝对差异呈缩小趋势，标准差降低到 2012 年的 0.166。

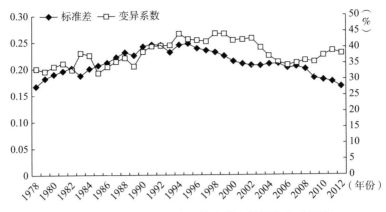

图 5-6 中国省际第一产业技术效率差异演变 （CRS）

1978~1995 年第一产业经济效率的平均值呈现先升后降的变化趋势，导致这一时期第一产业经济效率的变异系数逐渐增大，区域相对差异扩大，并一直持续到 1998 年。1999~2006 年，中国各省份第一产业经济效率平均水平有所提高，使得第一产业经济效率的变异系数逐渐减小，各省份第一产业经济效率的相对差异有所缩小。2007~2012 年，中国各省份第一产业经济效率平均水平有所下降，使得变异系数逐渐增大，相对差异进一步扩大。

由表 5-2 可以进一步看出中国第一产业经济效率的区域差异状况。1978~2012 年，吉林省有 27 年处于效率前沿面上，海南省有 25 年处于效率前沿面上，上海、黑龙江、北京、广西、天津、西藏分别有 10 年、9 年、6 年、3 年、2 年、1 年处于效率前沿面上，可见第一产业经济效率的区域差异较大。其中，海南、吉林 2 省份第一产业经济效率平均值最高，分别达到 0.950、0.907。北京、天津、辽宁、黑龙江、上海、新疆 6 省份第一产业经济效率平均水平次之，基本为 0.7~0.8。而山西、贵州、云南、甘肃、青海、宁夏等省份第一产业经济效率处于最低水平。

表 5-2 部分年份中国省际第一产业技术效率 （TE_{CRS}）

地区	1980 年	1985 年	1990 年	1995 年	2000 年	2005 年	2010 年	2012 年	平均
北京	0.689	0.973	1.000	0.978	0.692	0.588	0.454	0.467	0.750
天津	0.699	0.836	0.929	0.971	0.860	0.792	0.720	0.737	0.802
河北	0.431	0.585	0.485	0.484	0.423	0.458	0.332	0.326	0.440

续表

地区	1980 年	1985 年	1990 年	1995 年	2000 年	2005 年	2010 年	2012 年	平均
山西	0.333	0.465	0.404	0.320	0.282	0.342	0.182	0.151	0.328
内蒙古	0.502	0.762	0.899	0.753	0.595	0.489	0.427	0.432	0.628
辽宁	0.944	0.748	0.907	0.874	0.767	0.811	0.512	0.494	0.778
吉林	1.000	1.000	1.000	1.000	1.000	0.975	0.465	0.484	0.907
黑龙江	1.000	1.000	0.978	0.783	0.434	0.438	0.429	0.446	0.706
上海	0.607	1.000	1.000	1.000	0.712	0.685	0.767	0.574	0.791
江苏	0.592	0.760	0.546	0.603	0.567	0.826	0.613	0.572	0.643
浙江	0.633	0.611	0.545	0.555	0.482	0.639	0.630	0.544	0.573
安徽	0.511	0.594	0.505	0.401	0.392	0.609	0.650	0.622	0.505
福建	0.603	0.627	0.642	0.751	0.689	0.717	0.625	0.547	0.639
江西	0.571	0.632	0.591	0.534	0.477	0.566	0.387	0.411	0.524
山东	0.488	0.651	0.571	0.544	0.445	0.530	0.400	0.371	0.498
河南	0.435	0.483	0.488	0.481	0.374	0.514	0.305	0.270	0.425
湖北	0.650	0.823	0.651	0.676	0.537	0.662	0.484	0.375	0.624
湖南	0.503	0.502	0.486	0.477	0.450	0.799	0.619	0.486	0.539
广东	0.550	0.635	0.750	0.730	0.659	0.827	0.616	0.460	0.652
广西	0.410	0.345	0.369	0.463	0.496	1.000	0.601	0.424	0.511
海南	0.770	0.913	1.000	1.000	1.000	1.000	1.000	1.000	0.950
四川	0.520	0.523	0.491	0.393	0.403	0.741	0.496	0.418	0.494
贵州	0.258	0.335	0.261	0.234	0.228	0.392	0.437	0.364	0.299
云南	0.299	0.365	0.321	0.232	0.251	0.450	0.471	0.452	0.332
西藏	0.808	0.825	0.713	0.512	0.421	0.423	0.280	0.275	0.538
陕西	0.485	0.483	0.429	0.324	0.289	0.347	0.270	0.289	0.368
甘肃	0.287	0.294	0.300	0.278	0.270	0.463	0.396	0.341	0.314
青海	0.416	0.478	0.346	0.248	0.169	0.161	0.162	0.183	0.279
宁夏	0.450	0.570	0.494	0.360	0.344	0.295	0.253	0.199	0.378
新疆	0.573	0.862	0.963	0.819	0.729	0.643	0.561	0.525	0.719

　　综上可知，虽然中国第一产业经济效率有逐渐缩小的趋势，但区域差异仍然较大，理论上这与第一产业的"自然属性"密切相关，然而从第一产业经济效率的平均得分情况来看，中国粮食主产区域，如位于黄淮海主

产区的山东、河北、河南等省份，以及位于长江流域主产区的四川、湖南、湖北、安徽、江苏、江西等省份，第一产业经济效率并不高，尚未达到规模效率水平，这与中国目前基于粮食安全的主体功能区战略格局并不匹配。

（二）第二产业经济效率省际差异

1978～2012 年，中国第二产业经济效率的标准差与变异系数均表现出波动下降的趋势（见图 5-7），说明改革开放以来中国第二产业经济效率的区域差异在波动中不断缩小。具体来看，1978～1985 年，中国第二产业经济效率的标准差表现出 U 形变化趋势，说明这期间中国第二产业经济效率的绝对差异经历了先缩小后扩大的过程；1986～2005 年，中国第二产业经济效率的标准差基本呈缓慢下降趋势，说明这一阶段中国第二产业经济效率的绝对差异在逐渐缩小；2006 年以来，第二产业经济效率的标准差经历了先上升后下降的变化趋势，说明这一时期中国第二产业经济效率绝对差异先扩大后缩小，并且有进一步缩小的趋势。

变异系数方面，第二产业经济效率的变异系数在 1978～1985 年和 1986～1995 年表现出两个 U 形变化趋势，说明这一阶段中国各省份第二产业经济效率的相对差异经历了先缩小后扩大，然后再缩小又扩大的过程。1996～2012 年各省份第二产业经济效率总体上表现出相对差异不断缩小的态势。总体来看，不论是从绝对差异还是相对差异方面，中国第二产业经济效率的省际差异均呈现逐渐缩小的趋势。

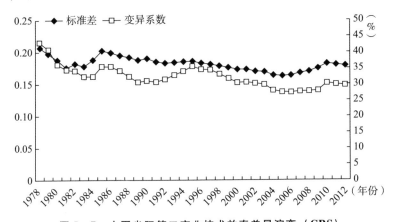

图 5-7　中国省际第二产业技术效率差异演变（CRS）

进一步从历年中国省际第二产业经济效率值可以看出（见表5－3），1978～2012年，仅有上海第二产业经济效率平均得分为1，其次为福建，平均得分为0.914，均达到高效率水平。辽宁、浙江、广东3省份第二产业经济效率平均得分分别为0.769、0.745、0.763，达到中等效率水平。北京、天津、江苏、山东、海南、云南6省份第二产业经济效率介于0.6至0.7之间，第二产业经济效率相对较低。其余省份第二产业经济效率则基本处于0.3至0.6之间，第二产业经济效率基本处于低效率甚至无效率水平。

表5－3　部分年份中国省际第二产业技术效率（TE_{CRS}）

地区	1980年	1985年	1990年	1995年	2000年	2005年	2010年	2012年	平均
北京	0.656	0.725	0.680	0.571	0.623	0.582	0.695	0.688	0.635
天津	0.589	0.751	0.711	0.567	0.610	0.786	0.715	0.735	0.676
河北	0.464	0.438	0.607	0.512	0.546	0.592	0.533	0.519	0.525
山西	0.344	0.449	0.502	0.403	0.494	0.554	0.494	0.490	0.466
内蒙古	0.365	0.404	0.400	0.325	0.426	0.516	0.754	0.790	0.462
辽宁	0.928	0.982	0.855	0.577	0.675	0.724	0.688	0.669	0.769
吉林	0.324	0.408	0.474	0.377	0.549	0.525	0.609	0.687	0.466
黑龙江	0.663	0.629	0.584	0.411	0.480	0.510	0.457	0.483	0.533
上海	1.000	1.000	1.000	1.000	1.000	1.000	1.000	1.000	1.000
江苏	0.526	0.686	0.770	0.624	0.605	0.531	0.478	0.528	0.600
浙江	0.674	1.000	1.000	0.813	0.728	0.564	0.514	0.520	0.745
安徽	0.396	0.435	0.491	0.498	0.538	0.657	0.785	0.786	0.546
福建	0.634	0.834	0.975	1.000	1.000	1.000	1.000	1.000	0.914
江西	0.375	0.277	0.343	0.289	0.363	0.461	0.387	0.366	0.361
山东	0.668	0.745	0.761	0.660	0.671	0.648	0.624	0.612	0.685
河南	0.440	0.354	0.415	0.466	0.513	0.601	0.471	0.422	0.470
湖北	0.454	0.550	0.610	0.465	0.478	0.521	0.631	0.610	0.521
湖南	0.387	0.514	0.579	0.451	0.636	0.632	0.639	0.607	0.543
广东	0.641	0.801	0.770	0.801	0.880	0.749	0.724	0.675	0.763
广西	0.341	0.360	0.454	0.584	0.610	0.682	0.569	0.477	0.514
海南	0.552	0.661	0.727	0.539	0.528	0.602	0.894	0.871	0.643
四川	0.375	0.466	0.618	0.470	0.514	0.559	0.668	0.718	0.518

地区	1980年	1985年	1990年	1995年	2000年	2005年	2010年	2012年	平均
贵州	0.330	0.472	0.536	0.345	0.396	0.431	0.415	0.458	0.423
云南	0.414	0.546	0.833	0.629	0.719	0.741	0.754	0.723	0.652
西藏	0.501	0.571	0.523	0.550	0.402	0.448	0.500	0.494	0.482
陕西	0.338	0.401	0.449	0.429	0.556	0.689	0.686	0.688	0.503
甘肃	0.945	0.435	0.468	0.382	0.426	0.509	0.535	0.523	0.514
青海	0.401	0.371	0.343	0.258	0.283	0.256	0.255	0.288	0.310
宁夏	0.429	0.436	0.444	0.353	0.395	0.404	0.328	0.401	0.394
新疆	0.419	0.457	0.466	0.378	0.376	0.337	0.351	0.330	0.396

综上可以看出，虽然中国第二产业经济效率区域差异在逐渐缩小，但是经济效率并不高，高效率水平省份所占比重小，而低效率甚至无效率水平的省份所占比重大。同时，部分经济发达省份第二产业经济效率水平与其经济发展水平还很不协调，欠发达省份第二产业经济效率依然较低。

（三）第三产业经济效率省际差异

由图 5 - 8 可以看出，1978～2012 年，中国省际第三产业经济效率标准差大致经历了两个波动变化阶段，但总体上表现出减小趋势，说明中国第三产业经济效率的省际绝对差异呈逐渐缩小的态势。第三产业经济效率的变异系数总体上表现为 U 形的先降后升的发展趋势，说明第三产业经济效率的省际相对差异呈现先缩小后扩大的态势。

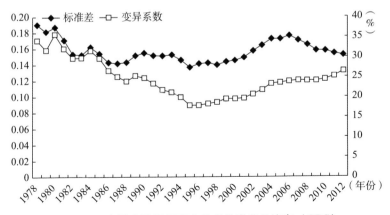

图 5 - 8　中国省际第三产业技术效率差异演变（CRS）

　　具体来看，标准差方面，虽然在1978～1995年中国第三产业经济效率标准差有所波动，但整体呈下降趋势，第三产业经济效率标准差由1978年的0.19下降到1995年的0.14，说明这一时期中国第三产业经济效率的绝对差异是逐渐缩小的。1996～2012年，中国第三产业经济效率的标准差则经历了先增大后减小的倒U形变化趋势，其中，1996～2006年中国第三产业经济效率的标准差逐渐增大，由1996年的0.141增大到2006年的0.176，继而呈现逐渐减小的趋势，由2007年的0.171减小到2012年的0.152，说明1996～2012年中国第三产业经济效率绝对差异先是逐渐扩大，然后又逐渐缩小，并且有进一步缩小的趋势。

　　变异系数方面，改革开放初期，虽然中国省际第三产业经济效率的变异系数呈现波动变化态势，但总体上是减小的，1978～1995年，第三产业经济效率的变异系数由1978年的34.2%减小到1995年的17.7%，说明1978～1995年中国第三产业经济效率的相对差异在不断缩小。然而从1996年开始，第三产业经济效率的变异系数开始逐渐增大，由1996年的17.8%增大到2012年的26.4%，说明1996年以来第三产业经济效率相对差异逐渐扩大且有进一步扩大趋势。

　　进一步从中国省际第三产业经济效率值可以看出（见表5－4），1978～2012年，仅有上海第三产业经济效率平均得分为1，其次为安徽，第三产业经济效率平均为0.945，二者第三产业均达到高效率水平。天津、辽宁、吉林、福建、云南、甘肃6省份第三产业经济效率平均在0.7至0.8之间，分别为0.756、0.727、0.720、0.730、0.726、0.795，第三产业达到中等效率水平。河北、山西、内蒙古、江苏、山东、河南、湖北、湖南、广东、广西、西藏、陕西12省份第三产业经济效率平均介于0.6至0.7之间，第三产业经济效率水平相对较低。其余省份第三产业经济效率平均值均低于0.6，基本处于低效率甚至无效率水平。由此可以看出，中国省际第三产业经济效率区域分布相对集中，其中第三产业经济效率得分超过0.6的省份占66.7%，低于0.6的省份占33.3%。

　　综上所述，改革开放以来，中国第三产业经济效率区域差异虽然有所缩小，但是未来有进一步扩大的趋势。同时，与第一产业经济效率、第二产业经济效率相比，第三产业经济效率平均水平较高，这与技术效率伴随产业结构高级化而提升的规律是一致的。① 但需要注意的是，北京、浙江等发达省份第三产业经济效率得分并不高，主要由于其与上海相比投入高而产出低。而安徽、云南、甘肃等省份第三产业经济效率却相对较高，主要是改革初期中国第三产业产出规模差距较小，而投入规模差距较大，导致上述省份第三产业经济效率高于北京等地。

表 5 - 4　部分年份中国第三产业技术效率（TE_{CRS}）

地区	1980 年	1985 年	1990 年	1995 年	2000 年	2005 年	2010 年	2012 年	平均
北京	0.545	0.552	0.592	0.622	0.671	0.557	0.520	0.476	0.589
天津	0.625	0.562	0.569	0.875	1.000	0.915	0.795	0.702	0.756
河北	0.527	0.452	0.647	0.912	0.744	0.725	0.646	0.554	0.667
山西	0.480	0.461	0.560	0.777	0.823	1.000	0.670	0.540	0.681
内蒙古	0.422	0.490	0.623	0.767	0.811	0.796	0.857	0.758	0.674
辽宁	0.378	0.465	0.658	0.850	0.893	0.982	0.816	0.689	0.727
吉林	0.541	0.520	0.744	0.873	0.885	0.830	0.580	0.495	0.720
黑龙江	0.541	0.416	0.555	0.577	0.545	0.520	0.475	0.447	0.523
上海	1.000	1.000	1.000	1.000	1.000	1.000	1.000	1.000	1.000
江苏	0.586	0.421	0.551	0.661	0.660	0.674	0.716	0.726	0.625
浙江	0.432	0.494	0.437	0.668	0.577	0.602	0.600	0.544	0.554
安徽	1.000	1.000	1.000	1.000	0.883	0.934	0.786	0.697	0.945
福建	0.347	0.479	0.658	0.897	0.881	0.957	0.841	0.722	0.730
江西	0.384	0.478	0.687	0.711	0.569	0.423	0.393	0.382	0.527
山东	0.334	0.382	0.372	0.627	0.810	0.937	0.871	0.779	0.622
河南	0.706	0.696	0.859	0.926	0.698	0.643	0.464	0.406	0.699
湖北	0.579	0.550	0.664	0.861	0.720	0.736	0.649	0.575	0.690
湖南	0.515	0.522	0.653	0.737	0.691	0.725	0.664	0.596	0.645
广东	0.552	0.480	0.700	0.756	0.645	0.688	0.617	0.553	0.631
广西	0.528	0.543	0.537	0.605	0.664	0.731	0.517	0.405	0.605
海南	0.437	0.426	0.456	0.656	0.663	0.738	0.732	0.609	0.593
四川	0.399	0.413	0.523	0.655	0.609	0.565	0.527	0.474	0.530

① 需要指出的是，总体上第三产业的技术效率高于第一、第二产业技术效率，但从前文分析可知其效率的提升速度低于第一、第二产业，二者并不矛盾。

续表

地区	1980 年	1985 年	1990 年	1995 年	2000 年	2005 年	2010 年	2012 年	平均
贵州	0.407	0.371	0.500	0.703	0.642	0.597	0.637	0.552	0.557
云南	0.364	0.463	0.859	1.000	0.751	0.804	0.769	0.610	0.726
西藏	0.352	0.676	0.635	0.778	0.984	0.706	0.631	0.509	0.674
陕西	0.404	0.528	0.729	0.747	0.742	0.679	0.559	0.548	0.633
甘肃	1.000	0.357	0.582	0.904	1.000	0.972	0.817	0.763	0.795
青海	0.494	0.455	0.397	0.535	0.461	0.397	0.333	0.252	0.448
宁夏	0.528	0.489	0.461	0.564	0.626	0.554	0.460	0.399	0.532
新疆	0.316	0.373	0.582	0.709	0.716	0.604	0.527	0.493	0.549

（四）经济结构变动效率省际差异

由图 5 - 9 可以明显看出，1978 ~ 2012 年中国区域经济结构变动效率的省际差异以 1997 年为节点呈现出两个阶段。总体来看，改革开放以来，中国区域经济结构变动效率的绝对差异和相对差异表现较为一致，经济结构变动效率差异总体上呈先波动缩小然后逐渐扩大态势，但 2009 年以后有进一步缩小的趋势。

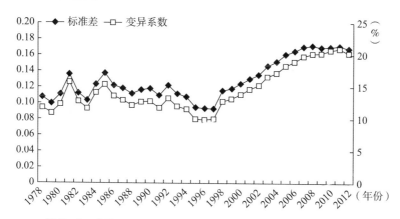

图 5 - 9　中国区域经济结构变动的技术效率差异演变（CRS）

具体来看，1978 ~ 1997 年，中国区域经济结构变动效率的标准差和变异系数均呈现波动下降态势，标准差由 1978 年的 0.107 波动提高，分别在 1981 年、1985 年达到最大值，分别为 0.136、0.137，然后下降到 1997 年的 0.09，同期变异系数由 1978 年的 11.72% 波动提高，分别在 1981 年、

1985 年达到最大值，分别为 15.7%、15.3%，然后下降到 1997 年的
9.92%。这说明，在此期间无论是中国区域经济结构变动效率的绝对差异
还是相对差异均呈波动下降趋势。

从 1998 年开始，无论是中国区域经济结构变动效率的标准差还是变异
系数均呈不断增大态势，分别由 1998 年的 0.12、12.6% 提高到 2008 年的
0.17、20.1%，这一时期中国区域经济结构变动效率的绝对差异和相对差
异均呈现不断扩大的趋势。而 2009 年以后，这一情况发生转变，区域经济
结构变动效率的标准差与变异系数均逐渐减小，经济结构变动效率的区域
差异再次呈现缩小的态势。

从表 5-5 可以进一步看出，改革开放以来，中国区域经济结构变动效
率较高，这与中国三次产业结构显著变化密不可分。1978 ~ 2012 年的 35
年，上海、海南、西藏①的经济结构变动效率始终处于最高水平，有 35 年
效率为 1，北京、天津、内蒙古、辽宁、吉林、黑龙江、江苏、浙江、安
徽、福建、山东、湖北、广东、广西、云南、甘肃、新疆分别有 33 年、16
年、17 年、29 年、28 年、11 年、22 年、21 年、27 年、27 年、31 年、18
年、15 年、18 年、23 年、16 年、8 年经济结构变动效率为 1，山西、河
南、湖南、江西、青海分别有 2 年、7 年、6 年、7 年、1 年经济结构变动
效率为 1，而河北、四川、贵州、陕西、宁夏经济的结构变动效率始终处
于较低水平，经济结构变动效率均小于 1。由此可知，中国省际经济结构
变动效率较高，但是不同省份之间仍存在一定的差异。

表 5-5 部分年份中国区域经济结构变动技术效率（TE_{CRS}）

地区	1980 年	1985 年	1990 年	1995 年	2000 年	2005 年	2010 年	2012 年	平均
北京	1.000	1.000	1.000	1.000	1.000	1.000	1.000	1.000	0.996
天津	0.973	0.897	0.953	1.000	1.000	0.977	1.000	1.000	0.954
河北	0.854	0.735	0.848	0.983	0.792	0.777	0.703	0.698	0.813
山西	0.612	0.614	0.693	0.839	0.874	1.000	0.698	0.583	0.765
内蒙古	0.842	1.000	1.000	0.989	0.930	1.000	1.000	1.000	0.957

---

① 出于统计与行政区划原因，海南与西藏在我国属于较为特殊的区域。但无论如何，在经
济结构变动方面，本书的测算结果在一定程度上说明了其结构变动的有效性。

地区	1980 年	1985 年	1990 年	1995 年	2000 年	2005 年	2010 年	2012 年	平均
辽宁	1.000	1.000	1.000	1.000	1.000	1.000	0.875	0.870	0.982
吉林	1.000	1.000	1.000	1.000	1.000	1.000	0.792	0.889	0.967
黑龙江	1.000	1.000	1.000	0.852	0.652	0.601	0.612	0.653	0.815
上海	1.000	1.000	1.000	1.000	1.000	1.000	1.000	1.000	1.000
江苏	1.000	1.000	1.000	1.000	0.849	0.986	0.949	1.000	0.964
浙江	1.000	1.000	1.000	0.998	1.000	0.963	0.992	0.969	0.989
安徽	1.000	1.000	1.000	1.000	1.000	1.000	0.898	0.897	0.986
福建	0.817	1.000	1.000	1.000	1.000	1.000	1.000	1.000	0.967
江西	0.896	0.891	1.000	0.925	0.701	0.592	0.572	0.621	0.788
山东	1.000	1.000	1.000	1.000	1.000	1.000	1.000	1.000	0.992
河南	0.956	0.882	1.000	1.000	0.822	0.719	0.672	0.682	0.851
湖北	1.000	1.000	1.000	1.000	0.823	0.814	0.761	0.814	0.914
湖南	0.899	0.899	1.000	0.979	0.881	0.886	0.792	0.775	0.908
广东	0.982	0.926	0.972	1.000	0.984	1.000	0.950	0.979	0.969
广西	0.892	0.774	0.897	1.000	1.000	1.000	0.803	0.781	0.922
海南	1.000	1.000	1.000	1.000	1.000	1.000	1.000	1.000	1.000
四川	0.923	0.924	0.894	0.949	0.875	0.886	0.693	0.737	0.866
贵州	0.689	0.802	0.745	0.947	0.820	0.712	0.730	0.685	0.787
云南	0.862	0.876	1.000	1.000	1.000	1.000	0.925	0.796	0.947
西藏	1.000	1.000	1.000	1.000	1.000	1.000	1.000	1.000	1.000
陕西	0.751	0.689	0.822	0.809	0.837	0.777	0.702	0.963	0.778
甘肃	1.000	0.531	0.768	0.958	1.000	1.000	0.918	0.859	0.888
青海	0.742	0.600	0.527	0.639	0.540	0.429	0.361	0.366	0.576
宁夏	0.790	0.780	0.777	0.668	0.693	0.601	0.510	0.535	0.690
新疆	0.739	0.966	1.000	1.000	0.918	0.761	0.722	0.769	0.869

第三节　中国区域经济发展效率的空间格局

前文从国家宏观层面分析了中国区域经济发展效率的地域差异变化，证明了区域经济发展效率存在空间异质性特征，但并未证明区域经济发展效率是否具有空间联系。地理学第一定律认为，任何相邻的地理事物之间都是有联系的，并且距离越近相互联系越紧密（Tobler，1970），这种联系也就是著名的地理信息科学家 Goodchild 所讲的空间自相关或者空间依赖（Goodchild，1986）。

空间自相关是指一个空间单元上的某一属性值与邻近空间单元上同一属性值的相关程度，通过这种空间关联形成特定的空间关联模式，外在表征即特定的空间格局。中国区域与区域之间的经济发展效率也应该是有联系的，这种空间联系使得区域经济发展效率形成一定的空间格局，如何认识这种空间格局是本节的研究重点。

一 空间关联模型

（一）全局空间自相关

全局空间自相关表示空间属性值的总体空间关联程度，用 Moran 指数来表示，公式如下：

$$I = \frac{n \sum\limits_{i=1}^{n} \sum\limits_{j=1}^{n} w_{ij}(x_i - \bar{x})(x_j - \bar{x})}{\sum\limits_{i=1}^{n} \sum\limits_{j=1}^{n} w_{ij} \sum\limits_{i=1}^{n} (x_i - \bar{x})^2} \tag{5-4}$$

其中，I 为全局 Moran 指数，x_i、x_j 为区域 i、j 的观测值，$\bar{x}$ 为各地区观测值的平均值，w_{ij} 为邻接单元的权重矩阵，n 为研究单元总数。Moran 指数取值在 $[-1, 1]$ 之间，Moran 指数小于 0，表示区域之间为负相关关系，Moran 指数大于 0，表示区域之间为正相关关系，Moran 指数等于 0，表示区域之间不存在空间相关关系。

同时，用标准化 Z 值检验统计量，公式为：

$$Z = \frac{I - E(I)}{\sqrt{VAR(I)}} \tag{5-5}$$

Z 为正且显著时，表示区域存在正自相关，即高值与高值或低值与低值集聚（clusters）；Z 为负且显著时，表示区域存在负相关，即观察值分散分布（dispersed）；Z 为 0 且显著时，区域独立随机分布。

（二）局部空间自相关：Moran'I 散点图

由于全局自相关的 Moran 指数为全局统计量，只能反映全局空间关联情况，而难以体现局部地区空间相关程度、局部自相关对全局的贡献以及局部的不稳定性等问题，因此需要引入 Moran'I 散点图来解决上述问题。

Moran'I 散点图是观测值和观测值空间滞后因子的二维坐标图示，包含四个象限，第一象限为 H－H，即高观测值与高空间滞后因子，表示高观测值区域被高观测值的邻接区域包围；第二象限为 L－H，即低观测值与高空间滞后因子，表示低观测值区域被高观测值的邻接区域包围；第三象限为 L－L，即低观测值和低空间滞后因子，表示低观测值区域被低观测值的邻接区域包围；第四象限为 H－L，即高观测值和低空间滞后因子，表示高观测值区域被低观测值的邻接区域包围。

由此可见，用 Moran'I 散点图可以进一步区分某空间单元到底属于 H－H、L－H、L－L、H－L 中的哪种类型，以此探究局部的空间不稳定性，有助于发现非典型区域，如 L－H 类型和 H－L 类型区域，即偏离全局正相关趋势的地区。

此外，本书的空间权重矩阵 w_{ij} 采用的是二进制邻接矩阵，其中，虽然海南省与广东省在位置上并不邻接，但根据中国区域经济发展关联的实际情况，将海南省与广东省的关系定义为邻接关系，其他省份的邻接关系皆正常。此外，区域经济发展效率的空间关联分析中 Moran 指数、空间格局分析中的 Moran'I 散点图在 Geoda－1.6.6 软件支持下生成。

二　中国区域经济发展效率的空间溢出关联分析

（一）中国区域经济总量效率的空间关联

由表5－6、图5－10可知，改革开放以来，中国区域经济总量效率历年的 Moran 指数均大于0，且整体上呈上升趋势，区域经济总量效率的 Moran 指数总体上通过5%及以上的显著性水平检验，这说明中国区域经济总量效率的空间溢出关联特征较为显著，区域经济总量效率的空间集聚特征明显，效率的空间依赖性强。

表5－6　改革开放以来中国区域经济总量效率的 Moran 指数

年份	经济密度（ED）			人均 GDP		
	Moran'I	Z-Value	P-Value	Moran'I	Z-Value	P-Value
1978	0.0384	1.875	0.050	0.122	2.023	0.042

续表

年份	经济密度（ED）			人均 GDP		
	Moran'I	Z-Value	P-Value	Moran'I	Z-Value	P-Value
1979	0.0418	1.928	0.045	0.150	2.097	0.036
1980	0.0422	2.017	0.044	0.156	2.263	0.029
1981	0.0443	1.981	0.041	0.157	2.155	0.035
1982	0.0455	1.933	0.042	0.170	2.286	0.019
1983	0.0482	2.020	0.045	0.191	2.368	0.030
1984	0.0534	2.042	0.043	0.212	2.737	0.018
1985	0.0557	2.146	0.034	0.226	2.700	0.012
1986	0.0607	2.355	0.026	0.248	2.735	0.014
1987	0.0642	2.106	0.034	0.273	3.130	0.007
1988	0.0687	2.450	0.028	0.295	3.323	0.004
1989	0.0670	2.296	0.029	0.293	3.020	0.008
1990	0.0682	2.353	0.026	0.253	2.825	0.012
1991	0.0716	2.343	0.025	0.256	2.759	0.010
1992	0.0775	2.609	0.021	0.287	2.996	0.010
1993	0.0814	2.747	0.015	0.317	3.391	0.004
1994	0.0843	2.776	0.016	0.348	3.627	0.005
1995	0.0859	2.752	0.009	0.363	3.748	0.001
1996	0.0852	2.864	0.009	0.373	3.831	0.003
1997	0.0840	2.831	0.009	0.364	3.674	0.001
1998	0.0843	2.880	0.008	0.362	3.417	0.001
1999	0.0842	2.898	0.010	0.363	3.910	0.001
2000	0.0842	2.789	0.010	0.360	3.668	0.003
2001	0.0845	3.016	0.009	0.367	3.540	0.002
2002	0.0854	2.943	0.009	0.380	3.980	0.003
2003	0.0872	2.866	0.010	0.394	3.907	0.002
2004	0.0879	2.881	0.011	0.402	4.089	0.001
2005	0.0906	2.930	0.007	0.419	3.892	0.001
2006	0.0925	2.898	0.008	0.416	4.141	0.001
2007	0.0921	2.826	0.010	0.416	3.945	0.001
2008	0.0947	2.739	0.011	0.420	3.986	0.001

年份	经济密度（ED）			人均GDP		
	Moran'I	Z-Value	P-Value	Moran'I	Z-Value	P-Value
2009	0.0988	2.952	0.013	0.422	3.847	0.001
2010	0.1016	2.715	0.020	0.432	3.859	0.001
2011	0.1044	2.904	0.014	0.430	3.786	0.002
2012	0.1070	2.725	0.016	0.418	3.814	0.001

单位面积产出方面，1978～2012年，虽然经济密度的Moran指数相对较小，但Moran指数均大于0，且通过5%及以上的显著性水平检验，说明中国单位面积产出效率存在着正的且显著的空间自相关，表明中国单位面积产出效率的空间分布并非呈随机状态，而是表现出一定的空间集聚特征，即具有较高单位面积产出效率的地区趋于向单位面积产出效率较高的地区集聚，较低单位面积产出效率的地区趋于向单位面积产出效率较低的地区集聚。

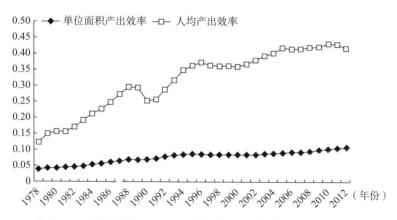

图5-10 改革开放以来中国区域经济总量效率Moran指数变化

具体来看，改革开放以来，中国区域经济单位面积产出效率Moran指数由1978年的0.0384提高到2012年的0.1070，其中1978～1994年单位面积产出效率的Moran指数逐渐增大，显著性水平也逐渐提高，且全部通过5%显著性水平检验。1995～2012年单位面积产出效率的Moran指数也逐渐提高，且基本通过1%的显著性水平检验。这说明，自改革开放以来，中国单位面积产出效率始终表现出全局性显著的相似效率水平地区的空间集聚特征，并且，从1995年开始，这种空间集聚特征表现得越来越明显。

人均产出效率方面，与单位面积产出效率相比，其 Moran 指数较大，且显著性水平更高，全部通过5%的显著性水平检验，大部分时间通过1%的显著性水平检验，这说明中国人均产出效率存在着正的且显著性更强的空间自相关，较高人均产出效率地区与较高人均产出效率地区集聚或较低人均产出效率地区与较低人均产出效率地区集聚的趋势更加明显。

改革开放以来，人均 GDP 的 Moran 指数由1978年的0.122提升到2012年的0.418，人均产出效率的正的空间关联性逐渐增强，但是，不同时期中国人均产出效率的空间关联性的表现有所不同。其中，1978～1986年，人均 GDP 的 Moran 指数由0.122提高到0.248，且基本处于5%显著性水平上，人均 GDP 的空间关联性相对较低，空间集聚特征不十分显著；1987～1994年，人均 GDP 的 Moran 指数由0.273提高到0.348，且基本处于1%显著性水平上，人均 GDP 的空间关联性强，空间集聚特征十分显著；1995～2012年，人均 GDP 的 Moran 指数由0.363提高到0.418，且基本处于0.1%的显著性水平上，空间集聚特征特别显著。这说明改革开放以来，中国区域经济人均产出效率一直存在全局显著性的、强烈的空间集聚特征，且空间集聚越来越明显，空间溢出关联效应越来越强。

（二）中国区域经济要素效率的空间关联

然而，通过计算发现，区域经济要素效率及区域经济结构效率的 Moran 指数并没有区域经济总量效率表现得那样显著（见图5-11），说明区域经济要素效率与区域经济结构效率的空间关联性弱于区域经济总量效率，但仍存在一定的空间溢出关联。

总体来说，中国区域经济要素效率的 Moran 指数波动较大，但基本上呈逐年降低的趋势，其中1981年中国区域经济要素效率的 Moran 指数最大，为0.2922，2011年区域经济要素效率的 Moran 指数最小，为-0.0549。1978～2004年，中国区域经济要素效率的 Moran 指数全部为正，但是显著性水平越来越低，说明这些年份中国区域经济要素效率存在正的空间自相关性，并非随机分布，区域经济要素效率受到其他省份的影响。

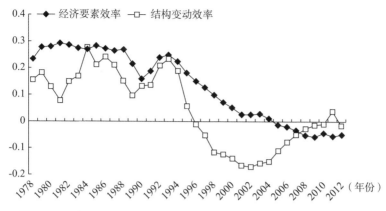

图 5－11 中国区域经济要素效率与结构变动效率的 Moran 指数变化

而 2005～2012 年，区域经济要素效率的 Moran 指数开始变为负值，且显著性水平不高。这说明，2005 年以来中国区域经济要素效率由正的空间自相关性逐渐转化为负的空间自相关性，区域经济要素效率逐渐表现出一定的空间异质性。但是由于区域经济要素效率的 Moran 指数尚未通过 10% 以上的显著性水平检验，说明这些年份中国区域经济要素效率虽然存在空间异质性，但并不明显。

由此可见，改革开放以来，中国区域经济要素效率的 Moran 指数呈波动降低的变化趋势，开始由正的空间自相关转为负的空间自相关。区域经济要素效率的 Moran 指数的平均显著性水平逐渐降低，虽然存在一定的空间关联，但是并不十分显著。

（三）中国区域经济结构效率的空间关联

由图 5－12 和表 5－7 可知，中国省际经济结构效率的 Moran 指数表现要优于区域经济要素效率。1978～2012 年，中国省际三次产业经济效率及经济结构变动效率的 Moran 指数变化亦存在较大波动，其中第一产业经济效率的 Moran 指数全部大于 0，第二产业经济效率的 Moran 指数有 27 年大于 0，第三产业经济效率的 Moran 指数仅有 2 年大于 0，经济结构变动效率的 Moran 指数有 19 年大于 0，说明在这些年份中，中国省际三次产业经济效率和经济结构变动效率存在一定的正的空间自相关性，省际经济结构效率之间表现出一定的空间集聚特征。

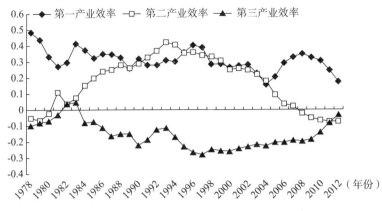

图 5 - 12　中国三次产业经济效率的 Moran 指数变化

表 5 - 7　改革开放以来中国区域经济结构效率的 Moran 指数

年份	第一产业经济效率		第二产业经济效率		第三产业经济效率		经济结构变动效率	
	Moran'I	P-Value	Moran'I	P-Value	Moran'I	P-Value	Moran'I	P-Value
1978	0.4862	0.0010	- 0.0526	0.4500	- 0.0978	0.3000	0.1551	0.0500
1979	0.4401	0.0010	- 0.0670	0.4440	- 0.0801	0.3600	0.1828	0.0420
1980	0.3335	0.0020	- 0.0239	0.3990	- 0.0658	0.3960	0.1302	0.0800
1981	0.2729	0.0090	0.1098	0.1050	- 0.0287	0.4500	0.0783	0.1500
1982	0.2988	0.0080	0.0342	0.3000	0.0381	0.2090	0.1500	0.0650
1983	0.4157	0.0010	0.0747	0.1680	0.0519	0.1900	0.1697	0.0500
1984	0.3751	0.0010	0.1530	0.0600	- 0.0776	0.3390	0.2787	0.0080
1985	0.3258	0.0010	0.1978	0.0320	- 0.0734	0.3500	0.2134	0.0290
1986	0.3508	0.0030	0.2398	0.0170	- 0.1102	0.2500	0.2424	0.0160
1987	0.3481	0.0040	0.2512	0.0150	- 0.1617	0.0980	0.2117	0.0300
1988	0.3288	0.0040	0.2809	0.0080	- 0.1474	0.1550	0.1511	0.0610
1989	0.2629	0.0100	0.2633	0.0090	- 0.1489	0.1500	0.0965	0.1250
1990	0.3210	0.0060	0.2889	0.0090	- 0.2196	0.0430	0.1335	0.0700
1991	0.2801	0.0090	0.3269	0.0050	- 0.1853	0.0900	0.1376	0.0700
1992	0.2835	0.0090	0.3681	0.0010	- 0.1208	0.2500	0.2096	0.0200
1993	0.3118	0.0040	0.4235	0.0010	- 0.1103	0.2800	0.2339	0.0200
1994	0.3049	0.0100	0.4079	0.0010	- 0.1686	0.1600	0.1899	0.0300
1995	0.3611	0.0020	0.3554	0.0010	- 0.2268	0.0340	0.0575	0.1900

年份	第一产业经济效率		第二产业经济效率		第三产业经济效率		经济结构变动效率	
	Moran'I	P-Value	Moran'I	P-Value	Moran'I	P-Value	Moran'I	P-Value
1996	0.4045	0.0020	0.3597	0.0020	- 0.2637	0.0200	- 0.0112	0.3000
1997	0.3911	0.0030	0.3421	0.0050	- 0.2767	0.0090	- 0.0506	0.5000
1998	0.2859	0.0070	0.3311	0.0030	- 0.2461	0.0300	- 0.1157	0.2500
1999	0.2863	0.0070	0.3082	0.0090	- 0.2533	0.0190	- 0.1231	0.2000
2000	0.2669	0.0090	0.2517	0.0110	- 0.2583	0.0190	- 0.1380	0.1900
2001	0.2769	0.0080	0.2585	0.0090	- 0.2395	0.0400	- 0.1642	0.1000
2002	0.2830	0.0080	0.2496	0.0090	- 0.2278	0.0400	- 0.1698	0.1000
2003	0.2297	0.0200	0.2198	0.0240	- 0.2157	0.0500	- 0.1559	0.1300
2004	0.1559	0.0570	0.1794	0.0300	- 0.2244	0.0410	- 0.1500	0.1500
2005	0.2066	0.0300	0.0936	0.1440	- 0.2029	0.0800	- 0.1086	0.1600
2006	0.2929	0.0060	0.0369	0.2600	- 0.2027	0.0800	- 0.0772	0.4000
2007	0.3306	0.0030	0.0227	0.2930	- 0.1895	0.0780	- 0.0497	0.4500
2008	0.3496	0.0020	- 0.0230	0.4400	- 0.1951	0.0700	- 0.0264	0.4600
2009	0.3279	0.0050	- 0.0506	0.4580	- 0.1839	0.0920	- 0.0126	0.4000
2010	0.3073	0.0040	- 0.0645	0.4000	- 0.1382	0.1800	- 0.0097	0.3300
2011	0.2478	0.0100	- 0.0754	0.3500	- 0.0794	0.3500	0.0387	0.2500
2012	0.1752	0.0330	- 0.0738	0.3900	- 0.0291	0.4500	- 0.0155	0.4000

　　进一步来看，改革开放以来，中国第一产业经济效率的 Moran 指数全部大于 0，但 Moran 指数的波动较大，且有逐渐减小的趋势。同时，第一产业经济效率的 Moran 指数均通过了 5% 及以上的显著性水平检验。这说明中国第一产业经济效率始终存在十分显著的正的空间自相关，省际第一产业经济效率存在一定的空间溢出关联效应，全国范围内存在较为显著的空间集聚特征，这与中国作为传统农业国的地位相符①。但是，随着第一产业特别是农业的集约化、规模化经营，以及中国的城镇化进程对第一产业的挤压效应不断加剧，不同省份的第一产业经济效率开始出现分化，第

————————————

① 中华人民共和国成立以来甚至改革开放后较长一段时期内，中国国民经济总量中农业始终占很大比重，且主要集中在黄淮海平原、长江流域、松嫩平原等地区，H－H 或 L－L 集聚特征十分明显。

一产业经济效率的空间溢出关联程度开始减小。

由图 5 - 12 可以看出，中国第二产业经济效率的 Moran 指数经历了先增大后减小的倒 U 形变化趋势。其中，1978 ~ 1980 年第二产业经济效率的 Moran 指数小于 0，且显著性水平不高，说明改革开放初期中国第二产业经济效率的空间关联性并不强，表现出随机分布状态。1981 年出现第一个波峰，Moran 指数为 0.1098，但显著性水平并不高。此后，第二产业的 Moran 指数逐年增大，到 1993 年达到最大值，为 0.4235，且显著性水平极高。这一阶段，随着改革进程的深入，第二产业经济效率的空间溢出关联效应越来越明显，第二产业经济效率趋向于在一定区域内发生集聚。

1994 ~ 2004 年，第二产业经济效率的 Moran 指数逐渐下降但始终大于 0，且均通过了 5% 以上的显著性水平检验，说明这一时期，中国第二产业经济效率的空间关联溢出效应开始逐渐降低，第二产业经济效率的空间集聚特征有所减弱。2005 ~ 2007 年，虽然第二产业经济效率的 Moran 指数仍然大于 0，却不显著，接近随机分布状态。而 2008 年以来，第二产业经济效率的 Moran 指数为负，表现出低效率区域与高效率区域集聚的趋势，但并不显著。

第三产业经济效率与第一、第二产业经济效率的表现有很大差异。除 1982 年、1983 年第三产业经济效率的 Moran 指数大于 0 外，其余年份的 Moran 指数均小于 0，且较为显著。这说明改革开放以来，中国第三产业经济效率基本处于负的空间自相关状态，高效率地区倾向于和低效率地区集聚，效率的空间溢出效应不显著。

结构变动效率方面（见图 5 - 11），1978 ~ 1995 年，中国区域经济结构变动效率的 Moran 指数均大于 0，且基本通过了 5% 及以上的显著性水平检验。这说明在此阶段，中国区域经济结构变动效率具有正的空间自相关性，表现出高效率区域与高效率区域或低效率区域与低效率区域集聚的空间关联特征。1995 年以来，区域经济结构变动效率的 Moran 指数开始降低并且小于 0，开始由正的空间自相关转变为负的空间自相关，区域经济结构变动效率的空间溢出效应减弱。

三　中国区域经济发展效率的空间关联格局

虽然全局 Moran 指数可以反映出区域经济发展效率总体的空间关联程度，但只是一个"概念性"的统计性描述，不能探测到区域经济发展效率具体区域集聚分布的空间格局。因此，这里用局部空间自相关的 Moran'I 散点图对中国区域经济发展效率的局部空间自相关特征进行进一步研究。

（一） 中国区域经济总量效率的 Moran'I 散点图

在 Geoda – 1.6.6 软件支持下，本书选择 1980 年、1990 年、2000 年及 2012 年区域经济发展效率的 Moran'I 散点图进行分析。

首先是单位面积产出效率的 Moran'I 散点图。图 5 – 13 显示了 1980 年、1990 年、2000 年、2012 年中国区域经济单位面积产出效率的 Moran'I 散点图。可以看出，中国单位面积产出效率正的空间自相关性是比较稳定的，各省份单位面积产出效率主要集中分布在第三象限和第一象限，第二象限和第四象限分布极少。

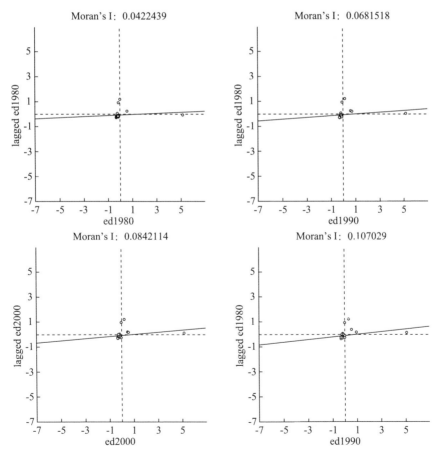

图 5 – 13　单位面积产出效率 Moran'I 散点图（1980 年、1990 年、2000 年、2012 年）

其中北京、天津两市一直分布在第一象限内，属于 H – H 正的空间自相关类型；河北、浙江则一直分布在第二象限内，属于 L – H 负的空间自相关类型；江苏、上海在 1980 年分别在第二象限、第四象限内，此后则一直分布在第一象限内；其他省份一直分布在第三象限内，属于 L – L 正的空间自相关类型（见表 5 – 8）。

表 5 – 8　中国单位面积产出效率 Moran'I 散点图象限分布情况

象限分布	1980 年	1990 年	2000 年	2012 年
第一象限（H – H）	北京、天津	北京、天津、上海、江苏	北京、天津、上海、江苏	北京、天津、上海、江苏
第二象限（L – H）	河北、江苏、浙江	河北、浙江	河北、浙江	河北、浙江
第三象限（L – L）	其他省份	其他省份	其他省份	其他省份
第四象限（H – L）	上海	无	无	无

对于大部分省份，特别是中、西部地区省份分布在第三象限，学界并无争议。这是因为，一方面，中、西部省份的经济总量与东部地区相比较小，这与中国东、中、西的经济发展梯度差异是密不可分的；另一方面，虽然中、西部地区有部分省份已经迈入"万亿"俱乐部（如内蒙古自治区等），但是由于中、西部省份行政区面积较东部大部分省份广，所谓地大物"薄"，直接导致中、西部地区（如新疆、西藏、青海、内蒙古、黑龙江、吉林等）特别是西部地区省份的单位面积产出效率低下。

但进一步分析发现，山东、广东等东部地区省份分布在第三象限有一定的问题。这是因为，就中国省际单位面积产出效率而言，北京、天津、上海与其他省份比较实际上属于"异常值"，其单位面积产出效率远远高于其他省份，对 Moran'I 散点图的分析有所影响，导致山东、广东等高单位面积产出效率省份分布在第三象限，而实际情况可能是第四象限，也即被相邻接的安徽、河南与广西、江西等省份包围。

此外，北京、天津、上海这几个"异常值"的存在，对邻接省份的分布也有一定的影响，如河北、浙江二省的单位面积产出效率其实并不低，但由于其与北京、天津和上海这几个"异常值"地区邻接，所以分布在第二象限，也即相对低效率地区被高效率地区包围。

其次是人均产出效率的 Moran'I 散点图。图 5 - 14 分别展示了 1980 年、1990 年、2000 年、2012 年中国人均产出效率的 Moran'I 散点图。由人均产出效率的 Moran'I 散点图可以看出，与单位面积产出效率相比，人均产出效率正的空间自相关性更加稳定，各省份主要分布在第一、第三象限，第二、第四象限分布较少。1980 ~ 2012 年第一、第二象限分布省份逐渐增加，第三象限分布省份逐渐减少，第四象限分布省份数量保持不变。

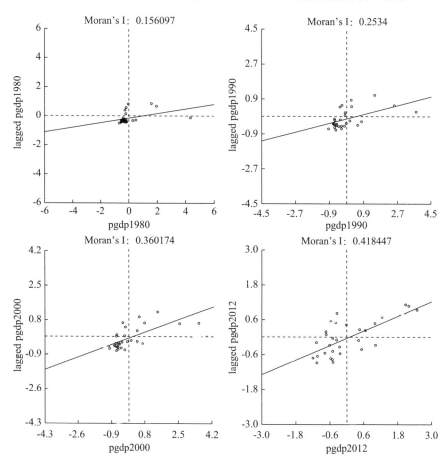

图 5 - 14　人均产出效率 Moran'I 散点图（1980 年、1990 年、2000 年、2012 年）

其中，1980 年第一象限有北京、天津 2 市，第二象限有江苏、浙江、河北、吉林 4 省，第三象限有河南、安徽等 21 省份，第四象限有上海、辽宁、黑龙江 3 省市；1990 年第一象限有北京、天津、上海、江苏、浙江 5

省市，第二象限有福建、河北、海南、广西、吉林5省区，第三象限有河南、安徽等17省份，第四象限有广东、辽宁、黑龙江3省份；2000年福建省由第二象限进入第一象限，由L-H类型转为H-H类型，第二象限则仍有河北、海南、广西、吉林4省区，黑龙江由第四象限进入第三象限，由H-L类型落入L-L类型，山东则由第三象限进入第四象限；2012年辽宁由第四象限进入第一象限，由H-L类型转为H-H类型，黑龙江、江西由第三象限进入第二象限，由L-L类型转为L-H类型，内蒙古则由第三象限进入第四象限，由L-L类型转为H-L类型。

表5-9　中国人均产出效率Moran'I散点图象限分布情况

象限分布	1980年	1990年	2000年	2012年
第一象限（H-H）	北京、天津	北京、天津、上海、江苏、浙江	北京、天津、上海、江苏、浙江、福建	北京、天津、上海、江苏、浙江、福建、辽宁
第二象限（L-H）	江苏、浙江、河北、吉林	福建、河北、海南、广西、吉林	河北、海南、广西、吉林	河北、海南、安徽、江西、吉林、黑龙江
第三象限（L-L）	其他省份	其他省份	其他省份	其他省份
第四象限（H-L）	上海、辽宁、黑龙江	广东、辽宁、黑龙江	广东、辽宁、山东	广东、山东、内蒙古

更进一步分析发现，到2012年，中国有10个省份处于高人均产出效率水平，分别是北京、天津、上海、江苏、浙江、福建、山东、辽宁、广东、内蒙古，其中除内蒙古为西部地区省份外，其余均为东部地区省份，这与中国目前经济发展水平相适应。同时也发现，河北、海南、安徽、江西、吉林、黑龙江等省份人均产出效率并不低，但由于与上述10省份邻接，因此分布在第二象限内。而河南、安徽、湖北、湖南、四川、云南等14省份由于人均GDP相对较小，且主要是中、西部省份，因此分布在第三象限。

综合单位面积产出效率和人均产出效率发现，目前中国区域经济总量效率形成东、中、西梯度空间分布格局，与中国目前经济发展水平相适应。中国区域经济总量效率正的空间自相关性比较稳定，除部分"异常值"导致的不稳定性外，与中国目前经济发展水平相符。

（二）中国区域经济要素效率的Moran'I散点图

图5-15展示了1980年、1990年、2000年、2012年中国区域经济要

素效率的 Moran'I 散点图，其中 1980 年、1990 年、2000 年区域经济要素效率均呈正的空间自相关性，2012 年区域经济要素效率呈现负的空间自相关性。由此可见，与中国区域经济总量效率相比，中国区域经济要素效率的空间关联格局稳定性相对较差。

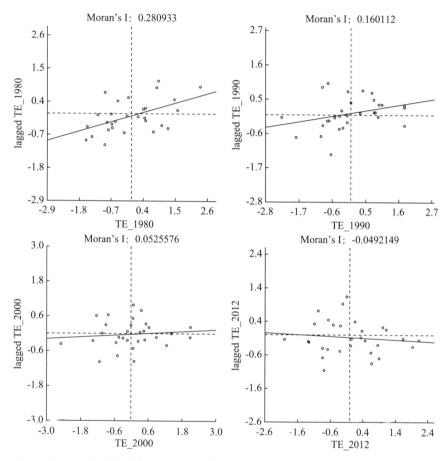

图 5-15　区域经济要素效率 Moran'I 散点图（1980 年、1990 年、2000 年、2012 年）

进一步由表 5-10 可知，1978~2012 年，中国区域经济要素效率的空间关联格局变化较大。其中，1980 年上海、江苏、浙江、福建、广东、海南、安徽、湖北 8 个省市位于第一象限，属于 H-H 正的空间自相关类型，河北、河南、山西、陕西、广西、贵州、云南、宁夏、甘肃、青海、新疆、西藏、内蒙古 13 个省区位于第三象限，属于 L-L 正的空间相关类型，而江西、山东、吉林 3 省位于第二象限，属于 L-H 负的空间自相关类型，北京、天津、辽宁、黑龙江、湖南、四川 6 省市位于第四象限，属于 H–L 负的空间自相关类型。1990 年，原本属于 H–H 类型的江苏落入 L–H 类型，而湖南、吉林、云南则分别由第四、第二、第三象限进入第一象限，广西、贵州由 L–L 类型区进入 L–H 类型区，北京、天津则由 H–L 类型区进入 L–L 类型区。2000 年，山东、江苏由 L–H 类型区升至 H–H 类型区，广西、辽宁分别由第二、第四象限进入第一象限，同时安徽、湖北、湖南、云南离开第一象限，北京、河北、河南、黑龙江则由第三象限进入第二象限，天津、甘肃由第三象限转为第四象限。2012 年，中国区域经济要素效率的象限分布再次发生变化，上海、江苏、浙江、广西、辽宁、吉林等省份均离开第一象限，河北由第二象限跨入第四象限，湖北由第三象限跨入第一象限，陕西由第三象限进入第四象限。

表 5–10　中国区域经济要素效率的 Moran'I 散点图象限分布情况

象限分布	1980 年	1990 年	2000 年	2012 年
第一象限（H–H）	上海、江苏、浙江、福建、广东、海南、安徽、湖北	上海、浙江、福建、广东、海南、安徽、湖北、湖南、吉林、云南	上海、山东、江苏、浙江、广东、海南、广西、辽宁、吉林	山东、湖北、广东、海南
第二象限（L–H）	江西、山东、吉林	山东、江苏、江西、广西、贵州	北京、河北、河南、江西、贵州、黑龙江	北京、江苏、浙江、河南、江西、广西、贵州
第三象限（L–L）	河北、河南、山西、陕西、广西、贵州、云南、宁夏、甘肃、青海、新疆、西藏、内蒙古	北京、天津、河北、河南、山西、陕西、宁夏、甘肃、青海、新疆、西藏、内蒙古、黑龙江	湖北、山西、陕西、宁夏、青海、新疆、西藏、内蒙古	山西、吉林、黑龙江、宁夏、青海、新疆、西藏、内蒙古
第四象限（H–L）	北京、天津、辽宁、黑龙江、湖南、四川	辽宁、四川	天津、安徽、福建、湖南、云南、四川、甘肃	天津、上海、河北、辽宁、安徽、福建、湖南、陕西、云南、四川、甘肃

总体来看，除宁夏、青海、新疆、西藏、内蒙古等地区稳定在第三象限以外，其余省份的经济要素效率空间关联格局变化很大。特别是一些省份的经济总量效率水平与经济要素效率水平不匹配，如 2000 年、2012 年北京均位于第二象限，属于 L–H 类型区，而从区域经济总量效率来看，

北京始终位于第一象限，属于 H - H 类型区。

（三）中国区域经济结构效率的 Moran'I 散点图

首先是第一产业经济效率的 Moran'I 散点图。

从图 5 - 16 可以看出，1978 ~ 2012 年，中国第一产业经济效率的空间关联格局较为稳定，第一产业经济效率主要分布在第一、第三象限，属于 H - H 或 L - L 类型区，而第二、第四象限分布较少。

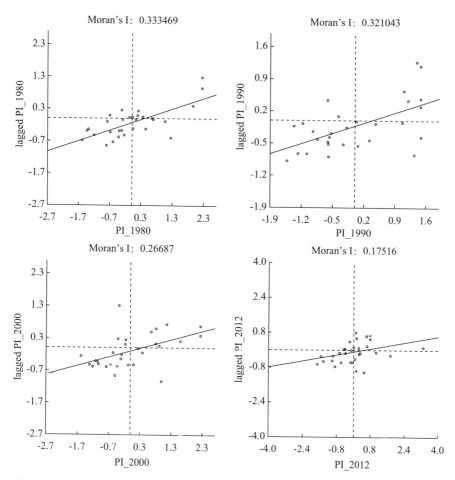

图 5 - 16　第一产业经济效率 Moran'I 散点图（1980 年、1990 年、2000 年、2012 年）

具体来看（见表 5 - 11），1980 年、1990 年、2000 年、2012 年分布在第一象限的省份数量分别为 7 个、6 个、8 个、9 个，分布在第三象限的分别有 13 个、14 个、14 个、11 个，两个象限分布的省份占总数的 2/3 左右，这说明，中国第一产业的空间集聚特征是非常突出的，这与第一产业的"自然属性"密不可分。虽然 L-L 类型区分布省份数量较多，但可以看到在逐年减少，而 H-H 类型区分布省份数量在逐年增多，说明中国省际第一产业经济效率的水平有逐步提高的趋势。

表 5-11　第一产业经济效率 Moran'I 散点图象限分布情况

象限分布	1980 年	1990 年	2000 年	2012 年
第一象限 (H-H)	上海、浙江、福建、江西、黑龙江、吉林、辽宁	北京、天津、海南、辽宁、吉林、黑龙江	北京、天津、上海、福建、广东、海南、辽宁、吉林	北京、上海、江苏、浙江、福建、广东、海南、吉林、黑龙江
第二象限 (L-H)	河北、广东、内蒙古	河北、江苏、浙江	河北、浙江、江西、黑龙江	山东、江西、广西、贵州
第三象限 (L-L)	山东、安徽、河南、湖南、广西、山西、陕西、宁夏、甘肃、青海、贵州、云南、四川	山东、安徽、河南、湖南、江西、广西、山西、陕西、宁夏、甘肃、青海、贵州、云南、四川	山东、安徽、河南、湖南、广西、山西、陕西、宁夏、甘肃、青海、贵州、云南、四川、西藏	河北、河南、湖北、山西、陕西、宁夏、甘肃、青海、西藏、内蒙古、四川
第四象限 (H-L)	北京、天津、江苏、海南、湖北、新疆、西藏	上海、福建、广东、湖北、内蒙古、新疆、西藏	江苏、湖北、新疆、内蒙古	天津、辽宁、安徽、湖南、云南、新疆

　　具体来看，黑龙江、吉林、辽宁三省以及新疆维吾尔自治区的第一产业经济效率基本分布在第一象限或者第四象限，第一产业经济效率始终比较高，这与上述地区以农业为主的第一产业规模化经营有很大的关系，其第一产业具有一定的规模效率。而北京、天津、上海等的第一产业经济效率也基本处于第一象限内，这可能是因为，上述地区第一产业主要包括外围县市的蔬菜、花卉等种植业，生产周期相对较短且直接供给本地区市场，同等规模情况下产值较高，同时第一产业从业人员相对较少，投入较少，综合来看第一产业经济效率水平较高。

　　需要注意的是，虽然中国省际第一产业经济效率有提高的趋势，但是也存在很大问题。由 Moran'I 散点图及其象限分布可以进一步看出，首先是中、西部地区第一产业经济效率水平仍然相对较低，1978~2012 年，山西、陕西、宁夏、甘肃、青海、贵州、云南、四川、西藏、内蒙古等省份基本处于第三象限；其次是一些传统农业优势较突出省份的第一产业经济效率并不高，如河北、河南、山东、安徽及湖北、湖南等省份，作为黄淮海平原、长江流域等粮食主产区的主要组成部分，其第一产业尚未达到规模效率。

当然对于山东、安徽、河南等农业人口大省而言，其第一产业经济效率水平偏低在一定程度上与数据的统计问题有关，这主要是因为，虽然上述省份的农业人口统计居多，但是由于大多数农业人口属于"离土不离乡"的外出务工人员，实际从事相关生产活动的人口并没有那么多，这可能导致对第一产业经济效率结果的有偏估计。

其次是第二产业经济效率的 Moran'I 散点图。

从图 5 – 17 可以看出，第二产业经济效率的空间关联格局并不稳定。其

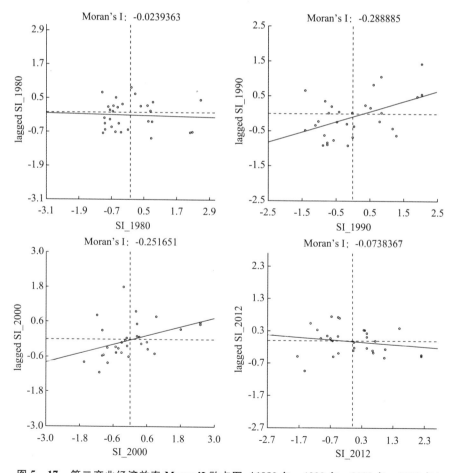

图 5 – 17　第二产业经济效率 Moran'I 散点图（1980 年、1990 年、2000 年、2012 年）

中 1980 年几乎为随机分布状态，呈现负的空间自相关，1990 年、2000 年为正的空间自相关，省际第二产业经济效率大部分分布在第一、第三象限，属于 H－H 或 L－L 类型区。到 2012 年，第二产业经济效率再次变为负的空间自相关，第二产业经济效率主要分布在第二、第四象限。

具体来看（见表 5－12），1980 年，北京、天津、上海、江苏、浙江、福建、海南 7 省市分布在第一象限内，属于 H－H 类型区，山东、广东、辽宁、黑龙江、甘肃 5 省分布在第四象限，属于 H－L 类型区，河北、安徽、江西、吉林、宁夏、青海、新疆、内蒙古 8 省区分布在第二象限，属于 L－H 类型区，河南、湖北、湖南、广西、山西、陕西、贵州、云南、四川、西藏 10 省区分布在第三象限，属于 L－L 类型区。总体来看，1980 年，高效率地区主要分布在东部沿海省份，而中西部地区第二产业经济效率相对较低。1990 年，广东从第四象限跨入第一象限，而宁夏、青海、新疆、内蒙古等地区从第二象限进入第三象限，广西和贵州则由第三象限进入第二象限，四川、云南由第三象限进入第四象限，这说明这一时期广东、四川、云南的第二产业经济效率水平有所提高。

表 5－12　第二产业经济效率 Moran'I 散点图象限分布情况

象限分布	1980 年	1990 年	2000 年	2012 年
第一象限 （H－H）	北京、天津、上海、江苏、浙江、福建、海南	北京、天津、上海、江苏、浙江、福建、广东、海南	北京、天津、上海、江苏、浙江、福建、广东、广西	北京、天津、广东、海南、辽宁、吉林
第二象限 （L－H）	河北、安徽、江西、吉林、宁夏、青海、新疆、内蒙古	河北、安徽、江西、吉林、广西、贵州	河北、江西、海南、贵州	江苏、浙江、河北、河南、江西、黑龙江、山西、宁夏、广西、贵州
第三象限 （L－L）	河南、湖北、湖南、广西、山西、陕西、贵州、云南、四川、西藏	河南、湖北、湖南、广西、山西、陕西、宁夏、甘肃、青海、新疆、内蒙古、西藏、黑龙江	安徽、河南、湖北、山西、陕西、宁夏、甘肃、青海、新疆、内蒙古、西藏、四川、黑龙江、吉林	甘肃、青海、新疆、西藏
第四象限 （H－L）	山东、广东、辽宁、黑龙江、甘肃	山东、辽宁、四川、云南	山东、辽宁、湖南、云南	上海、山东、福建、安徽、湖北、湖南、陕西、四川、云南、内蒙古

　　2000 年，海南由第一象限落入第二象限，广西则由第二象限进入第一象限，安徽、吉林由第二象限进入第三象限，湖南和四川则在第三和第四象限间互换位置。总体来看，与前一时期相比，这一时期中国第二产业经济效率的空间关联格局变化不大。2012 年，第二产业经济效率开始表现为负的空间自相关，江苏、浙江由第一象限落入第二象限，同时第三象限分布数量减少，仅剩甘肃、青海、新疆、西藏四省区，而安徽、湖北、陕西、内蒙古、四川、吉林等省区则由第三象限进入第一或第四象限，总体来看，这一时期中国第二产业经济效率的空间异质性有所减弱，中西部地区第二产业经济效率有所提高，而东部地区经济效率有所下降。

　　再次是第三产业经济效率的空间关联格局。

　　与第一、第二产业经济效率不同，中国第三产业经济效率呈现连续的负的空间自相关态势。省际第三产业经济效率主要分布在第二、第四象限，大多属于 L－H 类型区或 H－L 类型区，而第一、第三象限内 H－H 或 L－L 类型区分布相对较少（见图 5－18）。这说明中国第三产业经济效率空间异质性并不强，更多地表现出高低集聚的空间关联格局。

　　由表 5－13 可知，1980 年，中国第三产业经济效率在四个象限内的分布较为均匀，接近随机分布状态，其中北京、天津、江苏、河南、湖北、宁夏 6 省份分布在第一象限，山东、浙江、江西、海南、陕西、新疆、内蒙古 7 省区分布在第二象限，福建、辽宁、山西、湖南、四川、贵州、云南、青海、西藏 9 省区分布在第三象限，上海、广东、河北、安徽、广西、吉林、黑龙江、甘肃 8 省市分布在第四象限。由于中国这一时期第三产业发展水平较低，第三产业经济效率水平相对较低，效率的空间分布特征并不明显。

　　1990 年，第三产业经济效率的 H－L、L－H 集聚特征开始显现，然而，这一时期除上海、广东、福建以外，北京、天津、山东、江苏、浙江等东部经济发展较快地区的第三产业经济效率并不高，这或许与以上省份的第三产业仍处于投资拉动的起步阶段有关。中部的河南、安徽、江西、湖北、湖南、陕西、吉林等省份分布在第一或第四象限，第三产业经济效率相对较高。与东部省份相似，中部省份的第三产业也是处于起步阶段，且尚不及东部地区的发展水平，但是由于其投入与产出相对均衡（资本与劳动力投入同样有剩余），因此第三产业经济效率相对较高。云南与西藏

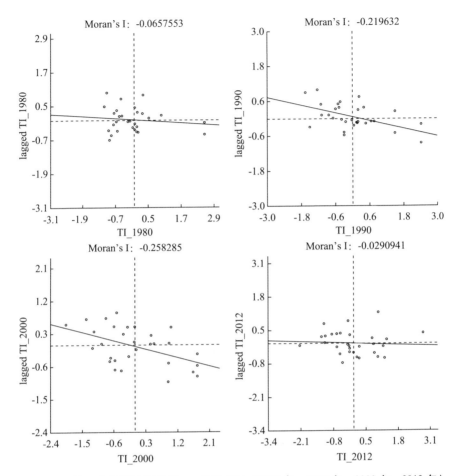

图 5 – 18　第三产业经济效率 Moran'I 散点图（1980 年、1990 年、2000 年、2012 年）

表 5 – 13　第三产业经济效率 Moran'I 散点图象限分布情况

象限分布	1980 年	1990 年	2000 年	2012 年
第一象限（H－H）	北京、天津、江苏、河南、湖北、宁夏	辽宁、河南、湖北、江西	山东、辽宁、吉林、山西、内蒙古	上海、山东、江苏、辽宁
第二象限（L－H）	山东、浙江、江西、海南、陕西、新疆、内蒙古	山东、江苏、浙江、海南、山西、广西、四川、贵州、宁夏、黑龙江	北京、江苏、浙江、河北、河南、陕西、宁夏、青海、新疆、四川、黑龙江	北京、浙江、河北、河南、江西、广西、宁夏、吉林、黑龙江
第三象限（L－L）	福建、辽宁、山西、湖南、四川、贵州、云南、青海、西藏	北京、天津、甘肃、青海、新疆、内蒙古	广东、海南、江西、湖北、湖南、广西、贵州	广东、山西、陕西、四川、贵州、青海、新疆、西藏

续表

象限分布	1980 年	1990 年	2000 年	2012 年
第四象限 （H-L）	上海、广东、河北、安徽、广西、吉林、黑龙江、甘肃	上海、福建、广东、河北、安徽、湖南、陕西、吉林、云南、西藏	天津、上海、安徽、福建、甘肃、云南、西藏	天津、福建、海南、安徽、湖北、湖南、云南、甘肃、内蒙古

的第三产业经济效率与周边地区比较相对较高，这一方面与其第三产业经济体量较小，导致较少的投入可以获得相对较多的产出的边际效应有关，另一方面也因为其第三产业占 GDP 比重高，1990 年云南第三产业比重为27.8%，西藏为 36.2%，而同期的北京、上海、山东、广东的第三产业比重分别为 38.8%、30.9%、29.8%、35.8%，全国平均水平仅为 31.5%，同时相对于产出而言第三产业的劳动力和资本投入相对较少（谢长进，2006）。但是，必须强调的是，中部省份及云南、西藏等地区第三产业的高效率并不代表其第三产业经济水平的高级化，其第三产业结构层次仍然是偏低的。

2000 年，第三产业经济效率的 H-L、L-H 集聚类型继续强化。山东、吉林、山西、内蒙古进入第一象限，北京由第三象限进入第二象限，天津由第三象限进入第四象限，广东则由第四象限进入第三象限，其余省份分布基本没有变化。这说明天津、山东、吉林、山西、内蒙古的第三产业经济效率有所提升，而广东的第三产业经济效率则相对下降。

2012 年，第三产业经济效率的空间关联格局发生变化，负的空间自相关性减弱，再次接近随机分布状态。其中上海、山东、江苏、辽宁位于第一象限，属于 H-H 类型区，北京、浙江、河北、河南、江西、广西、宁夏、吉林、黑龙江位于第二象限，属于 L-H 类型区，广东、山西、陕西、四川、贵州、青海、新疆、西藏位于第三象限，属于 L-L 类型区，天津、福建、海南、安徽、湖北、湖南、云南、甘肃、内蒙古位于第四象限，属于 H-L 类型区。其中，北京、浙江、广东等东部省份第三产业经济效率仍相对较低，与它们不同的是，上海第三产业以金融服务业等为主，层次高、发育完善，第三产业经济效率相对较高。同时，中部地区、西部地区及东北地区一些省份第三产业比重不高、结构偏低，第三产业经济效率有待提高。

最后是经济结构变动效率的空间关联格局。

由图 5 - 19 可知，1980 年、1990 年中国省际经济结构变动效率大部分集中在第一、第三象限，空间异质性比较突出。2000 年，中国省际经济结构变动效率主要集中在第二、第四象限，属于 L - H、H - L 集聚类型，省际经济结构变动效率的空间异质性开始减弱。2012 年，中国省际经济结构变动效率 Moran 指数虽然小于 0，但是经济结构变动效率仍然主要集中在第一、第三象限。

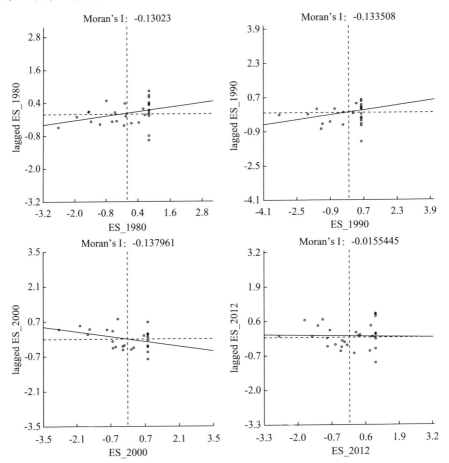

图 5 - 19　经济结构变动效率 Moran'I 散点图（1980 年、1990 年、2000 年、2012 年）

由表 5 - 14 可知，1980 年，中国经济结构变动效率主要表现为 H - H、L - L 集聚类型，其中北京、天津、上海、山东、江苏、浙江、安徽、海南、吉林、黑龙江主要分布在第一象限，经济结构变动效率呈现高效率与高效率区域集中的空间关联格局。湖南、广西、贵州、云南、山西、陕西、宁夏、内蒙古等主要分布在第三象限，经济结构变动效率呈现低效率与低效率区域集中的空间关联格局。其余省份主要分布在第二、第四象限。可以看出，这一时期中国区域经济结构变动效率的空间关联格局较为清晰，东部地区、东北地区与中部地区、西部地区的空间异质性特征较为明显。

表 5－14　经济结构变动效率 Moran'I 散点图象限分布情况

象限分布	1980 年	1990 年	2000 年	2012 年
第一象限（H－H）	北京、天津、上海、山东、江苏、浙江、安徽、海南、吉林、黑龙江	上海、山东、江苏、浙江、福建、广东、海南、安徽、江西、湖北、辽宁、吉林、黑龙江	上海、浙江、广东、海南、辽宁、广西、云南	北京、天津、上海、江苏、浙江、福建、广东、海南、安徽、辽宁、吉林
第二象限（L－H）	福建、河北、江西、青海、新疆	河北、广西、贵州	江苏、河北、江西、贵州、宁夏、青海、黑龙江	河北、江西、山西、宁夏、青海、黑龙江
第三象限（L－L）	湖南、广西、贵州、云南、山西、陕西、宁夏、内蒙古	山西、陕西、宁夏、甘肃、青海、四川	山西、陕西、河南、湖北、湖南、四川	河南、湖北、湖南、广西、贵州、四川、云南、新疆
第四象限（H－L）	广东、辽宁、河南、湖北、四川、甘肃、西藏	北京、天津、河南、湖南、云南、新疆、西藏、内蒙古	北京、天津、山东、福建、安徽、甘肃、新疆、西藏、内蒙古、吉林	山东、陕西、甘肃、西藏、内蒙古

1990 年，中国区域经济结构变动效率的空间异质性得到强化。东部地区主要省份及东北三省主要分布在第一象限，呈现高效率与高效率区域集中的空间关联格局，而山西、陕西、宁夏、甘肃、青海、四川这些西部省份则分布在第三象限，呈现低效率与低效率集中的空间关联格局。河北、广西、贵州的经济结构变动效率较低，被高效率区域包围，而北京、天津、河南、湖南、云南、新疆、西藏、内蒙古的经济结构变动效率较高，被相邻的低效率区域包围。

2000 年，中国区域经济结构变动效率开始表现为 L－H、H－L 类型集聚特征。其中，山东、福建、安徽由第一象限进入第四象限，江苏、黑龙江从第一象限落入第二象限，河南、湖南由第四象限进入第三象限，经济结构变动效率下滑，经济结构变动出现倒退状态。广西则由第二象限进入第一象限，经济结构变动效率有所提高。

2012 年，中国区域经济结构变动效率的 Moran 指数虽然小于 0，但主要表现为 H－H、L－L 集聚类型。北京、天津、福建、安徽、吉林由第四象限进入第一象限，均呈现高效率与高效率区域集中的空间关联格局，云南、新疆则由第一、第四象限落入第三象限，区域经济结构变动效率有所倒退，陕西由第三象限进入第四象限，区域经济结构变动效率有所提升，其余省份经济结构变动效率变化不大。

由此可见，1978～2012 年，虽然中国区域经济结构变动效率的 Moran'I 散点图有所变动，但是基本的空间关联格局变化较小，东部地区主要呈现高效率与高效率集中的空间关联格局，中部地区、西部地区大多数省份呈现低效率与低效率集中的空间关联格局，区域经济结构变动效率的空间异质性较为显著。

第四节　中国区域经济发展效率类型划分

区域经济发展效率是区域经济总量效率、区域经济要素效率、区域经济结构效率的综合。由前文的分析可知，中国区域经济发展效率呈现一定的空间关联格局，但是区域经济总量效率、区域经济要素效率以及区域经济结构效率的空间关联形式存在一定的差异。如有的地区总量效率高，要素效率却较低；有的地区要素效率高，而结构效率却表现一般。同时，虽然上述空间关联形式存在差异性，但也存在一定的共性。如总体来看，东部地区的区域经济总量效率、区域经济要素效率以及区域经济结构效率相对较高，而中部地区、西部地区同期相对较低，当然也存在西藏、海南等特殊情况。区域经济发展效率各组成部分之间的差异性与共性，必然导致中国区域经济发展效率存在不同的类型。为了更清晰地认识中国区域经济发展效率的差异与空间格局现状，本节我们尝试对 2012 年中国区域经济发展效率的类型进行划分，并进一步分析中国省际区域经济发展效率的内在区别与联系。

一　划分方法

本书应用聚类分析方法对中国区域经济发展效率进行类型划分。聚类分析的基本原理是根据样本自身的数据属性，运用数学方法，按照不同的指标定量地确定样本之间的远近关系，并按照这种关系对样本进行分类。常见的聚类分析方法包括系统聚类、动态聚类、模糊聚类，本书采用系统聚类方法（徐建华，2009）。

首先，对聚类要素进行标准化处理。标准化方法有很多，包括极差标准化、极大值标准化、总和标准化、标准差标准化等，这里选择标准差标准化方法。公式如下：

$$x'_{ij} = \frac{x_{ij} - \bar{x}_j}{s_j} \tag{5-6}$$

其中，$\bar{x}_j = \frac{1}{m}\sum_{i=1}^{m}x_{ij}$；$s_j = \sqrt{\frac{1}{m}\sum_{i=1}^{m}(x_{ij} - \bar{x}_j)^2}$；$i = 1,2,3,\cdots,m$；$j = 1,2,3,\cdots,n$。

其次，采用欧式距离（Euclidean 距离）测度 30 个省区市样本间的距离。公式如下：

$$d_{ij} = \sqrt{\sum_{k=1}^{n}(x'_{ik} - x'_{jk})^2} \tag{5-7}$$

其中，$i = 1,2,3,\cdots,m$；$j = 1,2,3,\cdots,n$。

最后，采用离差平方和法（Ward's Method）计算类间距离，并对样本进行归类。离差平方和分析方法的思想来自方差分析，它是由 Ward 于 1936 年提出的一种系统聚类方法（胡雷芳，2007）。应用这种方法，可以实现组内（同类）离差平方和最小，组间（类与类之间）离差平方和最大，实现了对不同类样本的有效区分。

假设已经将样本分为 k 类，即 $G_1,G_2,G_3,\cdots,G_k$，x_{it} 表示 G_t 中第 i 个样本的变量指标值向量，n_t 表示 G_t 中样本个数，$\bar{x}_t$ 表示 G_t 重心（即该类样本均值），则 G_t 中样本的离差平方和为：

$$S_t = \sum_{i=1}^{n_t}(x_{it} - \bar{x}_t)^T(x_{it} - \bar{x}_t) \tag{5-8}$$

k 个类内离差平方和为：

$$S = \sum_{t=1}^{k}S_t = \sum_{t=1}^{k}\sum_{i=1}^{n_t}(x_{it} - \bar{x}_t)^T(x_{it} - \bar{x}_t) \tag{5-9}$$

按照上述方法介绍，应用 SPSS 18.0 内系统聚类模块进行聚类分析。

二 划分依据

区域经济发展效率是区域经济总量效率、区域经济要素效率、区域经济结构效率的综合，因此，单独按照其中某一个或者某几个效率类型来认识区域经济发展效率都不够全面。比如，内蒙古的人均产出效率相对较高，但不能因此就认为内蒙古自治区的经济发展效率高，因为虽然其人均产出效率相对较高，但这与其资源型经济及行政区内人口数量较少有关，然而其单位面积产出效率却很低。因此，要认识中国区域经济发展效率的差异与空间格局，就必须将区域经济发展效率的各组成要素综合纳入进来进行分析考虑。

本书按照区域经济总量效率、区域经济要素效率、区域经济结构效率叠加后划分区域经济发展效率类型，具体来看主要包括前文分析的 7 个要素指标，即单位面积产出效率、人均产出效率、要素效率、第一产业经济效率、第二产业经济效率、第三产业经济效率及经济结构变动效率。这里选取 2012 年的上述指标数据进行聚类分析。

三 结果分析

由图 5-20 可以看出，目前中国 30 个省份的区域经济发展效率大致分为七大类型区域，同时在每个大类下面又有不同的亚类。

（一）主要类型

第一类：上海；

第二类：青海；

第三类：湖南、云南、湖北、四川、辽宁、山东、甘肃，其中湖南、云南、湖北、四川为一亚类，辽宁、山东、甘肃为一亚类；

第四类：西藏、陕西、浙江、广东、北京、吉林、内蒙古，其中西藏、陕西为一亚类，浙江、广东为一亚类，北京、吉林为一亚类，内蒙古为一亚类；

第五类：天津、江苏；

第六类：安徽、福建、海南；

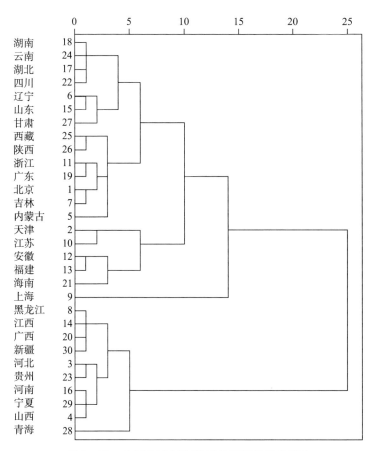

图 5 - 20　中国区域经济发展效率聚类树状谱系

第七类：黑龙江、江西、广西、新疆、河北、贵州、河南、宁夏、山西，其中黑龙江、江西、广西、新疆为一亚类，河北、贵州为一亚类，河南、宁夏、山西为一亚类。

（二）类型特征

从上述类型划分结果可以看出，当前中国区域经济发展效率类型既具有一定的合理性，同时也存在一定的问题。仅从效率类型划分结果来看，其虽不能很好地反映不同类型间经济发展效率的高低，但可以大致反映出不同类型区域经济发展效率的特点。

其中，上海作为单独一类，无疑是中国区域经济发展效率的绝对领先城市，其总量效率、要素效率、结构效率均居全国领先地位。青海作为单独一类，属于中国区域经济发展效率水平最低的省份，无论是总量效率还是要素效率和结构效率，均处于较低水平。

第三类的湖南、云南、湖北、四川、辽宁、山东、甘肃，在空间上表现出一定的集聚特征，典型的共同点是区域经济总量效率不高，但均具有相对较高的区域经济要素效率。同时，上述大部分省份第二产业、第三产业经济效率相对较高，但结构变动效率表现出显著的分异特征，其中湖南、云南、湖北、四川的经济结构变动效率偏低，被归为同一亚类，而辽宁、山东、甘肃的经济结构变动效率相对较高。

第四类的西藏、陕西、浙江、广东、北京、吉林、内蒙古，没有表现出一定的空间集聚特征，典型的共同特点是大部分地区经济要素效率、第三产业经济效率均不高。其中西藏、陕西为一亚类，共同表现为经济总量效率、第一产业经济效率偏低，但具有相对较高的经济结构变动效率。浙江、广东为一亚类，共同表现为具有较高的人均产出效率、第一产业经济效率及经济结构变动效率。北京、吉林则共同表现为具有较高的第一产业、第二产业经济效率，同时经济结构变动效率也相对较高。而内蒙古则由于第三产业经济效率相对较高而被单独归为一亚类。

第五类的天津、江苏的典型共同特点是均属于中国经济的重要增长极，具有较高的经济总量效率，同时第一产业、第三产业经济效率及经济结构变动效率也相对较高，而天津具有更好的经济要素效率和第二产业经济效率，这是二者的区别之处。

第六类的安徽、福建、海南的典型共同特点是单位面积产出效率相对较低，而经济要素效率、经济结构变动效率均居于全国前列。同时在人均产出效率方面，福建相对较高，而安徽、海南较低。

第七类的黑龙江、江西、广西、新疆、河北、贵州、河南、宁夏、山西的典型共同特点是均属于中西部省份，经济总量效率、经济要素效率、第二产业和第三产业经济效率、经济结构变动效率均处于较低水平。其中黑龙江、广西、江西、新疆由于第一产业经济效率相对较高，被划为一亚类；河北、贵州由于具有相对较高的第三产业经济效率，被划为一亚类；河南、宁夏、山西由于第一产业经济效率偏低而被划为一亚类。

四　存在问题

通过聚类分析发现，中国区域经济发展效率的类型分布具有一定的规律性，但同时也存在一定的问题。

首先，区域经济总量与区域经济发展效率不匹配问题严重。严格讲，除上海外，中国其余地区均没有表现出应有的区域经济发展效率特征，区域经济总量与区域经济发展效率不匹配问题严重。以北京为例，北京作为中国的政治和经济中心，其经济总量效率表现居于全国前列，然而其经济要素效率却处于很低的水平，本书的测算结果显示其经济要素效率位于全国倒数第四（倒数前三分别为青海、宁夏、内蒙古），这些都与北京在全国的经济地位极不相符。除北京以外，东部地区其余省份经济总量处于中国高梯度位置，但是其经济要素效率、结构效率的表现并没有与经济总量效率的表现相适应。

其次，区域经济结构与经济结构效率不协调问题突出。以第三产业经济效率为例，北京、广东、浙江的第三产业经济总量水平都位于全国前列，但是第三产业经济效率水平十分低下，分别排在第 23、16、18 位。这种区域经济结构与经济结构效率的不协调，直接导致区域难以发挥其应有的功能，影响区域经济的可持续发展。

本章小结

首先，通过 DEA 模型测度中国区域经济发展效率，运用标准差及变异系数分析了中国区域经济发展效率的地域差异。研究表明，改革开放以来中国省份之间的区域经济总量效率相对差异表现为倒 N 形变化趋势，即经历了先减小后增大，然后又趋于减小的趋势。而区域经济要素效率差异则表现为 U 形变化态势。三次产业经济效率差异呈现不同的变化特征，三次产业经济效率差异总体有所缩小，但未来发展趋势不同，其中第一产业经济效率区域差异最大，然后是第二产业，第三产业经济效率的差异最小。区域经济结构变动效率差异总体有所扩大，且有进一步扩大的趋势。

其次，通过全局空间自相关模型，分析了中国区域经济发展效率的空间溢出效应。分析结果表明，改革开放以来，中国区域经济总量效率整体呈上升趋势，区域经济总量效率的 Moran 指数总体上通过 5% 及以上的显著性水平检验，说明中国区域经济总量效率的空间溢出关联特征较为显著，区域经济总量效率的空间集聚特征明显，效率的空间依赖性强。区域经济要素效率及结构效率方面，区域经济要素效率及区域经济结构效率的 Moran 指数并没有区域经济总量效率表现得那样显著，区域经济要素效率的 Moran 指数波动较大，总体呈逐年降低的趋势，存在一定的空间溢出关联；经济结构效率的 Moran 指数表现要优于区域经济要素效率，省际经济结构效率表现出一定的空间集聚特征。

在空间关联格局方面，Moran'I 散点图分析结果表明，改革开放以来，中国区域经济总量效率、区域经济要素效率及区域经济结构效率均表现出一定的空间关联格局，但区域经济要素效率、区域经济结构效率空间关联的稳定性相对较差。

最后，通过聚类分析发现，目前中国区域经济发展效率大致可以划分为七大类型，其中每个类型下面又划分为若干亚类，表明中国区域经济发展效率空间分布具有一定的规律性特征。但同时也存在一定的问题，主要表现为区域经济总量与区域经济发展效率不匹配问题严重，区域经济结构与经济结构效率不协调问题突出。

第六章　中国区域经济发展模式反思及其路径选择

——基于区域经济发展效率视角

通过定量分析中国区域经济发展效率的时间演变及空间格局，笔者发现改革开放以来中国区域经济总量效率、区域经济要素效率、区域经济结构效率均有所提高，具有显著的阶段性演变特征，同时表现出一定的空间溢出关联格局。这与改革开放以来中国区域经济所处的发展阶段有密切联系，表现出一定的合理性。但同样由于受到目前所处发展阶段的限制，中国区域经济发展效率演变过程中出现了很多问题，需要我们对此进行反思，提出有针对性的对策。

第一节　中国区域经济发展效率演变成因
——传统"中国模式"反思

改革开放以来，中国经济发展取得了辉煌的成就，并且受到越来越多国内外经济学者的关注。也因此，近年来特别是 2008 年国际金融危机以来，越来越多的学者开始总结中国发展经济的经验，并将之概括为"中国模式"（the China Model）。

至于到底何谓"中国模式"，存不存在"中国模式"，则是众说纷纭。徐康宁（2011）认为，中国发展的成功，是建立在对国情的充分认识和把握之上的，中国走的是一条符合中国国情的发展道路，因此并不存在"中国模式"，只有"中国道路"。丁学良（2011）认为"中国模式"是列宁主义的政治架构、具有中国特色的社会控制系统及政府管制的市场经济三个子系统的交互作用。聂辉华（2013）则认为，由于中国自身的特殊性以及经济发展中尚面临许多问题,"中国模式"尚不存在,但可以概括出中国经济发展的主要特点:政府主导、投资驱动、人口红利、粗放增长(重化工业、环境污染等)、外贸依赖和国有控股等。正是依赖强大的政府主导力量制定若干重大的区域发展战略、产业发展战略,依靠人口红利发展附加值较低的劳动密集型产业,同时以牺牲资源和环境为代价粗放型发展,以投资和出口拉动经济,国有企业垄断国家主要经济命脉等方面,中国经济才取得了如此成就,但同时也付出了沉重的代价(环境污染等)和极大的成本。因此,我们在讨论"中国模式"时,需要肯定其对中国区域经济发展效率演变的重要性与合理性,但更重要的是反思"中国模式"带来的负效应。

一 要素投入模式反思

(一) 要素驱动下技术进步不显著

通过前文的分析可知,改革开放以来,中国经济增长伴随着全要素生产率的提高,但是全要素生产率增长率并不高,全要素生产率对经济增长的贡献率也不高,可见这一阶段中国的经济增长主要依靠要素投入,而技术进步作用较小。

与同时期美国全要素生产率对比可以更清楚地反映出问题,张辉、丁匡达(2013)对1975~2011年美国全要素生产率进行研究,发现全要素生产率提高1%,GDP提高0.64%。也就是说,美国全要素生产率对经济增长的贡献率达到64%,而中国全要素生产率对经济增长的贡献率仅为8.64%。

技术作为知识转化的一种特殊形态,对区域经济发展质量的提升作用越来越突出,因此可以用知识经济指数大致反映技术进步对一个国家或地区经济发展的贡献。知识经济指数是反映一个国家或地区知识经济领域整体发展水平的综合指数,用来评价环境是否有助于知识在经济发展中起到有效的作用(中华人民共和国国家统计局,2013)。由表6-1可以看出,2012年中国知识经济指数仅为4.37,低于"金砖国家"的俄罗斯与巴西,与美国、英国、日本、法国、德国等发达国家的差距更大,这说明目前知识在中国经济发展中的作用相对较小,也体现出技术进步对中国区域经济发展作用与发达国家及经济发展水平相当的"金砖国家"之间的差距。

表 6 - 1　世界主要国家知识经济指数（2012 年）

国家	知识经济指数	分类指数			
		经济激励机制	创新体系	教育和人力资源	信息和通信技术
加拿大	8.92	9.52	9.32	8.61	8.23
德国	8.90	9.10	9.11	8.20	9.17
美国	8.77	8.41	9.46	8.70	8.51
英国	8.76	9.20	9.12	7.27	9.45
日本	8.28	7.55	9.08	8.43	8.07
新加坡	8.26	9.66	9.49	5.09	8.78
法国	8.21	7.76	8.66	8.26	8.16
韩国	7.97	5.93	8.80	9.09	8.05
俄罗斯	5.78	2.23	6.93	6.79	7.16
巴西	5.58	4.17	6.31	5.61	6.24
中国	4.37	3.79	5.99	3.93	3.79
印度	3.06	3.57	4.50	2.26	1.90

资料来源：世界银行。

这进一步反映出，虽然从经济总量来看，中国已经成为世界第二大经济体，而且与世界第一大经济体美国相比差距也在逐渐缩小，但是从经济增长的质量来看，差距之大不言而喻。究其原因，笔者认为，这与依靠政府主导、投资驱动、人口红利、粗放增长（重化工业、环境污染等）、外贸依赖和国有控股实现经济增长的"中国模式"关系密切。

（二）政府主导下资源配置效率问题

陈清泰（2014）对改革开放以来的"中国模式"做了更为经典的概括，指出中国较长时期以来都处于一种致力于以政府为主导，以投资驱动、资源消耗为主，发展基础设施、能源、原材料、基本生活品和基础制造业，为完成工业化和经济社会发展"铺底经济存量"的"追赶型经济"过程中。在此过程中，我们效仿工业化国家的一系列做法，比较正确地发挥了政府的宏观调控职能，以政府为主导进行了大规模的投资，包括投资公共服务基础设施，及政策导向的重化工业、装备制造产业等，产生了一定的规模效应；同时，以招商引资的方式，直接或间接引进了国际上比较先进的技术、经验，为中国的技术进步奠定了一定的基础。

但正是政府这只"看得见的手"的作用范围过大，使得市场这只"看不见的手"发挥的作用较小，盲目投入资本、劳动力等要素，缺乏以市场为主的识别体系对产业监控，导致"大而全、小而全"的产业布局遍地开花，结果是重复建设、产能过剩、恶性竞争、效率低下。同时，从固定资产投资角度来看，虽然目前中国资本形成以企业自筹资金为主，但是投资结构受政府宏观调控政策影响很大（见图6-1），其中建筑安装工程占全社会固定资产投资比重始终处于60%以上，而设备、工具、器具购置及其他费用仅占全部投资比重的不到40%。

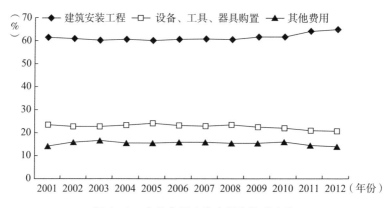

图6-1　全社会固定资产投资构成变化

资料来源：中国统计年鉴。

过去中央政府虽然也在努力提高市场对资源的配置能力，但是由于地方政府与中央政府的博弈，区域资源配置还是以地方政府为主导，导致资源错配、配置效率低下。总而言之，中国相对较低的区域经济发展效率与政府主导下的资源配置效率低下密不可分。

（三）研究与开发投入相对不足

劳动力、资本是区域经济发展所需要的基本投入要素，特别是传统工业化阶段更离不开劳动力和资本的投入，这与区域经济以劳动密集型产业和资本密集型产业为主的产业结构特征有很大的关联。但是，随着产业结构层次的提高，仅有资本与劳动力投入的提高并不能更有效地带来经济效率的提升，而更多地需要研究与开发投入，来提升自身创新能力，进而提升效率水平。

胡求光等（2011）从理论上分析了 R&D 对区域经济发展效率的影响机制，指出 R&D 通过改进生产函数、技术创新溢出、优化产业结构等提升区域经济发展效率。姚伟峰等（2005）对中国制造业企业研发投入与企业经济效率之间的关系进行了实证检验，发现纺织、服装、造纸、皮革等劳动密集型与资本密集型企业对技术的要求一般，研究与开发投入并不能带来效率的明显提高，而电子、机械等技术密集型企业则对研发投入要求较高，研发投入对企业经济效率的影响很大。而 Nadiri 和 Kim 关于美国、日本、韩国 R&D 对其生产率影响的研究表明，R&D 可以代表一个国家的创新能力，并且对该国的生产率产生正面影响。

对比发展中国家与发达国家的 R&D 水平可以看出，二者层次非常明显（见图 6-2），发展中国家的 R&D 投入水平远远落后于发达国家。就中国而言，2000 年 R&D 投入占 GDP 的比重仅为 0.9%，而同期世界平均水平为 2.13%，虽然 2012 年中国 R&D 投入占 GDP 的比重已经达到 1.98%，但与世界 2.14%（2009 年）的平均水平相比仍有差距，而与美、日、韩等国家相比差距更大。

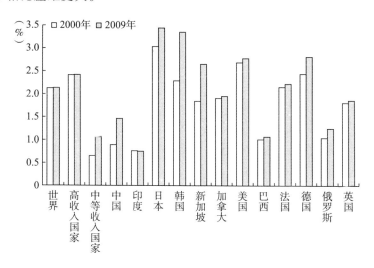

图 6-2　世界主要国家和地区 R&D 占 GDP 比重

注：其中加拿大、法国、德国、俄罗斯、英国为 2009 年数据，印度为 2007 年数据，其余国家和地区为 2008 年数据。

资料来源：《国际统计年鉴 2013》。

二　结构发展模式反思

（一）经济结构失衡

经济结构失衡是指经济系统的各组成部分之间以及经济系统、资源环境系统与社会系统之间的比例关系在经济增长过程中持续偏离均衡状态，从而导致区域经济走向无序的一种状态（项俊波，2009）。具体包括产业结构、投资消费结构、金融结构、区域经济结构、国际收支结构等方面的失衡。

区域经济发展伴随着经济结构的演进，不仅包括产业结构的演进，还包括投资消费结构、金融结构、国际贸易结构以及区域经济结构（中心－外围结构、城乡结构等）的演进等。也就是说，不同的发展阶段都有一种特殊经济结构的均衡状态与之对应，如果说偏离了这种经济结构的均衡状态，出现经济结构失衡，可能会导致资源配置不合理、运行效率低下等问题的产生。

改革开放以来，中国长期处于政府主导的经济赶超过程中，虽然带来了高增长率，但同时也造成了一系列经济结构失衡问题，影响了中国区域经济发展效率的提高。

首先是产业结构失衡。前面已经提到，产业结构是分工的结果，既包括行业分工，又包括区域分工，同时产业结构与经济发展水平保持着规律性的联系。从行业分工来看，改革开放以来，以政府为主导的投资主要集中于制造业部门，而对第一产业、第三产业的投资不足，导致钢铁、石化、装备制造等重化工业比重过高，带来产能过剩、能源环境压力增大等负面问题。从区域分工来看，由于宏观产业政策引导不合理，加之地方政府的政绩观导向，产业结构并未在全国形成合理的分工格局，而是区域之间盲目发展，导致区域之间恶性竞争、产能严重过剩。由这两方面导致的产业结构失衡严重影响了中国经济效率的提升。

同时，从产业结构与经济发展水平的适应性来看，中国的产业结构水平虽然有所提高，但仍然相对较低，严重制约了中国经济效率的进一步提高。由表6-2可以看出，2010年，从世界平均水平来看，农业增加值占国内生产总值的比重为2.8%，工业增加值为26.3%，服务业增加值为70.9%。而2011年中国各产业增加值比重分别为10%、46.6%、43.3%，与世界平均水平相比农业、工业增加值比重偏高，而服务业增加值比重偏低。与高收入国家及中等收入国家相比，产业结构水平的差距更大。

表 6-2 世界主要国家和地区国内生产总值产业构成

单位：%

国家和地区	农业增加值占国内生产总值比重		工业增加值占国内生产总值比重		服务业增加值占国内生产总值比重	
	2000 年	2011 年	2000 年	2011 年	2000 年	2011 年
世界	3.5	2.8[①]	28.7	26.3[①]	67.7	70.9[①]
高收入国家	1.8	1.3[①]	27.5	24.4[①]	70.8	74.3[①]
中等收入国家	11.4	9.7	35.5	34.7	53.1	55.6
中低收入国家	12	10	35.1	34.4	52.9	55.5
低收入国家	33.8	24.7[①]	20.9	25.3[①]	45.3	50.0[①]
中国	15.1	10	45.9	46.6	39	43.3
印度	23.1	17.2	26.1	26.4	50.8	56.4
日本	1.5	1.2[①]	31.1	27.4[①]	67.4	71.5[①]
韩国	4.6	2.6[①]	38.1	39.3[①]	57.3	58.2[①]
新加坡	0.1	0	34.5	26.6	65.4	73.4
加拿大	2.3	1.9[②]	33.2	32.0[②]	64.5	66.1[②]
美国	1.2	1.2[①]	23.4	20.0[①]	75.4	78.8[①]
巴西	5.6	5.5	27.7	27.5	66.7	67
法国	2.8	1.8[③]	22.9	19.1[③]	74.2	79.2[③]
德国	1.3	0.9[①]	30.5	28.2[①]	68.2	71.0[①]
俄罗斯	6.4	4.0[①]	37.9	36.7[①]	55.6	59.3[①]
英国	1	0.7[①]	2⁄.3	21.7[①]	71.7	77.6[①]

注：①2010 年数据；②2008 年数据；③2009 年数据。
资料来源：世界银行 WDI 数据库。

其次是投资消费结构失衡。由前文分析可知，中国长期以来都采用要素投入拉动型的经济发展模式，这种方式虽然促进了经济快速增长，但对经济效率的提高起到抑制作用。图 6-3 显示了世界主要国家的资本形成率与居民消费率对比。其中资本形成率（即投资率），指资本形成总额占国内生产总值的比重，居民消费率则指居民最终消费支出占国内生产总值的比重。对发展中国家而言，由于要在人均收入水平不高的前提下实现经济的快速追赶，所以其大多依靠投资来拉动经济，如中国、印度等国家。但是，当一国进入中等收入国家行列时，若其仍然以投资拉动为主，则容易导致"中等收入陷阱"的产生。当前中国已经迈入中等收入国家行列，而 2010 年，中国的资本形成率几乎为 50%，居民消费率则低于 40%，不但与发达国家相比差距很大，就是与印度、巴西等国家相比，也存在较大差距。这很容易导致经济增长缺乏动力进而衰退，更会影响经济效率的提高。

（二）三次产业贡献率低

产业结构失衡是以往中国结构发展模式中存在的重要问题之一。同时还存在另一个问题，就是三次产业对经济增长的贡献率不高。

首先从三次产业增量来看，改革开放以来，虽然中国三次产业均保持较快的增长速度，但是，三次产业增量存在较大差距。从图 6 - 4 可以看出，中国第一产业对经济增长的贡献率[①]逐渐降低，但近年来有提高的趋势，由 2010 年的 3.8% 提高到 2012 年的 5.7%；第二产业对经济增长的贡献率稳中有降，2012 年为 48.7%；而第三产业对经济增长的贡献率提高较大，由 1990 年的 17.3% 提高到 2012 年的 45.6%，但始终低于第二产业贡献率。这进一步说明，长期以来中国经济增长主要还是依靠第二产业，第三产业对经济增长的贡献率较低。进一步与美国、法国、德国等发达国家相比，可以更明显地看出其差距（见表 6 - 3）。

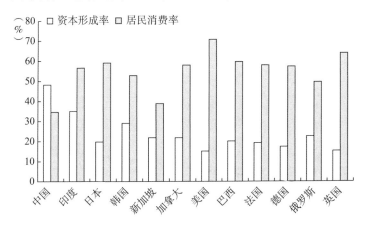

图 6 - 3　世界主要国家投资消费结构（2010 年）
资料来源：世界银行 WDI 数据库。

---

①　三次产业贡献率指各产业增加值增量与 GDP 增量之比。

表6-3 世界主要国家三次产业对经济增长的贡献率

单位：%

国家	第一产业对国内生产总值增长的贡献率		第二产业对国内生产总值增长的贡献率		第三产业对国内生产总值增长的贡献率	
	2000年	2011年	2000年	2011年	2000年	2011年
中国	4.4	4.6	60.8	51.6	34.8	43.7
印度	—	6.2	37.7	14.5	62.3	79.3
日本	1.2	-2.1[②]	29.8	79.9[②]	68.9	22.3[②]
韩国	0.7	-2.4[②]	50.9	69.3[②]	48.4	33.0[②]
新加坡	-0.1	—	46.1	43.9	54.0	56.1
加拿大	-0.7	1.0[②]	47.8	50.1[②]	52.9	48.9[②]
美国	3	-1.4[②]	14.9	37.3[②]	82.1	64.1[②]
法国	-1	-2.5[①]	26.9	58.7[①]	74.2	43.8[①]
德国	-0.1	-0.1[②]	38.1	56.9[②]	62	43.2[②]
俄罗斯	8.5	-16.7[②]	48.2	72.4[②]	43.3	44.3[②]

注：①2009年数据；②2010年数据。
资料来源：世界银行WDI数据库。

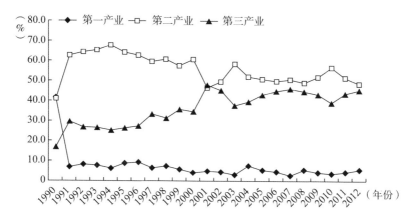

图6-4 中国三次产业对经济增长的贡献率变化
资料来源：《中国统计年鉴2013》。

　　其次从三次产业增速来看，三次产业增速也存在较大差距（见图6-5）。总体来看，中国第一产业对经济增长的拉动逐渐降低，目前保持在0.4个百分点。第二产业对经济增长的拉动波动较大，总体处于降低态势，但始终高于第一、第三产业，1992年对经济增长拉动最高达9.2个百分点，

2012 年为 3.7 个百分点。第三产业对经济增长的拉动表现为波动提升态势，2007 年最高达 6.6 个百分点，2012 年为 3.5 个百分点。

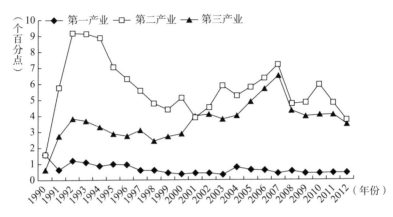

图 6-5 中国三次产业对经济增长的拉动

资料来源：《中国统计年鉴 2013》。

结合世界经济发展规律来看，高效率的经济发展水平应该伴随第三产业的蓬勃发展，虽然改革开放以来中国第三产业对经济增长的贡献率与拉动效应均呈现显著的提升态势，但是目前中国第二产业对经济增长的贡献率与拉动效应仍然占主要地位，第三产业的发展还相对不足，这也是中国区域经济发展效率相对较低的重要原因之一。

（三）三次产业经济效率偏差

前文分析结果表明，改革开放以来，中国三次产业经济效率均有一定的提高（见图 6-6），同时存在的问题也十分明显，即三次产业经济效率存在一定的偏差，其中第一产业、第二产业经济效率进步较为显著，而第三产业经济效率提升速度相对缓慢。显然，这也是中国经济结构失衡的突出表现之一。

就第一产业而言，伴随着生产方式及生产条件的改善，效率的提高极为显著，但毕竟第一产业对中国区域经济发展更大的作用是确保粮食安全，而对经济增长的贡献作用相对并不重要，这也是世界各国经济发展的普遍规律。

而就第二产业而言，其以工业、制造业为主，长期以来一直是中国经济增长的重要支撑，但由于改革开放之后很长时间内，中国政府注重的是以投

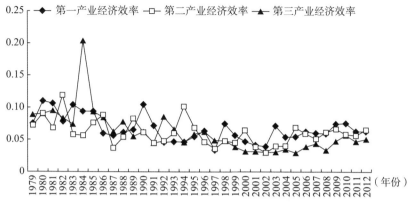

图 6 - 6 中国三次产业经济效率对比

资拉动,引进外商投资与先进技术和管理经验为主,而缺乏自主创新能力,其经济效率虽然有所提升,但亦面临进一步提高的瓶颈。另外,从第二产业劳动承载情况来看,第二产业仍然以劳动密集型为主(见图 6 - 7),即便是资本密集型的重化工业,其从业人员与发达国家相比仍有很大差距,这也导致中国第二产业经济效率的低下。

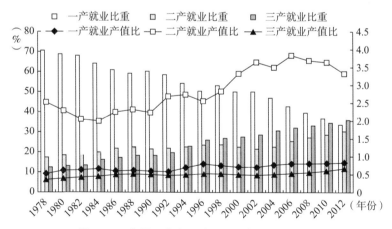

图 6 - 7 中国三次产业就业比重与就业产值比

注:就业产值比 = 就业人员比重/产值比重。

资料来源:《中国统计年鉴 2013》。

同时,长期以来依赖中国劳动力比较优势发展的加工制造业始终处于产业链的中游,以劳动密集型的加工、组装、制造为主,而上游的研发、设计、品牌营销、金融业等行业发展不足,是名副其实的"中国制造",

经济效率低，对经济发展的贡献率不高。这与发达国家制造业相比较差距明显。以苹果手机生产为例，据统计，2012 年上半年，苹果净利润高达250 亿美元，而根据中国工信部公布的数据，2011 年上半年，中国家电行业的整体利润仅为 244.84 亿元，不到苹果利润的 1/6（李戴克，2012），而这一切主要源于苹果公司控制了整个苹果产品的研发、设计与品牌营销等上游高附加值行业。从华泰联合证券研究所公布的调查数据更可以看出这一现象，以 iPhone 为例（见图 6 - 8），苹果公司利润占整个苹果产业利润的 58.5%，而中国大陆劳工成本仅占总利润的 1.8%，非中国大陆劳工成本占 3.5%，而劳工成本和材料成本相加仅占总利润的 27%。此外韩国公司利润占到 4.7%，而这也与其为苹果手机提供处理器等核心构件有很大关系。

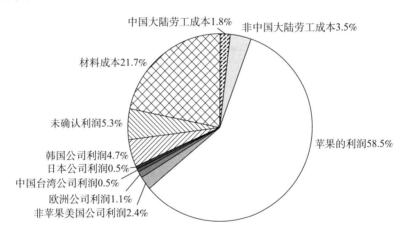

图 6 - 8　iPhone 利润在各国家（地区）间的分配

资料来源：Asian Tech Catalog，华泰联合证券研究所。

伴随着经济总量的提升，第三产业应该成为国民经济未来发展的重要引擎。但是中国第三产业产值比重虽然已经接近第二产业产值比重，但仍然没有超过 50%，与成为中国第一大支柱产业还有很长距离。同时其经济效率增速低于第一、第二产业，与第三产业经济总量增长不匹配。而这源于第三产业内部结构目前仍然以生活性服务业为主，生产性服务业比重相对较低。生产性服务业处于整个国民经济产业链的顶端，包括研发设计、品牌营销、物流、金融等，属于高附加值行业（见图 6 - 9），这正是目前中国第三产业相对欠缺之处。

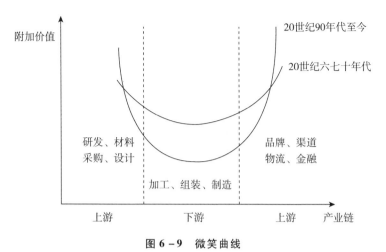

图 6 - 9 微笑曲线

资料来源：施振荣：《再造宏碁：开创、成长与挑战》，中信出版社，2005。

三 空间发展模式反思

（一）空间结构失衡

由于受水、热、光、土壤等自然条件影响，以农业为主的第一产业的发展与布局遵守自然规律，农业空间分布格局基本符合中国自然地理格局。但是全国第一产业经济效率的空间分布与中国农业开发战略格局并不相符。从全国来看，新疆、东北三省作为中国粮食主产区，第一产业经济效率处于全国前列，并且具有一定的规模效率，基本符合当前区域经济分工格局。然而作为传统农业大省的山东、河南、安徽地区，虽然地处华北平原的传统农业区，但由于农业用地的集约化水平不高，农业人口比重相对较大，第一产业经济效率并不高。而长江中下游地区的两湖地区以及江西北部、江南地区等作为中国历史上的"鱼米之乡"，第一产业经济效率也未能显现。而华南地区由于农业用地的破碎化较为严重，第一产业经济效率同样不高。

第二、第三产业经济效率的空间分布格局同样存在不合理的情况。根据全国主体功能区规划，目前中国区域开发强度较高地区主要集中在华北平原、长江中下游平原、珠江三角洲、四川盆地及东北地区的辽中南、哈长等地区，而这些地区也是中国经济发展水平和城市化水平相对较高的区域。理论上，上述区域的第二、第三产业经济效率应该与中国区域开发强度相适应，但是江苏、浙江、河北、河南、上海、山东、福建、安徽等省份的第二产业经济效率以及北京、浙江、河北、河南、广东等省份的第三产业经济效率并不高。

上述这种区域经济发展效率空间结构的失衡是中国区域经济分工不合理的体现，而这种不合理直接导致中国区域经济发展效率整体偏低，严重影响了中国区域经济发展效率的进一步提升。进一步深入分析则可以发现，这与中国长期以来实行的空间政策有十分密切的关系。

（二）空间政策反思

改革开放以来，中国实行了一系列的区域空间开发政策（战略），如东部沿海地区率先发展、东北等老工业基地振兴、西部大开发、中部崛起等，基本上是由区域非均衡发展战略到区域非均衡协调发展战略演化（见表6-4）。有目共睹的是，这些政策适应了当时中国所处的经济发展阶段，极大地促进了中国工业化水平的提高及经济的快速增长，创造了中国经济增长的奇迹。但是上述政策对中国区域经济发展效率的提升作用到底有多大则见仁见智。本书认为，上述空间政策的实施对中国区域经济发展效率的积极作用有限，甚至起到负面作用。

表6-4　区域政策的类型与空间特征

区域政策类型	空间特征	政策实例
全国普适性政策	宏观隐性	农业税、资源税等税收政策
全国生产力布局政策	宏观显性	东部沿海地区率先发展、西部大开发、中部崛起、东北等老工业基地振兴等政策
国家产业开发政策	宏观、中观隐性	针对具体产业部门发展政策
改革开放先行区政策	中观、微观显性、隐性	经济特区、经济开发区政策
问题区域、特殊功能区政策	中观、微观隐性、显性	自然保护区、资源枯竭型地区、贫困区域政策等

资料来源：宋玉祥、丁四保：《空间政策：由区域倾斜到产业倾斜》，《经济地理》2010年第1期，第1~5页。

首先，长期以地方政府为主导的工业化过程只关注经济增长，导致对第一产业的挤出效应日益明显。毋庸置疑，中国是农业大国，要想实现工业化就必须遵循经济发展的规律，发展第二、第三产业。同时，中国还是一个人口大国，粮食安全一直是中央政府十分注重的问题。但在地方政府主导的经济发展过程中，过多地关注了经济增长，将资源更多地配置在对经济拉动效应较大的第二、第三产业中，相比较而言对第一产业发展关注不足。突出表现为中国第一产业经济效率的技术效率贡献率低，第一产业经济效率的空间分布格局不尽合理。

其次，长期以来中国的空间政策以"一揽子"政策为主，政策的边际递减效应突出。一方面，以往政策实施以政策的空间安排为主，对开发区域实行"一刀切"的政策支持，也就是说，无论是东部沿海地区率先发展、东北等老工业基地振兴、西部大开发、中部崛起，还是资源枯竭型城市转型发展等政策，都只注重上述区域的整体性，进行大面积的"撒胡椒面式"的投资，而没有考虑到上述政策区域内部之间的区域差异，后果是没有发挥区域经济的比较优势，直接限制了区域经济发展效率的提高。另一方面，空间政策的实施会随着时间的推移发生变化，而这种变化的边际效应是逐渐递减的。也就是说，在上述政策实施的早期，由于政策的针对性，政策支持区域发展具有一定的优势，对效率的提升具有较为显著的作用。但是随着政策在区域间的扩展，政策的普适性增强，导致政策的区域效应减弱（宋玉祥等，2010），直接的后果就是，区域之间开始重复建设、恶性竞争，抑制经济发展效率的提高。

最后，上述空间政策对产业干预过多，缺乏市场化引导，区域发展缺少专业化特征，经济结构效率低下。空间政策的实施方向应是弥补市场的不足，而不是取代市场。然而传统政策对大多数区域产业发展都提出重点支持，对统一大市场进行分割，扭曲了市场体系。以东北地区振兴规划为例，规划阐述了东北地区装备制造业振兴的重点，但是对产业支持的区域归属，并没有做进一步的规定，直接后果是，东北各省份均为争取项目的上位政策支持而相互竞争，在缺乏市场引导的背景下争相上项目，区域间竞争无序，对区域经济发展效率的负面影响严重。

四　制度模式反思

（一）改革红利逐步消减

经历改革开放30多年，可以说在前半段时期内，中国区域经济发展效率的提升是极为明显的，这主要得益于中国改革开放所释放的制度红利带来的激励。十一届三中全会以来，中国政府肯定了"发展才是硬道理""科学技术是第一生产力"的发展理念，经济制度由只肯定公有制经济的计划经济向确立多种所有制经济共同发展的社会主义市场经济转变，极大地促进了生产关系的改善，提升了生产力水平，经济效率得到很大提高。

然而进入 20 世纪 90 年代，中国区域经济发展效率增长率开始进入下降阶段，最显著的表现是技术效率对区域经济发展效率提高的作用开始减弱，改革的制度红利开始逐步消减。这进一步反映出，虽然改革开放以来中国的市场化改革已经取得一定的成绩，但是一些深层次问题仍然未得到有效解决，如国有企业一家独大的垄断现象仍然存在；虽然鼓励中、小、微型企业进入市场，但是由于长期以来受到融资问题困扰，其并未得到全面发展；由于长期受短期利益驱使，企业更多注重模仿而创新能力不强；等等。在加入 WTO 以后，中国市场环境受国际经济环境的影响日益强烈，特别是在面对周期性的金融危机时，国内市场自身并不能很好地应对金融危机所带来的影响，而大多依靠以中央政府为主的经济刺激政策。虽然经济刺激政策可以缓解经济下行压力，但并没有从根本上提升企业的市场竞争力，进而提升经济效率，反而进入了"经济危机—政策刺激—经济危机—政策刺激"的政策效应怪圈。

此外，从比较优势层面来看，以往中国在市场化进程中实行了比较优势战略，在改革开放过程中通过积极引进发达国家的技术和管理经验来加快技术进步和提升经济发展水平。但是，这一发展战略的劣势也随着改革进程的深入逐渐暴露出来，由于长期的技术引进与模仿，中国缺乏自身制度改革动力，创新能力极为不足，"比较优势"随着改革红利的逐步消失转变为"比较劣势"（林毅夫，2003；刘刚，2011）。

（二）制度环境有待完善

这里的制度环境主要是指政府为企业发展所营造的环境。中国现行的经济体制兼有计划和市场双重特征。这就导致在企业发展过程中，中央政府与地方政府都要层层把关，企业经营效率不高。

一个可用的指标是企业开业成本，其可以反映出一个国家为企业发展所创造的制度环境。世界银行《全球营商环境报告》对世界各国企业开业所需办理的手续、时间成本、资金成本等进行了统计测算（见表 6 - 5）。

其中开办企业所需手续数表示开办一家企业所要求办理的手续数量，包括为获得许可证和执照，完成所有的登记、证明和开业通知书所进行的往来手续。这反映出政府的审批程序对企业发展的影响。从表 6 - 5 可以看出，在发展中国家，巴西开办企业所需手续最多，2005 年为 17 个，2012 年降到 13 个，中国的行政审批程序也高达 13 个，而同一阶段的发达国家如美国、加拿大、法国、英国等的审批程序要少很多。

表 6 - 5　世界主要国家企业开业成本

国家	开办企业所需手续数（个）		开办企业所需时间（天）		开办企业成本占人均收入比重（%）	
	2005 年	2012 年	2005 年	2012 年	2005 年	2012 年
中国	13	13	48	33	13.6	2.1
印度	11	12	71	27	62	49.8
日本	11	8	31	23	10.7	7.5
韩国	10	5	17	7	15.7	14.6
新加坡	6	3	6	3	0.9	0.6
加拿大	2	1	3	5	0.9	0.4
美国	6	6	6	6	0.8	1.4
巴西	17	13	152	119	10.1	4.8
法国	5	5	7	7	1.2	0.9
德国	9	9	24	15	4.7	4.9
俄罗斯	10	8	31	18	8.2	2
英国	6	6	13	13	0.7	0.7

资料来源：世界银行《全球营商环境报告》。

另外，市场环境的法治化建设仍不完善。首先表现为政府与市场对资源配置的权力边界模糊不清。长期以来，中央和地方政府对资源配置实际发挥着决定性的作用，原本应该是全国的资本、劳动力和商品市场，在政府过度参与资源配置下，被动划分为区域市场、条块市场，严重影响了资源要素的自由流动，直接后果是以市场价格信号为主导的市场预期行为被扭曲。其次表现为公有制经济和非公有制经济地位尚不平等，影响经济效率的提升。在社会主义市场经济体制下，公有制经济和非公有制经济本应该享有同等的市场地位，但在现实中，非公有制经济在分享市场资源时往往要让步于公有制经济。以税收、价格补贴为例，虽然对于部分行业来说国有和非国有经济均能享受到一定的税收或价格补贴，但在大多数情况下，不但政府为国有企业埋单，而且在利润上缴比例方面也难以体现市场竞争机制，导致经济效率的缺失。

（三）经济开放水平偏低

制度模式还表现在经济的开放程度方面，这里主要用经济全球化指数来反映。如前文所述，经济开放对区域经济发展效率的影响是多方面的，随着经济开放度的提高，区域经济融入全球化市场的进程不断深入，通过参与全球化的分工、合作与竞争，不断提升自身的产品质量、组织管理水平、高新技术水平等，进而提升本地区的经济发展效率。

根据 KOF 全球化指数①，以中国、巴西、印度为代表的"金砖国家"的全球化指数与美国、英国、法国等发达国家相比，仍有一定的差距。具体到 KOF 全球化指数中的经济全球化指数，2012 年中国、巴西、印度的经济全球化指数分别为 51.25、53.54、43.73，而美国、英国、法国的经济

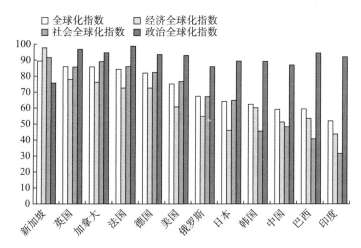

图 6 – 10　世界主要国家 KOF 全球化指数（2012 年）
资料来源：KOF 瑞士经济学会。

---

① KOF 全球化指数包括经济、政治和社会三个方面。经济全球化是指商品、资本和服务以及伴随着市场交流的信息与观念的长途流动；政治全球化是指政府政策的扩散；社会全球化是指思想、信息、图像的传播和人口的流动。

全球化指数分别为 60.83、77.73、72.41，可见，中国的经济全球化水平落后于主要发达国家。

　　同时，中国经济、文化、技术和组织管理等的全球化水平相对较低，也导致中国参与国际合作与竞争的能力，特别是在提升经济效率、创新与市场的成熟度方面，相对较弱。《全球竞争力报告》虽然不能完全客观反映出一个国家在全球范围内的竞争力水平，但是其包含的效率提升、创新与成熟度则在一定程度上说明了问题（见图 6－11）。

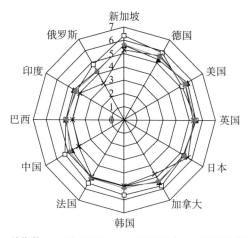

图 6－11　世界主要国家全球竞争力指数（2012 年）

资料来源：世界经济论坛《2012—2013 年全球竞争力报告》。

　　综合来看，无论是从中国政府为企业发展营造的创业环境、市场环境，还是从中国经济全球化水平及竞争力来看，中国现有的制度环境对中国区域经济发展效率的提高都起到一定的限制作用。[①] 这也是未来中国区域经济发展亟待解决的重要问题。

第二节　未来中国区域经济发展效率的提升路径

　　目前，中国区域经济已经进入增长速度换挡期、结构调整阵痛期、前

　　[①] 当然，我们不能否认当前制度环境所创造出的价值，但若想实现经济发展水平的进一步突破，必须对此做出相应改变。

期刺激政策消化期"三期叠加"的重要时期。所谓增长速度换挡期,就是中国经济已处于从高速经济增长向中速经济增长转变时期;所谓结构调整阵痛期,就是当前及未来经济结构调整刻不容缓,但是结构调整必然面临经济增速下滑等一系列问题;所谓前期刺激政策消化期,主要是指中国为应对国际金融危机实施了"一揽子"经济刺激计划,现在这些政策还处于消化期(威义明,2014)。

因此,在当前"三期叠加"时期,中国区域经济增速放缓将成为新常态,若想实现中国区域经济平稳可持续发展,经济增长方式必须由外向型粗放增长方式向内生型经济增长方式转变,其核心是,在依靠投资拉动的前提下,进一步提升中国区域经济发展效率。

一　注重要素效率、结构效率提升

改革开放以来,中国区域经济总量已经取得丰硕的成果,区域经济总量效率的提升速度举世瞩目。但是,与此同时,区域经济要素效率、区域经济结构效率水平相对滞后,成为中国区域经济发展效率进一步提高的障碍。因此,实现中国区域经济的可持续发展,必须先提高中国区域经济要素效率及结构效率。

首先是提高区域经济要素效率。从微观角度来看,技术进步是区域经济要素效率提升的核心与源泉(见图6-12),若实现区域经济要素效率的提高,就必须实现由资本、劳动力等要素投入向资本、技术、劳动力投入方向转变。而技术进步主要来源于知识的积累。知识积累源于多方面,包括"干中学"和自主研发。改革开放以来中国主要依靠技术引进、模仿的形式获得知识积累,也就是传统的"干中学"形式。然而,目前中国的技术追赶已经进入瓶颈期,单纯依靠技术追赶已经不能满足未来中国技术进步的需求。这就要求企业和政府都必须加强 R&D 投入,以实现技术的自我创新,这是未来中国实现区域经济要素效率提升的基础。从宏观角度来看,外部体制环境的改善是提高区域经济要素效率的保障。如前文所述,长期以来在资本稀缺条件下,中国主要依靠技术引进的赶超策略实现技术进步,直接后果是企业和政府对外部技术的依赖性严重,而技术自我创新环境的培育并不理想,这导致企业在从事 R&D 活动时缺乏足够的动力和保障。而若想从根本上实现以技术进步促进区域经济要素效率的提高,就必须对当前中国的 R&D 激励机制做出改变。实质上，就是实施一系列的保障措施，如改善市场环境促进良性竞争，保护知识产权、促进技术创新，提高市场的法治化水平以保障企业从事 R&D 活动的知识产权，等等。

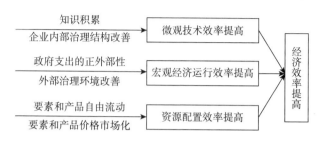

图 6 - 12　经济效率提高的源泉

资料来源：吕冰洋：《中国梯度发展模式下经济效率的增进——基于空间视角的分析》，《中国社会科学》2009 年第 6 期，第 60～72 页。

其次是提高区域经济结构效率。其实质是通过区域产业结构升级提升区域资源配置效率。当前中国不同产业之间存在巨大的效率差异（邰若素等，2014），然而这种差异缺乏合理性，突出表现为第一产业经济效率相对较高，而第二、第三产业经济效率相对偏低。这种产业间效率差异现状直接限制了要素在不同产业间的自由流动，阻碍中国产业结构升级，进而限制了中国区域资源配置效率的提升。同时，由于中国目前产业结构水平相对较低，生产方式较为粗放，作用于区域经济发展效率的后果就是，区域经济发展效率低下。

因此，提高区域经济结构效率的根本途径是促进中国产业结构升级。就第一产业而言，应该进一步促进农村劳动力向城市转移，同时提高耕地的集约利用，提升第一产业的技术效率和规模效率。就第二产业而言，未来一段时期内，第二产业经济效率的提升仍然应该是区域经济发展效率提高的核心，一方面需要充分利用中国区域经济的梯度优势实现组装、加工制造业的区域转移，另一方面需要培育研发环境，提升自我创新能力，提高产业链水平。就第三产业而言，在未来一段时间内，第三产业应该作为中国区域经济发展效率提升的后备力量。通过平衡生产性服务业和生活性服务业之间的比例关系，促进研发设计、品牌营销、物流、金融等高附加值行业的发展。

二　发挥中西部的城市群集聚作用

中国是人口大国、区域大国，幅员辽阔，地区发展不平衡，各地区所处工业化、城镇化发展阶段不同。东部地区已经或即将进入工业化后期发展阶段，经济增长速度开始趋于理性平稳；中西部地区仍然处于工业化阶段，仍可以保持高速增长，这是中国未来经济持续增长的潜力之一。

出于自然和历史原因，中西部地区（特别是以胡焕庸线为分界线，占中国国土面积57%，而人口仅占全国人口6%的西部地区）经济发展水平比东部地区要落后很多。即便是现在看来，东部、中部、西部地区人口分布、资源禀赋、地域面积及经济密度仍然很不协调。在实行了西部大开发、中部崛起等战略后，中西部地区的经济效率有所提升，但仍然不够。以往的空间发展战略主要是着眼于中西部地区丰富的自然资源，这种自然资源的开采虽然带来地区经济的好转，却以资源输出为主，以西气东输最为典型。相比之下，西部地区得到的经济效益甚少，即便是有也主要是依靠中央财政的转移支付来实现局部的发展。

其原因主要是过去很长一段时期内空间发展战略主要是针对土地辽阔区域的泛化政策，难以培育区域经济的增长极带动区域经济发展。目前中国西部地区城市分布以乌鲁木齐、兰州、银川、呼和浩特、成都、昆明、拉萨等区域中心城市为主，中心城市与中小城市的联系十分薄弱，没有发挥中心城市的带动作用。

因此，若要进一步提升中西部地区的经济效率，需要转变空间发展战略的倾斜方向，培育具体的增长极。而增长极的培育，就是发挥城市群的作用，实现中西部地区的集聚发展。这些城市群主要包括成渝城市群、黔中城市群、滇中城市群、关中城市群、兰西城市群、宁夏沿黄城市群、呼包鄂城市群、乌昌石城市群等（见表6-6）。通过上述城市群的集聚作用，增强区域间经济联系，提升经济效率。

表6-6 中国城市群发育程度、紧凑度、空间结构稳定度
与投入-产出效率的模糊隶属度函数

城市群名称	城市群发育度	城市群紧凑度	城市群空间结构稳定度	城市群投入-产出效率	城市群发育水平的综合测度值	城市群发育水平的综合排序
长江三角洲城市群	1.0000	1.0000	1.0000	1.0000	1.0000	1
珠江三角洲城市群	0.9353	0.8254	0.7799	1.0000	0.8852	2

城市群名称	城市群发育度	城市群紧凑度	城市群空间结构稳定度	城市群投入－产出效率	城市群发育水平的综合测度值	城市群发育水平的综合排序
京津冀城市群	0.4894	0.4852	0.9347	0.5267	0.6090	3
山东半岛城市群	0.3095	0.3662	0.7188	1.0000	0.5986	4
辽东半岛城市群	0.3233	0.3617	0.7844	0.6672	0.5342	5
成渝城市群	0.3319	0.5534	0.7835	0.4095	0.5195	6
武汉城市群	0.3126	0.4959	0.6634	0.4956	0.4918	7
中原城市群	0.2838	0.3845	0.7675	0.5015	0.4843	8
环鄱阳湖城市群	0.1266	0.1610	0.6244	1.0000	0.4780	9
海峡西岸城市群	0.3488	0.3383	0.4100	0.5802	0.4193	10
长株潭城市群	0.2009	0.4646	0.4353	0.5282	0.4073	11
哈大长城市群	0.2933	0.3152	0.5830	0.4229	0.4036	12
江淮城市群	0.2602	0.4415	0.4599	0.3947	0.3891	13
关中城市群	0.2824	0.3564	0.5669	0.3366	0.3855	14
南北钦防城市群	0.2985	0.3568	0.4975	0.3817	0.3836	15
呼包鄂城市群	0.1992	0.0000	0.4608	0.8656	0.3814	16
晋中城市群	0.1775	0.2613	0.4948	0.5626	0.3741	17
兰西城市群	0.0868	0.1192	0.5343	0.7450	0.3713	18
天山北坡城市群	0.2254	0.0083	0.2402	1.0000	0.3684	19
滇中城市群	0.1211	0.1308	0.5411	0.6672	0.3651	20
黔中城市群	0.1010	0.1762	0.6861	0.4733	0.3592	21
酒嘉玉城市群	0.0000	0.1099	0.0000	0.6382	0.1870	22
银川平原城市群	0.1319	0.2069	0.3299	0.0000	0.1672	23

资料来源：方创琳：《中国城市群形成发育的新格局及新趋向》，《地理科学》2011 年第 9 期，第 1025～1034 页。

三　调整空间政策方向：由区域倾斜向产业倾斜

发挥城市群集聚作用对经济效率的提升至关重要，但是必须通过合理的产业分工布局将不同城市、不同区域进行有效连接方能实现。而合理的产业分工布局在发挥市场调节作用的前提下，需要合理的空间政策引导，由以往的区域倾斜政策向产业倾斜政策转变。

产业倾斜政策，就是国家根据经济发展的需要、产业技术经济条件和各地区资源禀赋，确定若干重点开发产业及其空间发展格局，并在资源分配和政策投入上实行适度倾斜。产业倾斜可有效地实现经济效率提升、社会公平和生态环境保护三个目标的统一。

表 6 - 7 为不同阶段空间政策走向。

表 6 - 7　不同阶段空间政策走向

实施时间	战略选择	空间政策属性	作用空间
1949 ~ 1977 年	均衡发展战略	区域倾斜为主	二元面状空间
1978 ~ 1990 年	非均衡发展战略	区域倾斜为主	二元面状空间
1991 ~ 2009 年	区域发展总体战略	区域倾斜为主	二元面状空间
2010 年至未来近期	主体功能区规划	区域倾斜 + 产业倾斜	复区斑状空间
2010 年至未来中期	产业调控战略	产业倾斜为主	微区点线空间
2010 年至未来远期	技术调控战略	产业倾斜为主	微区点线空间

资料来源：宋玉祥、丁四保：《空间政策：由区域倾斜到产业倾斜》，《经济地理》2010 年第 30 期，第 1 ~ 5 页。

首先，产业倾斜政策是基于区域资源禀赋的空间政策，可以发挥区域比较优势。由于中国国土面积广阔，区域之间资源禀赋差距较大，在不同资源禀赋条件下，可以发展的产业并不相同。产业倾斜政策可以引导区域发挥比较优势，实现区域经济发展效率的最大化。

其次，产业倾斜政策针对性强，可避免区域"一刀切"及区域恶性竞争带来的经济效率损失。产业倾斜政策是针对具体区域具体产业的空间政策，通过产业调控，可以改变当前的区域块状空间模式，形成网络化的空间格局。这样不仅可以有效整合区域内部资源，而且还可以促进区域之间的相互合作，避免了"撒胡椒面式"政策的普适性带来的区域竞争，增强了政策的针对性和有效性。

更重要的是，产业倾斜政策可以保障区域产业结构的优化与升级，促进区域经济结构效率的提升。通过产业政策引导，可以发挥区域的比较优势，通过经济手段、法律手段和政策激励手段，可以实现具体产业在具体空间的落实。具体表现就是通过产业倾斜政策调控区域之间产业转移，实现不同产业间的结构优化。同时给予不同区域内部产业技术支持，促进区域内部产业结构升级。

四　生产型政府向服务型政府转变

生产型政府的特点体现在三个主要方面：重投资、轻消费，重生产者、轻民众，政府直接介入经济活动（姚洋，2011）。服务型政府，则要求"抓大放小"，控制宏观经济环境，注重法治化建设，释放微观经济活力，注重公共服务均等化。生产型政府的优点是明显的，即集中力量办大事，而对经济效率的影响却是负面的，主要体现为产权不清、经济结构失衡、资源配置效率低下等。

实际上，在计划经济向社会主义市场经济转变的过程中，已经体现出生产型政府向服务型政府转变所释放出的效率优势。但是，当前中国已经进入工业化中期阶段（东部发达省份已经进入后工业化阶段），需要政府进一步转变职能，才能实现区域经济的可持续发展。而转变政府职能，实际上就是减少政府对区域经济发展的干预，充分发挥市场调节的作用。具体表现在以下方面。

第一，改善宏观经济环境。一是推进市场经济法治化建设。市场经济法治化，可以有效地维护市场的公平竞争环境、保护知识产权，维护企业和投资者的利益；同时也可以对破坏市场环境的行为进行有效管制和约束。二是减少政府对经济活动的直接干预，如行政审批等。这可以加速企业进入市场，减少企业经营成本，提升企业经济效率。

第二，充分发挥市场调节的作用。其与减少政府干预是一个问题的两个方面。充分发挥市场调节作用，目的是实现要素配置效率的最优化。那么在区域发展中选择主导产业、确定产业结构的升级方向等，都应该遵循市场规律。

第三，建立合理的地方政府激励机制。无论是中央政府还是地方政府，其本职任务是一致的，即谋划区域可持续发展，既包括经济发展，也包括公共服务。但是在转变经济发展方式"新常态"下，以目前政策体系，中央政府与地方政府的目标出现一定的错位，会阻碍区域经济发展效率的提升，影响区域经济可持续发展。因此，必须给予地方政府转变经济发展方式的动力，改变当前以 GDP 为主要目标的考核晋升机制。

第四，营造有利于创新的政策支撑体系（刘世锦，2014）。长期以来，无论是政府还是企业，都是以快速的资本积累作为其主要目标，生产方式粗放。而现在，中国已经具备了一定的资本基础，但是企业从事创新的积极性仍不高，这除了市场法治化建设仍不完善，不能给企业带来合理的预期以外，更重要的是企业很难接受创新失败所带来的不确定性。这就需要国家通过财政支持，营造有利于创新的保障环境，实现核心竞争力的提高。同时政府还应该承担建立创业产业园区等基础设施的责任。

第三节 基于"效率－结构－功能"的区域经济协调发展

一 区域发展总体战略与主体功能区规划

区域经济协调发展是实现国民经济平稳、健康、高效运行的前提（陈栋生，2005）。为此，国家从"九五"计划开始，就把促进区域经济协调发展作为一项重要的区域经济发展战略（覃成林等，2013），并在"十一五"规划纲要中明确指出，坚持实施推进西部大开发、振兴东北地区等老工业基地、促进中部地区崛起、鼓励东部地区率先发展的区域发展总体战略。同时根据区域资源环境承载能力、现有开发密度和发展潜力，统筹考虑未来中国人口和经济布局、国土利用和城镇化格局，逐步形成主体功能定位清晰、东、中、西良性互动，公共服务和人民生活水平差距趋向缩小的区域协调发展格局。这一思路更加注重资源和要素的优化配置，可以说，提出和实施主体功能区规划是中国促进区域协调发展的新跨越（樊杰，2007）。

通过前文的分析笔者发现，目前中国实施的区域发展总体战略强化了东部沿海地区对中国经济增长的拉动作用，中部地区、西部地区及东北地区区域经济也得到前所未有的发展和振兴。但是在当前"三期叠加"时期，全国经济增长速度开始放缓，中部地区、西部地区及东北地区在面临经济转型压力下，经济增长动力不足，区域间经济差距有进一步拉大的趋势，区域经济协调发展面临挑战。同时，主体功能区规划力求通过规范空间开发秩序、区域合理分工布局，明确全国和省级层面不同区域主体功能定位，实现区域协调发展。但其主体功能定位主要来源于区域资源环境承载能力和现有开发密度，涉及区域功能定位不清晰、区域发展权补偿等问题，导致实施过程有一定的阻力。

图 6 - 13 为主体功能区分类及其功能。

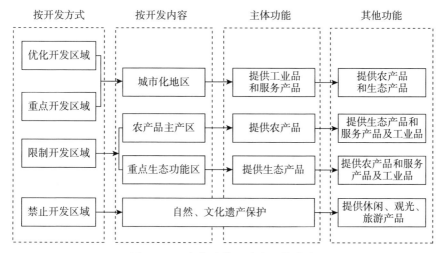

图 6 - 13 主体功能区分类及其功能

资料来源：《国务院关于印发全国主体功能区规划的通知》，http://www.gov.cn/zwgk/2011 - 06/08/content_1879180. htm。

二 基于"效率 - 结构 - 功能"的区域经济协调发展内涵

本书认为，无论是区域总体发展战略还是主体功能区规划，一个重要的问题就是对区域经济发展效率的关注不足，没有实现效率、结构、功能的互动。区域总体发展战略实施过程中过度注重投资作用，限制区域发展方式的转变，导致区域经济发展效率的损失，阻碍区域经济协调发展。而主体功能定位来源于资源环境承载能力而忽视了区域经济发展效率，导致其功能定位不清，同样影响区域经济协调发展。

区域经济协调发展的实质，是通过建立合理的区域分工体系，实现区域比较优势发展，进而实现公共服务的均等化。在当前经济增速逐渐放缓、经济发展方式转变的情况下，确立合理的区域经济分工体系更是实现区域经济协调发展的关键所在。

区域经济发展效率具有总量、要素、结构内涵，通过区域经济发展效率的演变趋势可以判断区域结构问题，进而指导区域产业结构的转型升级。反之，区域产业结构的转型升级又会促进区域经济发展效率的提升。因此，本书认为，提升区域经济发展效率是实现未来中国区域经济协调发展的核心，完善区域经济结构是实现未来中国区域经济协调发展的基础，而合理的区域功能定位是实现未来中国区域经济协调发展的最终落脚点。归于一句话，即效率决定结构，结构决定功能，功能产生效率。这是本书构建基于"效率－结构－功能"的区域经济协调发展框架的理论依据。

三 基于"效率－结构－功能"的区域经济协调发展基本思路

本书尝试从"效率－结构－功能"视角，在主体功能区规划思路的基础上，构建中国区域经济协调发展的新模式（见图6－14）。

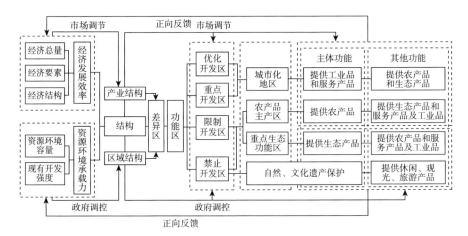

图6－14 基于"效率－结构－功能"的区域经济协调发展框架

（一）基本原则

在理清市场调节作用机制与政府宏观调控作用机制的前提下，依托区域经济发展效率与资源环境承载能力，确立区域经济分工体系，提升资源配置效率，实现区域经济发展效率的最优化。

（二）基本思路

首先，合理评价区域经济发展效率。区域经济发展效率包括区域经济总量效率、区域经济要素效率、区域经济结构效率。区域经济总量效率是区域经济发展的物质基础，因此可以通过区域经济总量效率对空间格局进行初步划分。

区域经济要素效率是区域经济发展内涵的表征，即区域经济发展是以总量扩展的粗放型生产方式为主，还是以高效率的集约型生产方式为主。因此可以通过区域经济要素效率初步判断区域经济的可持续性发展潜力。

区域经济结构效率是区域经济发展方向的体现，即区域内部三次产业之间经济效率的优劣如何，区域之间同类产业的经济效率呈现怎样的差异格局。因此，可以通过对不同区域不同产业经济效率的对比，初步确立区域经济结构，进而确定区域经济比较优势。

其次，合理评价区域资源环境承载能力。通过合理评价区域资源环境承载能力，对空间格局、发展潜力、经济结构进行适度修正。资源环境承载能力是资源、环境对经济发展规模和速度的承载能力，主要从资源环境容量和现有开发强度来综合分析。资源环境容量是指区域自然环境和环境要素（如水体、空气、土壤和生物等）对人为干扰或污染物容许的承受量或负荷量（余春祥，2004），而这种容量指标要以现有开发强度为前提；现有开发强度不仅是一个土地利用概念，更体现了当前区域开发活动的适应性。

再次，识别区域经济结构。在综合上述评价结果的基础上，识别区域经济结构比较优势，包括区域空间结构、区域产业结构，进而通过区域结构比较优势，实现区域功能分类。其中，资源环境承载能力是确定区域空间结构的主要依据，而区域经济发展效率是确定区域产业结构的重要支撑。

复次，区域划分。在遵循区内一致性、区间差异性原则的前提下，综合区域经济结构划分出优化开发、重点开发、限制开发、禁止开发四类主体功能区。

最后，确认区域主体功能。对优化开发区、重点开发区的主体功能以及限制开发区的部分功能，主要通过区域经济发展效率结果识别，充分发挥市场调节作用。对限制开发区的生态功能、禁止开发区的主体功能，主要通过资源环境承载能力来识别，充分发挥政府宏观调控作用。而对各类主体功能区的辅助功能，可以重点发挥政府的引导作用。

通过上述思路，我们可以进一步完善主体功能区的区域划分，更为合理地确立区域分工体系。而合理的区域分工体系又会反作用于区域经济发展效率的提升和区域资源环境的改善，形成一个良性的区域经济协调发展的循环体系。

本章小结

改革开放以来，无论是区域经济总量效率，还是区域经济要素效率、区域经济结构效率均有所提高，不同阶段呈现不同的演变特征，并且形成了一定的空间溢出关联格局。这基本与改革开放以来中国所处的发展阶段及区域经济空间结构相适应，具有一定的合理性。但同时，也出现了诸如要素效率损失、结构效率失衡、区域联系不紧密等问题，影响了中国区域经济发展效率的进一步提升，阻碍区域经济协调、可持续发展。因此，需要通过分析影响中国区域经济发展效率演变的原因，寻求提升中国区域经济发展效率的路径，进而促进中国区域经济协调、可持续发展。本章主要包括以下几方面内容。

首先，结合区域经济发展效率的演化机制，对"中国模式"进行反思，从要素投入模式、结构发展模式、空间发展模式及制度模式等方面，系统分析了中国区域经济发展效率演变的成因。

其次，在对中国区域经济发展效率演变成因分析的基础之上，从要素效率、结构效率的提升，发挥中西部地区城市群集聚作用，调整空间政策方向，转变政府职能等方面，提出了未来中国区域经济发展效率提升的路径和方向。

最后，在客观分析中国区域发展总体战略和主体功能区规划对中国区域经济协调发展作用的前提下，提出通过"效率－结构－功能"视角对中国区域经济协调发展机制进行补充。并初步提出了基于"效率－结构－功能"的区域经济协调发展框架，系统分析了在此框架下促进区域经济协调发展的思路。

结论与展望

一 主要研究结论

在当前经济增速放缓的情况下，转变经济发展方式成为实现区域经济可持续发展的必然选择。转变经济发展方式是一个长期复杂的过程，经济总量增长是基础，经济要素高效利用是保证，经济结构转换则是过程的本质，其核心是实现经济发展效率的提升。基于此，本书从"总量－要素－结构"视角构建了区域经济发展效率的理论体系，系统研究了中国区域经济发展效率的时间演变、地域差异、空间溢出关联格局及类型划分，并分析了区域经济发展效率演变成因及其提升路径，最后构建了基于"效率－结构－功能"的区域经济协调发展的理论框架。本书主要研究结论如下。

（一）区域经济发展效率具有总量、要素、结构内涵

与一般经济效率不同，区域经济发展效率是区域经济发展过程中某个时段发展水平的度量，是区域经济总量扩张、要素生产率提高、结构升级等对区域经济发展质量提升的贡献，是区域经济总量效率、区域经济要素效率以及区域经济结构效率等在区域空间上的叠加。在此基础上，区域经济发展效率表现出综合性、社会性、区域性和阶段性等特征，并受技术、资本、劳动力等微观因素以及资源禀赋、区位条件、产业结构、城市化进程、经济开放度、制度环境及产权安排等宏观因素影响。

（二）中国区域经济发展效率呈现阶段性演变特征，不同要素对区域经济发展的贡献率表现出阶段性差异

无论是区域经济总量效率、要素效率还是结构效率，均表现出一定的阶段性演变特征。总体来看，改革开放以来中国全要素生产率的演变大致可以

划分为四个阶段：改革释放期（1978～1985 年）、震荡调整期（1986～
1990 年）、平稳增长期（1991～2005 年）、结构调整期（2006～2012 年）。
全要素生产率整体对经济增长的贡献率较低，这说明中国经济增长仍然主
要依靠要素投入推动，技术进步作用不显著。进一步将全要素生产率分
解，发现技术效率与技术进步交替作用，但总体上技术效率对全要素生产
率的贡献率较高，说明中国全要素生产率的提高主要来自改革开放政策潜
力的释放。而近年来随着中国知识经济、创新能力的提升，技术进步对全
要素生产率提升的贡献率逐渐提高。需要注意的是，虽然改革开放以来中
国致力于第二产业、第三产业发展，投资规模不断扩大、就业人员数不断
提高，但规模效率尚显不足。

（三）中国三次产业经济效率失衡问题突出

结构问题是当前和未来中国区域经济发展面临的重要问题之一。从三
次产业经济运行效率来看，第一产业、第二产业经济效率提升速度较快，
第三产业经济效率提升速度较慢。其中，第一产业经济效率主要来源于技
术进步，但在改革开放初期，家庭联产承包、农业税等政策效应带来的技
术效率也对中国第一产业经济效率产生重大影响，其后技术进步逐渐成为
第一产业经济效率提升的主要因素。第二产业经济效率提升最为显著，技
术效率与技术进步对第二产业经济效率的贡献呈阶段性变化。第三产业经
济效率较低，与中国第三产业经济总量增长趋势相悖，可能是由于中国目
前第三产业主要集中于生活性服务业，效率相对较低，而经济效率相对较
高的高端生产性服务业还处在扩张阶段，这也是未来中国第三产业面临的
发展趋势和挑战。

尽管中国三次产业表现出不同的经济效率变化趋势，但是不可否认的
是，三次产业结构变化很大，且逐渐趋于合理化，这从经济结构变动效率
的变化可以得到验证。其中东部地区三次产业结构变动效率最为突出，中
部地区和西部地区第二产业进步较快，但是结构偏重，第三产业发展不
足，直接导致三次产业结构变动效率仍然较低。

（四）中国区域经济发展效率空间差异明显，不同效率类型空间差异
呈现不同特征

改革开放以来中国省际经济总量效率相对差异表现为倒 N 形变化趋

势，而区域经济要素效率则表现为 U 形变化态势。三次产业经济效率差异呈现不同的变化特征，总体来看，三次产业经济效率差异总体有所缩小，但未来发展趋势不同，其中第一产业经济效率区域差异最大，其次是第二产业，第三产业经济效率的差异最小。区域经济结构变动效率差异总体有所扩大，且有进一步扩大的趋势。

（五）中国区域经济发展效率表现出一定的空间关联格局

通过全局空间自相关模型，分析了中国区域经济发展效率的空间溢出效应。分析结果表明，区域经济总量效率的 Moran 指数总体上通过 5% 及以上的显著性水平检验，说明其空间溢出关联特征较为显著，空间集聚特征明显。区域经济要素效率及区域经济结构效率的 Moran 指数并没有区域经济总量效率表现得那样显著，区域经济要素效率的 Moran 指数波动较大，总体呈逐年降低的趋势，存在一定的空间溢出关联；经济结构效率的 Moran 指数表现要优于区域经济要素效率，省际经济结构效率表现出一定的空间集聚特征。

Moran'I 散点图分析结果表明，改革开放以来中国区域经济总量效率、要素效率及结构效率均表现出一定的空间关联格局，但区域经济要素效率、区域经济结构效率空间关联的稳定性相对较差。

（六）中国区域经济发展效率演变的合理性与问题共存

中国区域经济发展效率演变与改革开放以来中国所处的发展阶段及区域经济空间结构相适应，具有一定的合理性。但同时，也出现了诸如要素效率损失、结构效率失衡、区域联系不紧密、政府干预过多、制度环境不完善等问题，影响了中国区域经济发展效率的进一步提升，阻碍区域经济协调、可持续发展。具体表现在以下方面。

首先是要素投入方面，投资拉动占主导，技术进步不显著；政府主导区域经济发展，导致资源配置效率低下；研发投入不足影响效率提升。其次是结构方面，产业结构失衡、投资消费结构失衡等严重影响了资源配置效率和产业经济运行效率；第三产业对经济增长的贡献率相对较低，对区域经济的拉动效应始终低于第二产业；同时产业结构始终处于微笑曲线的中间部分，结构水平较低，影响经济效率提高。最后是空间发展方面，区域经济分工不合理导致区域空间结构失衡，影响了中国区域经济发展效率的进一步提升；而长期以来的空间政策取向加剧了空间结构失衡和政府对市场的干预。此外，中国目前的制度发展模式也对区域经济发展效率产生一定的负面影响。

二 主要创新点

本书的创新点主要包括以下三个方面。

(一) 丰富了经济效率的内涵

转变经济发展方式是一个长期复杂的过程，经济总量增长是基础，经济要素高效利用是保证，经济结构转换则是过程的本质，其核心是实现经济发展效率的提升。而以往研究大多从总量或者要素方面分析经济效率问题，忽视了结构效率问题。基于此，本书从"总量－要素－结构"视角提出区域经济发展效率概念，认为区域经济发展效率包括区域经济总量效率、区域经济要素效率、区域经济结构效率；并阐述了区域经济发展效率的内涵及其特征，从理论上分析了区域经济发展效率的演变机制。

(二) 拓展了资本存量估算的范畴

省际三次产业资本存量估算是本书结构效率测度的基础。目前国内外资本存量估算主要集中在全国资本存量、省际资本存量及全国分产业分行业资本存量上，而省际三次产业资本存量估算的相关研究较少，同时由于统计数据主要来源于《中国国内生产总值核算历史资料 (1952—1995)》《中国国内生产总值核算历史资料 (1996—2002)》中分产业固定资本形成总额，相对合理的资本存量估算也仅限于 2002 年。本书通过分析发现分产业全社会固定资产投资比重与分产业固定资本形成总额比重具有很高的拟合度，因此用分产业全社会固定资产投资比重和省际固定资本形成总额计算 2003～2012 年省际分产业固定资本形成总额，并据此估算了 1978～2012 年中国省际分产业资本存量。这为本书经济结构效率测算奠定了基础。

(三) 提出了基于"效率－结构－功能"的区域经济协调发展的基本思路

目前中国实施的区域发展总体战略与主体功能区规划的主要目标是促进区域经济协调、可持续发展，但是作用相对有限，主要原因是尚未形成合理的区域分工体系和准确的区域功能定位。本书认为区域经济发展效率决定区域经济结构，而区域经济结构决定区域主体功能，基于区域经济发展效率的结构内涵，并依托主体功能区规划初步构建了基于"效率－结构－功能"的区域经济协调发展的理论框架，提出了实现区域经济协调发展的思路，可为促进中国区域经济协调、可持续发展提供借鉴。

三 研究不足与展望

（一）研究视角有待进一步扩展

区域发展实际上包括经济、社会、生态环境等内容，而本书仅关注经济发展内容，也因此仅限于讨论区域经济发展效率相关问题。限于篇幅，本书对社会效率、生态效率并没有涉及，这是未来研究中需要进一步关注的领域。

（二）研究尺度有待进一步细化

尺度问题是区域经济学和地理学关注的核心问题之一。出于数据的收集及写作时间原因，本书主要讨论了全国和省级层面区域经济发展效率的时间演变及空间格局。而如果能够将研究尺度细化到市级甚至县域层面，得出的研究结论将更加具体，特别是对区域经济协调发展模式中的功能定位将更具有说服力。这也是未来研究努力的方向。

（三）对资本、劳动力等要素关注不足

本书主要从全要素生产率的技术进步视角测度了区域经济发展效率的演变特征，但对技术以外的资本、劳动力等要素对经济发展贡献的评价不足。实际上，在区域经济发展的不同阶段，资本、劳动力、技术等要素对区域经济发展的贡献不同，若能进一步评价资本、劳动力对区域经济发展的贡献，将更能体现出区域经济发展效率的演变规律。

参考文献

[1] 白光润:《应用区位论》,科学出版社,2009,第 25~26 页。

[2] 毕泗锋:《经济效率理论研究述评》,《经济评论》2008 年第 6 期,第 133~138 页。

[3] 蔡昉、王德文:《中国经济增长可持续性与劳动贡献》,《经济研究》1999 年第 10 期,第 62~68 页。

[4] 曹玉书、楼东玮:《资源错配、结构变迁与中国经济转型》,《中国工业经济》2012 年第 10 期,第 5~18 页。

[5] 钞小静、惠康:《中国经济增长质量的测度》,《数量经济技术经济研究》2009 年第 6 期,第 75~86 页。

[6] 车维汉、杨荣:《技术效率、技术进步与中国农业全要素生产率的提高——基于国际比较的实证分析》,《财经研究》2010 年第 3 期,第 113~123 页。

[7] 陈传康:《区域概念及其研究途径》,《中原地理研究》1986 年第 1 期,第 10~14 页。

[8] 陈栋生:《论区域协调发展》,《工业技术经济》2005 年第 4 期,第 2~6 页。

[9] 陈清泰:《国有企业"再改革"八论》,《市场观察》2014 年第 7 期,第 13~16 页。

[10] 陈清泰:《经济转型与产业升级的几个问题》,《中国软科学》2014 年第 1 期,第 24~28 页。

[11] 陈诗一:《中国工业分行业统计数据估算:1980—2008》,《经济学》(季刊)2011 年第 3 期,第 735~776 页。

[12] 陈淑清:《城市化:中国经济长期增长的动力之源》,《经济与管理研

究》2003 年第 5 期，第 20 ~ 23 页。

[13] 陈卫平：《中国农业生产率增长、技术进步与效率变化：1990 - 2003 年》，《中国农村观察》2006 年第 1 期，第 18 ~ 23 页。

[14] 陈岩：《对克鲁格曼"东亚奇迹"虚幻的挑战》，《世界经济与政治》1997 年第 1 期，第 37 ~ 41 页。

[15] 陈宗胜、黎德福：《内生农业技术进步的二元经济增长模型——对"东亚奇迹"和中国经济的再解释》，《经济研究》2004 年第 11 期，第 16 ~ 27 页。

[16] 单豪杰：《中国资本存量 K 的再估算：1952 - 2006 年》，《数量经济技术经济研究》2008 年第 10 期，第 17 ~ 31 页。

[17] 单豪杰、师博：《中国工业部门的资本回报率：1978 - 2006》，《产业经济研究》2008 年第 6 期，第 1 ~ 9 页。

[18] 道格拉斯·C. 诺思：《制度、制度变迁和经济绩效》，格致出版社，2008。

[19] 《第三次科技革命对世界经济产生的影响》，http://civ.ce.cn/zt/sjgc/yaowen1/200705/11/t20070511_11323670.shtml，2007 年 5 月 11 日。

[20] 丁四保：《中国的地方经济：制度特征与发展不平衡》，《经济地理》2007 年第 1 期，第 1 ~ 4 页。

[21] 丁学良：《辩论"中国模式"》，社会科学文献出版社，2011。

[22] 樊杰：《解析中国区域协调发展的制约因素探究全国主体功能区规划的重要作用》，《中国科学院院刊》2007 年第 3 期，第 194 ~ 201 页。

[23] 范巧：《永续盘存法细节设定与中国资本存量估算 1952 - 2009 年》，《经济问题探索》2012 年第 3 期，第 42 ~ 50 页。

[24] 方创琳、关兴良：《中国城市群投入产出效率的综合测度与空间分异》，《地理学报》2011 年第 8 期，第 1011 ~ 1022 页。

[25] 方福前、张艳丽：《中国农业全要素生产率的变化及其影响因素分析》，《经济理论与经济管理》2010 年第 9 期，第 5 ~ 12 页。

[26] 封志明、张丹、杨艳昭：《中国分县地形起伏度及其与人口分布和经济发展的相关性》，《吉林大学社会科学学报》2011 年第 1 期，第 146 ~ 151 页。

[27] 傅伯杰：《地理学综合研究的途径与方法：格局与过程耦合》，《地理

学报》2014 年第 8 期，第 1052～1059 页。

[28] 傅东平：《中国生产率的变化及其影响因素研究》，华中科技大学出版社，2009。

[29] 傅晓霞、吴利学：《全要素生产率在中国地区差异中的贡献：兼与彭国华和李静等商榷》，《世界经济》2006 年第 9 期，第 12～22 页。

[30] 傅勇、白龙：《中国改革开放以来的全要素生产率变动及其分解（1978 - 2006 年）》，《金融研究》2009 年第 7 期，第 38～51 页。

[31] 郜若素、蔡昉、宋立刚：《中国经济增长与发展新模式》，社会科学文献出版社，2014。

[32] 宫俊涛、孙林岩、李刚：《中国制造业省际全要素生产率变动分析——基于非参数 Malmquist 指数方法》，《数量经济技术经济研究》2008 年第 4 期，第 97～109 页。

[33] 管卫华、林振山、顾朝林：《中国区域经济发展差异及其原因的多尺度分析》，《经济研究》2006 年第 7 期，第 117～125 页。

[34] 郭克莎：《1979—1988 年经济增长的因素及效应分析》，《经济研究》1990 年第 10 期，第 11～19 页。

[35] 郭庆旺、贾俊雪：《中国全要素生产率的估算：1979—2004》，《经济研究》2005 年第 6 期，第 51～60 页。

[36] 郭庆旺、赵志耘、贾俊雪：《中国省份经济的全要素生产率分析》，《世界经济》2005 年第 5 期，第 18～27 页。

[37] 国家统计局：《改革开放铸辉煌，经济发展谱新篇——1978 年以来中国经济社会发展的巨大变化》，《人民日报》2013 年 11 月 6 日，第 10 版。

[38] 国家统计局国民经济核算司：《中国国内生产总值核算历史资料（1952 - 2004）》，中国统计出版社，2006。

[39] 何枫、陈荣、何林：《中国资本存量的估算及其相关分析》，《经济学家》2003 年第 5 期，第 29～35 页。

[40] 贺灿飞、梁进社：《中国区域经济差异的时空变化：市场化、全球化与城市化》，《管理世界》2004 年第 8 期，第 8～17 页。

[41] 贺菊煌：《中国资产的估算》，《数量经济技术经济研究》1992 年第 8 期，第 24～27 页。

[42] 胡鞍钢、郑京海：《中国全要素生产率为何明显下降》，《中国经济时报》2004 年 3 月 26 日。

[43] 胡朝霞：《FDI 对中国服务业全要素生产率的影响——基于随机前沿面板数据模型的分析》，《厦门大学学报》（哲学社会科学版）2010 年第 4 期，第 115～122 页。

[44] 胡代光、高鸿业：《西方经济学大辞典》，经济科学出版社，2000。

[45] 胡雷芳：《五种常用系统聚类分析方法及其比较》，《浙江统计》2007 年第 4 期，第 11～13 页。

[46] 胡求光、李洪英：《R&D 对技术效率的影响机制及其区域差异研究——基于长三角、珠三角和环渤海三大经济区的 SFA 经验分析》，《经济地理》2011 年第 1 期，第 26～31 页。

[47] 胡永泰：《中国全要素生产率：来自农业部门劳动力再配置的首要作用》，《经济研究》1998 年第 3 期，第 31～39 页。

[48] 黄永峰、任若恩、刘晓生：《中国制造业资本存量永续盘存法估计》，《经济学》（季刊）2002 年第 2 期，第 377～396 页。

[49] 金相郁：《中国区域全要素生产率与决定因素：1996 - 2003》，《经济评论》2007 年第 5 期，第 107～112 页。

[50] 克鲁格曼：《萧条经济学的回归》，刘波译，中信出版社，2012。

[51] 孔庆洋、余妙志：《中国各地区工业资本存量的估算》，《经济问题探索》2008 年第 4 期，第 6～10 页。

[52] 孔翔、Rorbert E. M.、万广华：《国有企业全要素生产率变化及其决定因素：1990—1994》，《经济研究》1999 年第 7 期，第 40～48 页。

[53] 赖明勇、王文妮：《全要素生产率和经济增长方式——基于 1952—2006 年的 Malmquist 指数分析》，《求索》2009 年第 11 期，第 52～54 页。

[54] 雷辉、张娟：《中国资本存量的重估及比较分析》，《经济问题探索》2012 年第 7 期，第 16～21 页。

[55] 李宾：《中国资本存量估算的比较分析》，《数量经济技术经济研究》2011 年第 12 期，第 21～36 页。

[56] 李宾、曾志雄：《中国全要素生产率变动的再测算：1978 - 2007 年》，《数量经济技术经济研究》2009 年第 3 期，第 3～15 页。

［57］ 李戴克：《苹果的利益链》，http：//finance. sina. com. cn，2012 年 10 月 22 日。

［58］ 李谷成：《人力资本与中国区域农业全要素生产率增长——基于 DEA 视角的实证分析》，《财经研究》2009 年第 8 期，第 115 ~ 128 页。

［59］ 李国平、王志宝：《中国区域空间结构演化态势研究》，《北京大学学报》（哲学社会科学版）2013 年第 3 期，第 148 ~ 157 页。

［60］ 李国璋、周彩云、江金荣：《区域全要素生产率的估算及其对地区差距的贡献》，《数量经济技术经济研究》2010 年第 5 期，第 49 ~ 61 页。

［61］ 李京文、李军：《中美生产率比较》，《经济研究》1993 年第 4 期，第 67 ~ 71 页。

［62］ 李京文、郑玉歆：《改革与中国生产率的国际研讨》，《数量经济技术经济研究》1992 年第 10 期，第 72 ~ 75 页。

［63］ 李仁君：《中国三次产业的资本存量测算》，《海南大学学报》（人文社会科学版）2010 年第 2 期，第 47 ~ 52 页。

［64］ 李汝资、王文刚、宋玉祥：《东北地区经济差异演变与空间格局》，《地域研究与开发》2013 年第 4 期，第 28 ~ 32 页。

［65］ 李小建、乔家君：《20 世纪 90 年代中国县际经济差异的空间分析》，《地理学报》2001 年第 2 期，第 136 ~ 145 页。

［66］ 李小平、朱钟棣：《中国工业行业的全要素生产率测算》，《管理世界》2005 年第 4 期，第 56 ~ 64 页。

［67］ 李亚平、张济建：《全要素生产率与经济增长——基于江苏数据的实证分析》，《统计与决策》2007 年第 7 期，第 83 ~ 85 页。

［68］ 李雨停、丁四保、王荣成：《地理成本与人口空间分布格局研究》，《中国人口·资源与环境》2009 年第 5 期，第 82 ~ 87 页。

［69］ 李治国、唐国兴：《资本形成路径与资本存量调整模型——基于中国转型时期的分析》，《经济研究》2003 年第 2 期，第 33 ~ 42 页。

［70］ 梁炜、任保平：《中国经济发展阶段的评价及现阶段的特征分析》，《数量经济技术经济研究》2009 年第 4 期，第 3 ~ 18 页。

［71］ 林毅夫：《"后发优势"与"后发劣势"——与杨小凯教授商榷》，《经济学》（季刊）2003 年第 4 期，第 989 ~ 1004 页。

[72] 林毅夫、蔡昉、李周：《比较优势与发展战略——对"东亚奇迹"的再解释》，《中国社会科学》1999年第5期，第4~20页。

[73] 林毅夫、任若恩：《东亚经济增长模式相关争论的再探讨》，《经济研究》2007年第8期，第4~12页。

[74] 林毅夫、姚洋：《中国奇迹：回顾与展望》，北京大学出版社，2006。

[75] 刘秉镰、李清彬：《中国城市全要素生产率的动态实证分析：1990-2006——基于DEA模型的Malmquist指数方法》，《南开经济研究》2009年第3期，第139~152页。

[76] 刘秉镰、武鹏、刘玉海：《交通基础设施与中国全要素生产率增长——基于省域数据的空间面板计量分析》，《中国工业经济》2010年第3期，第54~64页。

[77] 刘刚：《中国经济发展中的"涌现"现象及其发展模式的形成和演化》，《经济学家》2011年第1期，第23~30页。

[78] 刘建国：《城市效率的影响因素及其溢出效应：基于东北三省34个城市的分析》，《中国区域经济》2010年第5期，第31~45页。

[79] 刘建国、李国平、张军涛等：《中国经济效率和全要素生产率的空间分异及其影响》，《地理学报》2012年第8期，第1069~1084页。

[80] 刘清春、王铮：《中国区域经济差异形成的三次地理要素》，《地理研究》2009年第2期，第431~440页。

[81] 刘世锦：《"新常态"下如何处理好政府与市场的关系》，《求是》2014年第18期，第28~30页。

[82] 刘树成：《论又好又快发展》，《经济研究》2007年第6期，第4~13页。

[83] 刘舜佳：《国际贸易、FDI和中国全要素生产率下降——基于1952-2006年面板数据的DEA和协整检验》，《数量经济技术经济研究》2008年第11期，第28~39页。

[84] 刘伟：《和谐社会建设中的经济增长质量问题》，《当代经济研究》2006年第12期，第42~45页。

[85] 刘小玄：《中国转轨经济中的产权结构和市场结构——产业绩效水平的决定因素》，《经济研究》2003年第1期，第21~29页。

[86] 鲁凤：《中国区域经济差异的空间统计分析》，华东师范大学硕士学

位论文，2004。

[87] 陆大道：《关于中国区域发展战略与方针的若干问题》，《经济地理》2009 年第 1 期，第 2~7 页。

[88] 陆大道：《区域发展及其空间结构》，科学出版社，1998。

[89] 路丽梅：《汉语辞海》（5），北京教育出版社，2003，第 2268~2269 页。

[90] 吕冰洋、余丹林：《中国梯度发展模式下经济效率的增进——基于空间视角的分析》，《中国社会科学》2009 年第 6 期，第 60~72 页。

[91] 马丹丹：《中国全要素生产率的测算及影响因素分析》，浙江工商大学出版社，2012。

[92] 毛其淋、盛斌：《对外经济开放、区域市场整合与全要素生产率》，《经济学》2012 年第 4 期，第 181~210 页。

[93] 聂辉华：《政企合谋与经济绩效：反思"中国模式"》，中国人民大学出版社，2013。

[94] 牛品一、陆玉麒、彭倩：《江苏省生产效率与全要素生产率分解的空间格局演变分析》，《经济地理》2012 年第 11 期，第 27~33 页。

[95] 欧向军、沈正平、朱传耿：《江苏省区域经济差异演变的空间分析》，《经济地理》2007 年第 1 期，第 79~83 页。

[96] 潘文卿、李子奈、刘强：《中国产业间的技术溢出效应：基于 35 个工业部门的经验研究》，《经济研究》2011 年第 7 期，第 18~29 页。

[97] 彭国华：《中国地区全要素生产率与人力资本构成》，《中国工业经济》2007 年第 2 期，第 52~59 页。

[98] 彭文斌、刘友金：《中国东中西三大区域经济差距的时空演变特征》，《经济地理》2010 年第 4 期，第 574~578 页。

[99] 戚义明：《十八大以来习近平同志关于经济工作的重要论述》，http://news. xinhuanet. com/politics/2014 – 02/22/c_126175088_2. htm，2014 年 2 月 22 日。

[100] 秦宝庭、史清琪、陈警：《再谈对中国技术进步的评价》，《数量经济技术经济研究》1989 年第 7 期，第 47~51 页。

[101] 全炯振：《中国农业全要素生产率增长的实证分析：1978—2007 年——基于随机前沿分析方法》，《中国农村经济》2009 年第 9 期，

第 36～47 页。

[102] 任保平：《中国经济增长质量的观察与思考》，《中国社会科学辑刊》2012 年第 2 期，第 80～85 页。

[103] R. 哈特向：《地理学性质的透视》，黎樵译，商务印书馆，2011。

[104] 沈坤荣：《综合要素生产率与中国经济增长》，《南京大学学报》（哲学社会科学版）1994 年第 3 期，第 67～72 页。

[105] 施振荣：《再造宏碁：开创、成长与挑战》，中信出版社，2005。

[106] 石风光、李宗植：《要素投入、全要素生产率与地区经济差距——基于中国省区数据的实证分析》，《数量经济技术经济研究》2009 年第 12 期，第 19～31 页。

[107] 史清琪、秦宝庭、陈警：《衡量经济增长中技术进步作用时需研究的几个问题》，《数量经济技术经济研究》1984 年第 11 期，第 19～27 页。

[108] 世界银行：《世界发展报告》（1997），中国财政经济出版社，1997，第 234～235 页。

[109] 斯坦利·L. 布鲁、兰迪·R. 格兰特：《经济思想史》，邸晓燕等译，北京大学出版社，2008。

[110] 宋亚君、高志刚、韩延玲等：《新疆区域经济增长中的全要素生产率的实证分析》，《干旱区地理》2012 年第 3 期，第 503～508 页。

[111] 宋玉祥、丁四保：《空间政策：由区域倾斜到产业倾斜》，《经济地理》2010 年第 1 期，第 1～5 页。

[112] 宋铮、陈凯迹：《东亚奇迹：来自新增长理论的研究》，《世界经济文汇》1999 年第 2 期，第 9～11 页。

[113] 孙久文、叶裕民：《区域经济学教程》，中国人民大学出版社，2009。

[114] 孙琳琳、任若恩：《中国资本投入和全要素生产率的估算》，《世界经济》2005 年第 12 期，第 3～13 页。

[115] 孙琳琳、任若恩：《转轨时期中国行业层面资本积累的研究——资本存量和资本流量的测算》，《经济学》（季刊）2014 年第 3 期，第 837～862 页。

[116] 孙威、董冠鹏：《基于 DEA 模型的中国资源型城市效率及其变化》，

《地理研究》2010 年第 12 期，第 2155～2165 页。

[117] 覃成林：《中国区域经济差异变化的空间特征及其政策含义研究》，《地域研究与开发》1998 年第 6 期，第 36～39 页。

[118] 覃成林、郑云峰、张华：《中国区域经济协调发展的趋势及特征分析》，《经济地理》2013 年第 1 期，第 9～14 页。

[119] 陶长琪、齐亚伟：《中国全要素生产率的空间差异及其成因分析》，《数量经济技术经济研究》2010 年第 1 期，第 19～32 页。

[120] 涂正革：《全要素生产率与区域经济增长的动力——基于对 1995—2004 年 28 个省市大中型工业的非参数生产前沿分析》，《南开经济研究》2007 年第 4 期，第 14～36 页。

[121] 托马斯·G. 罗斯基：《经济效益与经济效率》，《经济研究》1993 年第 6 期，第 38～40 页。

[122] 王大鹏、朱迎春：《中国三大区经济运行效率对比分析（1988—2009）——基于多层面时空耦合的全要素生产率的测算和分解》，《财经研究》2010 年第 9 期，第 15～25 页。

[123] 王珏、宋文飞、韩先锋：《中国地区农业全要素生产率及其影响因素的空间计量分析——基于 1992－2007 年省域空间面板数据》，《中国农村经济》2010 年第 8 期，第 24～35 页。

[124] 王文刚、李汝资、宋玉祥、王芳：《吉林省区域农地生产效率及其变动特征研究》，《地理科学》2012 年第 2 期，第 225～231 页。

[125] 王小鲁：《中国经济增长的可持续性与制度变革》，《经济研究》2000 年第 7 期，第 3～15 页。

[126] 王小鲁、樊纲：《中国地区差距的变动趋势和影响因素》，《经济研究》2004 年第 1 期，第 33～44 页。

[127] 王小鲁、樊纲等：《中国经济增长的可持续性》，经济科学出版社，2000。

[128] 王志刚、龚六堂、陈玉宇：《地区间生产效率与全要素生产率增长率分解（1978—2003）》，《中国社会科学》2006 年第 2 期，第 55～66 页。

[129] 魏伯乐等：《私有化的局限》，上海世纪出版公司，2006。

[130] 魏后凯：《现代区域经济学》，经济管理出版社，2011。

[131] 魏后凯、邬晓霞：《"十二五"时期中国区域政策的基本框架》，《经济与管理研究》2010 年第 12 期，第 30 ~ 47 页。

[132] 魏礼群：《中国经济体制改革 30 年回顾与展望》，人民出版社，2008，第 4 ~ 5 页。

[133] 魏下海：《贸易开放、人力资本与中国全要素生产率——基于分位数回归方法的经验研究》，《数量经济技术经济研究》2009 年第 7 期，第 61 ~ 72 页。

[134] 魏学辉、白仲林：《中国地区全要素生产率的 Bayesian 分析》，《数理统计与管理》2012 年第 4 期，第 585 ~ 594 页。

[135] 吴殿廷：《试论中国经济增长的南北差异》，《地理研究》2001 年第 2 期，第 239 ~ 246 页。

[136] 吴方卫：《中国农业资本存量的估计》，《农业技术经济》1999 年第 6 期，第 34 ~ 38 页。

[137] 吴玉鸣、李建霞：《中国区域工业全要素生产率的空间计量经济分析》，《地理科学》2006 年第 4 期，第 385 ~ 391 页。

[138] 项俊波：《结构经济学——从结构视角看中国经济》，中国人民大学出版社，2009。

[139] 谢长进：《西藏第三产业发展的现状、问题及路径》，《西藏发展论坛》2006 年第 3 期，第 40 ~ 44 页。

[140] 徐家杰：《中国全要素生产率估计：1978—2006 年》，《亚太经济》2007 年第 6 期，第 65 ~ 68 页。

[141] 徐建华：《现代地理学中的数学方法》（第二版），高等教育出版社，2009，第 69 ~ 84 页。

[142] 徐建华等：《中国区域经济差异的时空尺度分析》，《地理研究》2005 年第 1 期，第 57 ~ 68 页。

[143] 徐康宁：《只有中国道路，没有中国模式》，《环球时报》2011 年第 15 期。

[144] 徐现祥、周吉梅、舒元：《中国省区三次产业资本存量估计》，《统计研究》2007 年第 5 期，第 6 ~ 13 页。

[145] 许和连、亓朋、祝树金：《贸易开放度、人力资本与全要素生产率：基于中国省际面板数据的经验分析》，《世界经济》2006 年第 12

期，第 3 ~ 10 页。

[146] 许学强、周一星、宁越敏：《城市地理学》，高等教育出版社，2009。

[147] 许月卿、贾秀丽：《近 20 年来中国区域经济发展差异的测定与评价》，《经济地理》2005 年第 5 期，第 601 ~ 628 页。

[148] 薛俊波、王铮：《中国 17 部门资本存量的核算研究》，《统计研究》2007 年第 7 期，第 49 ~ 54 页。

[149] 亚当·斯密：《国民财富性质和原因的研究》，王亚南、郭大力译，商务印书馆，1972。

[150] 颜鹏飞、王兵：《技术效率、技术进步与生产率增长：基于 DEA 的实证分析》，《经济研究》2004 年第 12 期，第 55 ~ 65 页。

[151] 杨璟：《资源约束与中国经济可持续发展研究》，首都经济贸易大学硕士学位论文，2012。

[152] 杨青山、韩杰、丁四保：《世界地理》，高等教育出版社，2004，第 145 ~ 146 页。

[153] 杨向阳、徐翔：《中国服务业全要素生产率增长的实证分析》，《经济学家》2006 年第 3 期，第 68 ~ 76 页。

[154] 杨小凯：《当代经济学与中国经济》，中国社会科学出版社，1997。

[155] 杨勇：《中国服务业全要素生产率再测算》，《世界经济》2009 年第 10 期，第 46 ~ 55 页。

[156] 姚伟峰：《中国区域经济增长中的效率变化及其影响因素实证研究》，中国经济出版社，2007，第 88 ~ 89 页。

[157] 姚伟峰、何枫、冯宗宪：《R&D 对中国产业技术效率的实证研究》，《科技管理研究》2005 年第 1 期，第 38 ~ 40 页。

[158] 姚洋：《生产型政府》，《理论学刊》2011 年第 8 期，第 52 ~ 54 页。

[159] 叶德磊、邓金鹏：《中国三大地区全要素生产率的比较分析》，《华东师范大学学报》（哲学社会科学版）2010 年第 1 期，第 102 ~ 107 页。

[160] 易纲、樊纲、李岩：《关于中国经济增长与全要素生产率的理论思考》，《经济研究》2003 年第 8 期，第 13 ~ 20 页。

[161] 殷晓峰、李诚固、王颖：《东北地域文化对区域经济发展的影响研究》，《东北师大学报》（哲学社会科学版）2010 年第 6 期，第 41 ~ 44

页。

［162］ 余春祥：《可持续发展的环境容量和资源承载力分析》，《中国软科学》2004 年第 2 期，第 129～133 页。

［163］ 余修斌、任若恩：《全要素生产率、技术效率、技术进步之间的关系及测算》，《北京航空航天大学学报》（社会科学版）2000 年第 2 期，第 18～23 页。

［164］ 原毅军、刘浩、白楠：《中国生产性服务业全要素生产率测度——基于非参数 Malmquist 指数方法的研究》，《中国软科学》2009 年第 1 期，第 159～167 页。

［165］ 张光华、段文斌：《论国有经济效率的产权障碍》，《经济学家》1997 年第 2 期，第 25～30 页。

［166］ 张浩然、衣保中：《基础设施、空间溢出与区域全要素生产率——基于中国 266 个城市空间面板杜宾模型的经验研究》，《经济学家》2012 年第 2 期，第 61～67 页。

［167］ 张辉、丁匡达：《美国产业结构、全要素生产率与经济增长关系研究：1975－2011》，《经济学动态》2013 年第 7 期，第 140～148 页。

［168］ 张军、施少华：《中国经济全要素生产率变动：1952－1998》，《世界经济文汇》2003 年第 2 期，第 17～24 页。

［169］ 张军、吴桂英、张吉鹏：《中国省际物质资本存量估算：1952—2000》，《经济研究》2004 年第 10 期，第 35～44 页。

［170］ 张军、章元：《再论中国资本存量的估计方法》，《经济研究》2003 年第 7 期，第 35～43 页。

［171］ 张军扩：《"七五"期间经济效益的综合分析——各要素对经济增长贡献率的测算》，《经济研究》1991 年第 4 期，第 8～17 页。

［172］ 张力小、梁竞：《区域资源禀赋对资源利用效率影响研究》，《自然资源学报》2010 年第 8 期，第 1237～1247 页。

［173］ 张仁华、胡建平、席酉民：《各种所有制经济效率的比较分析及其政策取向》，《西安交通大学学报》（社会科学版）2002 年第 1 期，第 54～57 页。

［174］ 张先锋、丁亚娟、王红：《中国区域全要素生产率的影响因素分析——基于地理溢出效应的视角》，《经济地理》2010 年第 12 期，

第 1955～1960 页。

[175] 张先治:《经济效益与经济效率——兼与托马斯·G.罗斯基的商榷》,《财经问题研究》1994 年第 11 期,第 53～55 页。

[176] 张涌、赵文山、宋辉跃:《现代汉语辞海(下)》,中国书籍出版社,2011,第 1200～1201 页。

[177] 张宇:《FDI 与中国全要素生产率的变动——基于 DEA 与协整分析的实证检验》,《世界经济研究》2007 年第 5 期,第 14～19 页。

[178] 章祥荪、贵斌威:《中国全要素生产率分析:Malmquist 指数法评述与应用》,《数量经济技术经济研究》2008 年第 6 期,第 111～122 页。

[179] 赵奉军、高波:《中国全要素生产率的顺周期特征与决定因素:1952—2007》,《经济经纬》2009 年第 2 期,第 25～29 页。

[180] 赵伟、马瑞永、何元庆:《全要素生产率变动的分解——基于 Malmquist 生产力指数的实证分析》,《统计研究》2005 年第 7 期,第 37～42 页。

[181] 赵志耘、杨朝峰:《中国全要素生产率的测算与解释:1979－2009年》,《财经问题研究》2011 年第 9 期,第 3～12 页。

[182] 郑玉歆:《全要素生产率的测算及其增长的规律》,《数量经济技术经济研究》1998 年第 10 期,第 28～34 页。

[183] 郑玉歆:《中国工业生产率变动趋势的估计及其可靠性分析》,《数量经济技术经济研究》1996 年第 12 期,第 58～66 页。

[184] 郑玉歆、罗斯基:《体制转换中的中国工业生产率》,中国社会科学文献出版社,1993。

[185] 郑云:《对外开放对全要素生产率的作用渠道研究——基于珠江三角洲的实证分析》,《经济问题》2009 年第 9 期,第 59～62 页。

[186] 中华人民共和国国家统计局:《国际统计年鉴 2013》,中国统计出版社,2013。

[187] 周端明:《技术进步、技术效率与中国农业生产率增长——基于 DEA 的实证分析》,《数量经济技术经济研究》2009 年第 12 期,第 70～82 页。

[188] 周玉翠、齐清文、冯灿飞:《近 10 年中国省际经济差异动态变化特

征》,《地理研究》2002 年第 6 期,第 781～790 页。

[189] 朱喜、史清华、盖庆恩:《要素配置扭曲与农业全要素生产率》,《经济研究》2011 年第 5 期,第 86～98 页。

[190] 左冰、保继刚:《1992－2005 年中国旅游业全要素生产率及省际差异》,《地理学报》2008 年第 4 期,第 417～427 页。

[191] A. Young, "Gold into Base Metals: Productivity Growth in the People's Republic of China during the Reform Period", *National Bureau of Economic Research*, 2000.

[192] A. Young, "Learning by Doing and the Dynamic Effects of International Trade", *The Quarterly Journal of Economics*, 1991, 106 (2): 369 – 405.

[193] A. Young, "Lessons from the East Asian NICs: a Contrarian View", *European Economic Review*, 1994, 38 (3): 964 – 973.

[194] A. Young, "The Tyranny of Numbers: Confronting the Statistical Realities of the East Asian Growth Experience", *The Quarterly Journal of Economics*, 1995, 110 (3): 641 – 680.

[195] Bhagwati, J. N., *The Miracle That Did Happen: Understanding East Asia in Comparative Perspective*, Keynote Speech Delivered at Cornell University on the Occasion of Conference, 1996.

[196] Cass, D., "Optimum Growth in an Aggregative Model of Capital Accumulation", *The Review of Economic Studies*, 1965: 233 – 240.

[197] Chen, E. K. Y., "The Total Factor Productivity Debate: Determinants of Economic Growth in East Asia", *Asian-Pacific Economic Literature*, 1997, 11 (1): 18 – 38.

[198] Chow, G. C., "Capital Formation and Economic Growth in China", *Quarterly Journal of Economics*, 1993, (114): 243 – 266.

[199] Coe, D. T., "Helpman E. International R&D Spillovers", *European Economic Review*, 1995, 39 (5): 859 – 887.

[200] Coelli, T. J., "A Guide to DEAP Version2. 1: A Data Envelopment Analysis (Computer) Program", http://www. uq. edu. au/economics/cepawp. htm.

[201] Domar, Evsey, "Capital Expansion, Rate of Growth, and Employment", *Econometrica*, 1946, 14 (2): 137 – 147.

[202] Farrell, M. J., "The Measurement of Productive Efficiency", *Journal of the Royal Statistical Society*, 1957, 120 (3): 253 – 290.

[203] Färe, R., Grosskopf, S., Norris, M. et al., "Productivity Growth, Technical Progress, and Efficiency Changes in Industrialized Countries", *American Economic Review*, 1994, 84 (1): 66 – 83.

[204] Goodchild, M. F., *Spatial Autocorrelation*, Norwich: GeoBooks, 1986.

[205] Hall, R. E., Jones, C. I., "Why Do Some Countries Produce So Much More Output Than Others?", *The Quarterly Journal of Economics*, 1999, 114 (1): 83 – 116.

[206] Harrod, Roy F., "An Essay in Dynamic Theory", *The Economic Journal*, 1939, 49 (193): 14 – 33.

[207] Hu, Zuliu and Mohsin S. Khan., "Why is China Growing So Fast?", IMF Staff Papers, The International Monetary Fund, 1997.

[208] Huang, Y. et al., *Enterprise Reform, Technological Progress and Technical Efficiency in China's State Industry*, Workshop: Australian National University, 1998.

[209] Jaffe, A. B., "The Importance of Spillovers in the Policy Mission of the Advanced Technology Program", *Journal of Technology Transfer*, 1998, 23 (2): 11 – 19.

[210] Jefferson, G. H., Rawski, T. G., Zheng Y., "Chinese Industrial Productivity: Trends, Measurement Issues, and Recent Developments", *Journal of Comparative Economics*, 1996, 23 (2): 146 – 180.

[211] Jefferson, G. H., Rawski, T. G., Zheng Y., "Growth, Efficiency, and Convergence in China's State and Collective Industry", *Economic Development and Cultural Change*, 1992: 239 – 266.

[212] Keynes, J. M., *General Theory of Employment, Interest and Money*, Atlantic Publishers & Dist, 2006. [Firstedition in 1936]

[213] Kim, J. I., Lau L. J., "The Sources of Economic Growth of the East Asian Newly Industrialized Countries", *Journal of the Japanese and In-*

ternational Economies, 1994, 8 (3): 235 – 271.

[214] Kong X. , Marks, R. E. , Wan, G. H. , "Technical Efficiency, Technological Change and Total Factor Productivity Growth in Chinese State-Owned Enterprises in the Early 1990s", *Asian Economic Journal*, 1999, 13 (3): 267 – 282.

[215] Koopmans, T. C. , *On the Concept of Optimal Economic Growth*, Cowles Foundation for Research in Economics, Yale University, 1963.

[216] Krugman P. , "The Myth of Asia's Miracle", *Foreign Affairs*, 1994, 73 (6): 62 – 78.

[217] K. T. Lau, J. C. Brada, "Technological Progress and Technical Efficiency in Chinese Industrial Growth: A Frontier Production Function Approach", *China Economic Review*, 1990, 1 (2): 113 – 124.

[218] Lardy, N. R. , *Technical Change and Economic Reform in China: A Tale of Two Sectors*, 1987.

[219] Liu Z. , Liu, G. S. , "The Efficiency Impact of the Chinese Industrial Reforms in the 1980's", *Journal of Comparative Economics*, 1996, 23 (3): 237 – 255.

[220] Lucas, R. E. , On the Mechanics of Economic Development, Journal of Montary Economics, 1988, 22 (1): 3 – 42.

[221] Malthus, T. R. , *An Essay on the Principle of Population*, The Lawbook Exchonge, Ltd. , 1798.

[222] Marshall, A. , *Principles of Economics*, London, Macmillan, 1920.

[223] Pareto, Vilfredo, *Manual of Political Economy*, Translated by Ann S. Schwier, New York: A. M. Kelley, 1971.

[224] Ramsey, F. P. , *Foundations: Essays in Philosophy, Logic, Mathematics and Economics*, London: Routledge & Kegan Paul, 1978.

[225] Ramsey, F. P. , "A Mathematical Theory of Saving", *The Economic Journal*, 1928: 543 – 559.

[226] Rawski, T. G. , *Progress Without Privatization: The Reform of China's State Industries*, World Bank, Policy Research Department, Transition and Macro Adjustment Division, 1992.

[227] Romer, David, *Advanced Macroeconomics*, Boston: McGraw-Hill, 2000.

[228] Romer, P. M., "Increasing Returns and Long-run Grows", *Journal of Political Economy*, 1986, 94 (5): 1002 – 1037.

[229] Samuelson P. A., Nordhaus, W. D., *Economics*, New York: McGraw – Hill, 1992.

[230] Schumpeter, J. A., *The Theory of Economic Development*, Cam-bridge MA: Harvard University Press, 1934.

[231] Smith, Adam, *An Inquiry into the Nature and Causes of the Wealth of Nations*, New York: G. P. Putnam's Sons, 1877. [Originally published in 1776]

[232] Solow, R. M., "A Contribution to the Theory of Economic Growth", *The Quarterly Journal of Economics*, 1956, 70 (1): 65 – 94.

[233] Solow, R. M., "Technical Change and the Aggregate Production Function", *The Review of Economics and Statistics*, 1957, 39 (3): 312 – 320.

[234] Swan, T. W., "Economic Growth and Capital Accumulation", *Economic Record*, 1956, 32 (2): 334 – 361.

[235] Tobler, W. A., "Computer Movie Simulating Urban Growth in the Detroit Region", *Economic Geography*, 1970, 46 (2): 234 – 240.

[236] World Bank, *The East Asia Miracle: Economy Growth and Public Policy*, New York: Oxford University Press, 1993.

[237] Wu Y., "Productive Efficiency in Chinese Industry", *Asian-Pacific Economic Literature*, 1993, 7 (2): 58 – 66.

[238] Yan Wang and Yudong Yao, "Sources of China's Economic Growth, 1952 – 1999: Incorporating Human Capital Accumulation", World Bank Working Paper, 2001.

[239] Zheng, J., Liu, X., Bigsten, A., "Efficiency, Technical Progress, and Best Practice in Chinese State Enterprises (1980 – 1994)", *Journal of Comparative Economics*, 2003, 31 (1): 134 – 152.

后 记

在当前中国经济进入新常态的背景下，客观审视改革开放30多年的中国经济发展历程，并对未来中国经济发展的路径选择做出合理判断，具有重要意义。基于此，本书力求从宏观经济发展效率视角，构建基于"总量－要素－结构"的分析框架，探索中国经济发展取得的成就与不足，提出未来中国区域经济由要素驱动转向效率（创新）驱动的基本路径，以及实现区域经济协调发展的基本框架。

本书主要内容源于我的博士论文，在此特别感谢给予我无私指导与帮助的师长。首先感谢我的恩师宋玉祥教授，从开展课题、外出调研，到毕业论文选题的反复推敲和论证、建立框架、论文定稿，恩师的细心指导历历在目。特别是在论文写作最困难的时期，恩师的肯定和鼓励使我有了坚持完稿的勇气。正如恩师所言，这篇论文仍有很多内容探讨得不深入，有很大的提升空间。随着对该领域的关注愈久，我对此体会愈深，也一直在努力坚持。

同时还要感谢为博士论文修改完善提出宝贵建议的诸位老师，感谢中国科学院地埋科学与资源研究所张文忠研究员、吉林大学赵儒煜教授，以及东北师范大学王荣成教授、李诚固教授、谷国锋教授、王昱副教授。

本书的出版，离不开南昌大学经济管理学院领导、同事特别是刘耀彬教授的大力支持以及南昌大学应用经济学一流学科平台的资助，更离不开社会科学文献出版社对本书出版所做出的重要努力与贡献。

最后，感谢本书所引用文献的国内外作者，当然文责自负。

李汝资

2017 年 12 月

南昌大学区域·生态·计量模拟实验室

图书在版编目（CIP）数据

中国区域经济发展效率演变研究：基于"总量—要素—结构"视角／李汝资著. -- 北京：社会科学文献出版社，2018.3

ISBN 978 - 7 - 5201 - 2140 - 8

Ⅰ.①中… Ⅱ.①李… Ⅲ.①区域经济发展 - 研究 - 中国 Ⅳ.①F127

中国版本图书馆 CIP 数据核字（2017）第 328110 号

中国区域经济发展效率演变研究
——基于"总量 - 要素 - 结构"视角

著　　者／李汝资

出 版 人／谢寿光
项目统筹／高　雁
责任编辑／王楠楠　刘晶晶

出　　版／社会科学文献出版社·经济与管理分社（010）59367226
　　　　　　地址：北京市北三环中路甲 29 号院华龙大厦　邮编：100029
　　　　　　网址：www.ssap.com.cn
发　　行／市场营销中心（010）59367081　59367018
印　　装／北京季蜂印刷有限公司

规　　格／开　本：787mm × 1092mm　1/16
　　　　　　印　张：14.5　字　数：238 千字
版　　次／2018 年 3 月第 1 版　2018 年 3 月第 1 次印刷
书　　号／ISBN 978 - 7 - 5201 - 2140 - 8
定　　价／79.00 元